In Beziehung zur Geschichte sein

STUDIEN ZUR BILDUNGSREFORM

Herausgegeben von Wolfgang Keim

Universität – Gesamthochschule – Paderborn

BAND 38

PETER LANG

Frankfurt am Main · Berlin · Bern · Bruxelles · New York · Wien

Johanna Pütz

In Beziehung zur Geschichte sein

Frauen und Männer
der dritten Generation
in ihrer Auseinandersetzung
mit dem Nationalsozialismus

PETER LANG
Europäischer Verlag der Wissenschaften

Die Deutsche Bibliothek - CIP-Einheitsaufnahme

Pütz, Johanna:

In Beziehung zur Geschichte sein : Frauen und Männer der
dritten Generation in ihrer Auseinandersetzung mit dem
Nationalsozialismus / Johanna Pütz. - Frankfurt am Main ;
Berlin ; Bern ; Bruxelles ; New York ; Wien : Lang, 1999
(Studien zur Bildungsreform ; Bd. 38)
Zugl.: Berlin, Techn. Univ., Diss., 1998
ISBN 3-631-34706-5

Gedruckt mit freundlicher Unterstützung
der Hans Böckler Stiftung.

Die dokumentierte Arbeit:
"In Beziehung zur Geschichte sein.
Frauen und Männer der dritten Generation in ihrer
Auseinandersetzung mit dem Nationalsozialismus am
Beispiel der Aktion Sühnezeichen Friedensdienste."

wurde dem Fachbereich 02 Erziehungs- und
Unterrichtswissenschaften, der Technischen Universität Berlin
am 2. Juni 1998 als Dissertation vorgelegt.

Berichterinnen:
Professorin Dr. Astrid Albrecht-Heide
Professorin Dr. Marina Neumann-Schönwetter
(Hochschule der Künste)

Tag der wissenschaftlichen Aussprache: 13. November 1998

Gedruckt auf alterungsbeständigem,
säurefreiem Papier.

D 83
ISSN 0721-4154
ISBN 3-631-34706-5

© Peter Lang GmbH
Europäischer Verlag der Wissenschaften
Frankfurt am Main 1999
Alle Rechte vorbehalten.

Printed in Germany 1 2 3 4 6 7

1

Vorwort des Herausgebers

Als inmitten der Adenauer-Ära die überwiegende Mehrzahl der Deutschen noch in starrer Abwehrhaltung gegenüber jeder "Aufarbeitung" der
NS-Vergangenheit verharrte, forderte die - Ende der 50er Jahre aus dem
kritischen Spektrum der Evangelischen Kirche (EKD) gegründete - "Aktion
Sühnezeichen Friedensdienste" (ASF) als eine der ersten Organisation
junge Leute dazu auf, sich im Rahmen spezifischer Freiwilligen-Arbeits-
einsätze dieser Vergangenheit zu stellen. Konstitutiv für das Konzept der
ASF war die, auf dem Stuttgarter Schuldbekenntnis der EKD vom Oktober
1945 basierende Bereitschaft, nicht nur vorbehaltlos Mitverantwortung
für die nazistischen Verbrechen zu übernehmen, sondern zugleich junge
Menschen zu Wiedergutmachungsleistungen in den vom Nazismus
besonders betroffenen Ländern wie der Sowjetunion, Polen und Israel, zu
motivieren. Der Vorbereitung der Freiwilligen dienten die gründliche Auseinandersetzung mit dem Nationalsozialismus, die Begegnung mit Überlebenden des Holocaust, bald auch schon Gedenkstättenfahrten. Johanna
Pütz stellt in ihrer an der Berliner Hochschule der Künste entstandenen
Dissertation Gründungsgeschichte, Konzept und Entwicklung der ASF dar
und untersucht im Rahmen von Interviews mit acht ehemaligen Freiwilligen die lebensbedeutsamen Auswirkungen von ASF-Einsätzen in den
70er und 80er Jahren.

Bei den Befragten handelt es sich um Angehörige der Jahrgänge 1954 bis
1963, die alle an je einem Projekt der ASF in den USA mitgearbeitet haben: In Frauen-, Gesundheits- und Ökologieinitiativen, in der Sozial- und
Gemeinwesenarbeit wie auch in Menschenrechts- und jüdischen Organisationen. Allen Projekten gemeinsam war die Arbeit mit Randgruppen, die
Auseinandersetzung mit Problemen des Rassismus und die Begegnung
mit Juden und Jüdinnen - dies zu einer Zeit, als der deutsch-jüdische Dialog hierzulande noch kaum entwickelt war und nur die wenigsten Heran-
wachsenden die Chance hatten, einen Juden bzw. eine Jüdin überhaupt
kennenzulernen. Im Zentrum der mit allen Befragten geführten Gespräche steht die intergenerative Auseinandersetzung mit der NS-Vergangenheit zwischen Eltern und Kindern, womit die zentrale Bedeutung dieser Thematik für die Identitätsbildung der Nachkriegsgenerationen unter-
strichen wird. Im Unterschied zu vielen Befragten anderer Untersuchung-
en, bei denen die intergenerative Auseinandersetzung über die NS-Vergangenheit eher Störungen hervorgerufen hat, deuten die Gespräche mit
ASF-Freiwilligen auf eine gelungene Bearbeitung der Thematik hin, wobei
die im Rahmen der Freiwilligeneinsätze gemachten Erfahrungen durch-
weg einen positiven Einfluß gehabt haben. Es ist das Verdienst von Johan-

na Pütz, in den von ihr ausgewerteten Interviews den Zusammenhang zwischen den während des Projekts in Gang gesetzten Lernprozessen und den sich daraus ergebenden Konsequenzen für die Bearbeitung der NS-Thematik, vor allem mit den eigenen Eltern, sensibel und differenziert herausgearbeitet zu haben.

Die Untersuchung zeigt auch, wie schwierig es in den fast 40 Jahren des Bestehens der ASF gewesen ist, das ursprüngliche Konzept den jeweils gewandelten gesellschaftlichen Bedingungen anzupassen. Beispielsweise ist der Gedanke der Sühne im Sinne von konkreter Wiedergutmachung inzwischen aufgrund des Versterbens der meisten Opfer kaum noch realisierbar, ohne daß damit allerdings die Thematik von historischer Schuld und Mitverantwortung, von besonderer Verpflichtung zur politischen Sensibilität obsolet geworden wäre. Hier ist pädagogischer Sachverstand gefragt, bereits laufende Projekte unter den veränderten Bedingungen weiterzuentwickeln bzw. neue Projekte mit modifizierten Intentionen zu entwickeln. Nur so kann die ASF heute Beiträge zur Bearbeitung neuer Formen von Rassismus wie von Neonazismus leisten.

Johanna Pütz hat mit vorliegender Untersuchung gezeigt, daß das Konzept der ASF tatsächlich in der Lage war und ist, über entsprechende pädagogische Arrangements Lernprozesse einzuleiten, die zur Bearbeitung der NS-Vergangenheit wie zur Herstellung eines geschärften politischen Bewußtseins geeignet sind. Damit kann sie heutigen Pädagogen und Pädagoginnen nicht nur Anregung geben, sondern auch Mut machen.

Paderborn, November 1998   Wolfgang Keim

Vorwort und Dank der Autorin

Seit Ende der 70er Jahre hat sich die gesellschaftliche Auseinandersetzung mit dem Nationalsozialismus und der Nachkriegszeit enorm inten-
siviert. Das breite Spektrum an Forschungs- und Bildungsaktivitäten, die
zahlreichen Denkmal- und Gedenkstätteninitiativen, der Streit für eine
Anerkennung und Entschädigung aller NS-Verfolgten, und die große
Resonanz auf Veranstaltungsreihen zu Jahrestagen, die an Schlüsselereignisse der NS-Zeit erinnern, sind Ausdruck vielfältiger Bemühungen um eine Aufarbeitung der noch nahen Vergangenheit.

Von mir untersucht werden in vorliegendem Band sowohl die politischen
Interessen als auch die psychischen Motive von Frauen und Männern der
dritten Generation, die in diesem gesellschaftlichen Kontext aktiv wurden,
und zwar fokussiert am Handlungsfeld Aktion Sühnezeichen Friedensdienste (ASF). Mit dieser Auswahl führe ich zwei Ereignis- und Betrachtungsebenen zusammen: Zum einen arbeite ich die Differenz von zeitgeschichtlichen und generationsspezifischen Prozessen heraus, wie sie beispielhaft in den Diskussionen zwischen der ASF-Gründer- und der Enkelgeneration über den Sühnebegriff sowie das politisch-moralische Selbstverständnis der Organisation hervortritt; und zum anderen wird anhand
meines entwicklungsbezogenen Forschungsansatzes die Motivvielfalt und
die unterschiedliche Dynamik individueller Bearbeitungsformen von Frau-
en und Männern der dritten Generation sichtbar. So zeichne ich in der
Bearbeitung von acht Interviews mit ehemaligen Freiwilligen die je spezifischen Wege meiner GesprächspartnerInnen nach, durch die sie ent-
wicklungshindernde Strukturen im Generationengefüge aufschlüsseln und
dabei mehr Gestaltungsfreiheit für die eigenen Lebensentwürfe gewinnen konnten.

Inmitten der vielseitig herausfordernden, anregenden und attraktiven
Aufgaben des sozialen Friedensdienstes in den USA haben sich die befragten Frauen und Männer zugleich mit den Vergangenheit und Gegenwart verbindenden Konflikten von Täter-Opfer-Strukturen auseinander-
gesetzt, da im Namenszug der Organisation, mit der sie für ein bis zwei
Jahre tätig wurden, die Richtung der Gewalterfahrung zwischen Verursachern und Leidtragenden signalsetzend enthaltend war. Mit dieser
Sichtweise hatte sich die ASF-Gründergeneration ihrer Mit-Verantwor-
tung für das nationalsozialistische Prinzip der kalten Ordnung, der Ausgrenzung und Lebensvernichtung gestellt, und dabei erkannt, daß sowohl
ihre Beziehung zu den Opfern jener Politik, als nicht minder, die Beziehung zu sich selbst und ihren Kindern langfristig blockiert bleibt, sofern die
Gewaltmechanismen des Täter-Opfer-Gefälles nicht überwunden werden. Auf diesen Reflexionsansatz erhielten meine GesprächspartnerInnen
eine überwiegend positive Resonanz und einen großen Vertrauensvor-

schuß seitens der amerikanischen Projektpartner sowie vieler Menschen, mit denen sie zusammentrafen. Doch zeigen die Interviews zugleich die oft mühsamen und viele Wagnisse beinhaltenden Prozesse auf, in deren Verlauf die Frauen und Männer der dritten Generation ihre Verunsicherungen überbrücken, und ihre gespaltenen oder durch Furcht getrübten Wahrnehmungsformen verändern mußten, um den Raum für die Kommunikation mehrerer Seiten und Generationen öffnen zu können. Ihr Zugewinn bestand dabei vor allem in einer großen Erweiterung an sozialen und kulturellen Partizipationsmöglichkeiten, und nicht zuletzt in der Fähigkeit zu mehr flexibler Selbstverantwortung.

Die Ausarbeitung der Dissertation wurde zwei Jahre lang von der Hans Böckler Stiftung gefördert, ebenso erfolgte ein Druckkostenzuschuß für dies Buch.

Während der gesamten Arbeitsphasen wurde das Projekt und der erfolgreiche Abschluß des Promotionsverfahrens von meiner Mutter Elisabeth Pütz finanziell flankiert. Ihr gilt mein herzlicher Dank für die Unterstützung in Ausdauer und Zuversicht.

Für die wissenschaftliche Betreuung sowie das gute Gedeihen und Gelingen des Arbeitsprozesses danke ich Astrid Albrecht-Heide und Marina Neumann-Schönwetter mit großer Verbundenheit.

Mein Dank für Anregung, Kritik, das Gegenlesen von Texten und die immer wieder ermutigende kollegiale und freundschaftliche Begleitung gilt Karl-Walter Beise, Manfred Karnetzki, Klaus Riedel und Wolfgang Keim.

Ulla Hennig und Johannes-Werner Erdmann danke ich für ihre Hilfe beim Lay-out sowie der computeristischen Bewältigung des Projekts.

Allen Interviewpartnern und -partnerinnen danke ich vor allem für ihre Offenheit, ihre Reflexionen und ihre Freude als auch ihr erneutes sich hinterfragen beim Wagnis des Rückblicks.

Mein besonderer Gruß geht nach Washington D. C. zu Betsy Rosenblum und Mohan Kartha !

Berlin, Mai 1999   Johanna Pütz

5

Inhaltsverzeichnis

6

Die Auseinandersetzung mit dem Nationalsozialismus als Thema westdeutscher Pädagogik

1. 1 Ausgangspunkte, Problemstellungen und Forschungsinteresse

Im Laufe der 80er Jahre bildete sich innerhalb der politischen Kultur der Bundesrepublik ein neuer gesellschaftlicher Traditionszusammenhang heraus, der mit dem Begriff "Erinnerungskultur" gekennzeichnet wird. Das liberal-demokratische Klima der 70er Jahre hatte die Entfaltung eines vielschichtigen Spektrums an Forschungs-, Dokumentations- und Bildungsaktivitäten zum Thema Nationalsozialismus und Nachkriegsentwicklung ermöglicht,[1] in dem unterschiedliche Milieus und Arbeitsweisen eine Verbindung zueinander fanden. So wurde die wissenschaftliche Forschung um die unkonventionellen, nicht exklusiv akademischen Ansätze der "neuen Geschichtsbewegung"[2] erweitert, die ihre Ergebnisse in kreativen Formen vermittelte und dabei in der Lage war, ein breites öffentliches Forum für die Auseinandersetzung mit der nahen Vergangenheit zu erreichen. Die daraus hervorgegangen Denkmale und Gedenkstätten, die Initiativen für eine Anerkennung und Entschädigung aller NS-Opfer und nicht zuletzt die Veranstaltungsreihen zu Jahrestagen, die an Schlüsselereignisse der NS-Zeit erinnern, sind Ausdruck dieser aufarbeitenden Beziehung zur jüngeren deutschen Vergangenheit. Dabei zeigte sich, daß die systematischen Forschungsverfahren, mit ihrer Schwerpunktausrichtung auf funktionstheoretische Themen, und die dazu querläufigen, stärker an Kultur- und Sozialgeschichte orientierten Fragestellungen, sich zu neuen Betrachtungsweisen ergänzten: Denn erst in der Sichtbarmachung der sogenannten vergessenen Opfergruppen wurde die gesamtgesellschaftliche Beteiligung am Prozeß der Ausgrenzung, Entrechtung und Verfolgung transparent. Gleichzeitig trat das NS-System in seinen machtpolitisch nicht minder rivalisierenden wie kooperierenden wirtschaftlichen, militärischen, wissenschaftlichen und verwaltungstechnischen Apparaten hervor. In dieser ausdifferenzierten Wahrnehmung von Akteuren und Betroffenen, verblaßte das bis dahin noch immer dominante Erklärungsmuster ohnmächtig erduldeter Gleichschaltungszwänge unter einer totalitären Herrschaftsdynamik, da im Innenleben der von Modernisierungs- und Optimierungseifer bestimmten Planungs- und Ausführungsforma-

---

[1] Vgl. Loewy (1992), Ehmann / Kaiser (Hg) (1995), Faulenbach (1987 und 1996), Moltmann (Hg) (1993), Reichel (1995), Schreier / Heyl (Hg) (1992 und 1995)

[2] Vgl. Frei (1988), Heer /Ullrich (1985), Kocka (1986)

tionen die erschreckend breit gestreute Initiative zum Verbrechen (Hilberg 1992), die ungeheure Komplexität von Mittäterschaft und Mitverantwortung erkennbar wurde.1 So setzten diese jüngeren Forschungsarbeiten ab Mitte der 80er Jahre neue Maßstäbe für die Einschätzung des Handelns der Mit-Tätergeneration und gaben abermals Anlaß zu einer intensiven Auseinandersetzung über den Nationalsozialismus und seine Nachwirkungen in der Geschichte der Bundesrepublik. Erst vierzig bzw. fünfzig Jahre nach den historischen Ereignissen wurde die weithin täterzentrierte Sichtweise um die Perspektive der NS-Verfolgten ergänzt und die nachhaltig verweigerten materiellen und moralischen Verpflichtungen gegenüber der Mehrzahl der Opfergruppen zum öffentlichen, auch international beachteten Konflikt.2

Während der folgenden großen Gedenktage, insbesondere anläßlich des 8. Mai 1985, des 9. November 1988 und des 1. September 1989, etablierte sich in der Verbindung von Gedenken, wissenschaftlicher Dokumentation sowie pädagogischen und künstlerischen Aufklärungsformen ein neuer gesellschaftskritischer Zusammenhang, in dem drei Generationen miteinander verknüpft waren: Die Mit-Verantwortlichen für die nationalsozialistische Politik, die Überlebenden der Naziverfolgung und die Kinder und Enkel beider Seiten.

Im Laufe der 90er Jahre vollzog sich bereits ein Generationenwechsel im öffentlichen Umgang mit der jüngeren deutschen Vergangenheit. Es sind nun überwiegend die Angehörigen der zweiten und dritten Generation, die sich innerhalb ihres beruflichen und politischen Engagements mit den Wirkungsweisen und Folgen des Nationalsozialismus beschäftigen. Für diese Generationen überschneiden sich Geschichtsbuch und Familienalbum. Im Unterschied zur zweiten Generation ist die Biographie der Enkel jedoch weder in der NS-Zeit noch in den Nachkriegsjahren verankert. Die dritte Generation ist zum einen von den Erzählungen ihrer Eltern und Großeltern3 und, weit mehr als ihre VorgängerInnen, von den institu-

---

1 Vgl. Aly (1987), Aly/Heim (1991), Beiträge zur nationalsozialistischen Gesundheits-, und Sozialpolitik (1985, 1986, 1987), Bock (1986), Czarnowski (1991), Ebbinghaus (1984), Hillberg (1992), Kaupen-Haas (1986), Klee (1986), Mommsen/Willems (1988), Müller-Hill (1984), Peukert (1982 und 1987), Roth (1984)

2 Vgl. Broszat (1985), Diner (1987), Giordano (1987), Haug (1987), Lutz/Meyer (1987), Narr (1987), Rehbein (1989)

3 "Aber Aufklärung ist eben nicht allein eine Frage der Informationsvermittlung, sondern indem Eltern und Großeltern berichten, konstituieren sie auch Beziehungen. Das, was die Eltern sagen, und auch das, was sie verschweigen, und wie sie dies tun, sind für die Kinder Erfahrungen, die ihr Bild von den Eltern und damit den Erwachsenen generell und auch, wie wir sehen werden, ihr Bild von sich selbst nachhaltig prägen." (Rommelspacher, 1995 a : 68)

11

tionalisierten Aufklärungs- und Erinnerungsformen[1] geprägt. Solchermaßen ist sie gemeinsam mit der zweiten Generation ein Bindeglied zwischen der Erfahrungswelt der historischen Katastrophe und den daraus entstandenen sozialen Gedächtnissen, in denen die unterschiedliche Bedeutung für die jeweiligen gesellschaftlichen Gruppen aufbewahrt, vermittelt und reflektiert werden.[2] Was für die zweite Generation noch ein enorm mühsamer, von gesellschaftlicher Verdrängung und familialer Tabuisierung behinderter Prozess war, konnte für die Enkel bereits zum Ausgangspunkt ihrer Beschäftigung mit der nahen Vergangenheit werden. Tilmann Moser schreibt, ebenso wie H. E. Richter,[3] der dritten Generation eine öffnende Rolle in der Bearbeitung der NS-Zeit zu:

"So kommt es, daß erst die dritte, die Enkelgeneration das Fragen lernt ... . Die zweite, die Achtundsechziger-Generation, hat sich hinter Empörung und Anklage verschanzt ... Als tragisch bezeichne ich es, daß diese diese Bewältigung im Sinne eines Sprechen - könnens ... noch einmal um ein oder zwei Jahrzehnte hinausgeschoben hat. ... Die Achtundsechziger Lehrergeneration trug den Gestus der Anklage auch in die Schulen, so daß sich die Spaltung der Familien vertiefte. Vielleicht gab es keine andere Möglichkeit. Aber (durch J. P.) die Position der Defensive und der Abwehr ... haben (wir) verlernt zu fragen oder haben es gar nie gelernt. ... Ich möchte es, von einem psychotherapeutischen ... Standpunkt aus gesehen, so formulieren: Selbst die zweite Generation, die Kriegs- und Nachkriegskinder, hätte noch Hilfe gebraucht für den Umgang mit dem vergifteten Untergrund. Sowohl die inquisitorische Haltung als auch die Fähigkeit zu kindlich-loyalem Schweigen waren ein Massenphänomen, das kaum mutige individuelle Lösungen zuließ. " (Moser, 1992 : 401)

Diesen Kontext zeitgeschichtlicher Entwicklung beachtend, untersuchen meine Interviews mit westdeutschen Frauen und Männern der dritten Generation die Gemeinsamkeiten wie auch die individuellen Unterschiede in der intergenerativen Verständigung über die NS-Zeit. Es sei an dieser Stelle vorweggenommen, daß die Befragten auf der politischen, als auch psychisch-moralischen Vorarbeit der Achtundsechziger aufbauend, den reflexiven Umgang mit dem Thema Nationalsozialismus erweitern und dadurch die "hypnotische Lähmung" (Habermas) entsprechend lösen konnten:

"Es gibt auch gute Gründe für eine historisierende Distanzierung von einer Vergangenheit, die nicht vergehen will. ... Jene komplexen Zusammenhänge zwi-

---

[1] Schulunterricht, Angebote der politischen Bildung, Gedenkstättenseminare, Schülerwettbewerb Deutsche Geschichte, Deutsch-Israelischer Jugendaustausch u. a. m.

[2] Vgl. Halbwachs (1991)

[3] Vgl. Richter (1992)

schen Kriminalität und doppelbödiger Normalität des NS-Alltags, zwischen Zerstörung und vitaler Leistungskraft, zwischen verheerender Systemperspektive und unauffällig-ambivalenter Nahoptik vor Ort könnten eine heilsam objektivierende Vergegenwärtigung durchaus vertragen. Die kurzatmig pädagogisierende Vereinnahmung einer kurzschlüssig moralisierten Vergangenheit von Vätern und Großvätern könnte dann dem distanzierenden Verstehen weichen. Die behutsame Differenzierung zwischen dem Verstehen und Verurteilen einer schockierenden Vergangenheit könnte auch die hypnotische Lähmung lösen helfen." (Habermas, 1987 : 132)

Während die pädagogische Diskussion zur gesellschaftlichen Bedeutung politischer Bildungsarbeit Stellung nimmt, um aus der Geschichte äußerster Inhumanität zu lernen und eine Sensibilisierung gegenüber Ausgrenzung, Feindbilddenken und destruktiven Selbstbehauptungsinteressen zu erwirken, arbeitet der sozialpsychologische Diskurs die verschlüsselten Konflikte im Generationengefüge auf.[1] Jürgen Habermas pointierte die Verwobenheit gesellschaftsgeschichtlicher und generationsspezifischer Aspekte folgendermaßen:

"Nach wie vor gibt es die einfache Tatsache, daß auch die Nachgeborenen in einer Lebensform aufgewachsen sind, in der *das* (Hervorhebung J. H.) möglich war. Mit jenem Lebenszusammenhang, in dem Auschwitz möglich war, ist unser eigenes Leben nicht etwa durch kontingente Umstände, sondern innerlich verknüpft. Unsere Lebensform ist mit der Lebensform unserer Eltern und Großeltern verbunden durch ein schwer entwirrbares Geflecht von familialen, örtlichen, politischen, auch intellektuellen Überlieferungen - durch ein geschichtliches Milieu also, das uns erst zu dem gemacht hat, was und wer wir heute sind. Niemand von uns kann sich aus diesem Milieu heraustehlen, weil mit ihm unsere Identität, sowohl als Individuen wie als Deutsche, unauflöslich verwoben ist. Das reicht von der Mimik und

---

[1] Innerhalb des sozialpsychologischen Diskurses erfolgte in den 80er Jahren eine Erweiterung des über zwei Jahrzehnte hinweg bestimmenden Theorems von Alexander und Margarete Mitscherlich (1986) über die "Unfähigkeit zu trauern", die Mechanismen kollektiver Schuldabwehr und die aggressive Verdrängungsleistung der westdeutschen Nachkriegsgesellschaft. Die Untersuchungen von Eckstaedt, Hardtmann und Müller-Hohagen zeigten, daß die Mit-TäterInnen zwar versucht hatten, ihr Vor-sich-selbst-gescheitert-sein durch Mittel der Schuldabwehr zu verringern bzw. auszublenden, dies aber die emotionalen Ressourcen in einer Weise beanspruchte, die die Kinder als psychischen Entzug ihnen gegenüber erfahren mußten. Die Kinder entbehrten eine emotionale Verläßlichkeit und Aufrichtigkeit, und vor allem die Möglichkeit zur positiven Identifikation. Dies hatte existentielle Desorientierungen und starke Selbstzweifel zur Folge, insbesondere wenn die Eltern sich durch Fragen zur sozialen Kontinuität bedroht fühlten. Anhand der Erfahrung, über wichtige Themen des gemeinsamen Lebenszusammenhangs nicht sprechen zu können und sogar angstauslösend zu sein, entwickelten die Kinder ihrerseits Schuldgefühle, was zur Abkoppelung der Beziehungspartner und damit ein Auf-sich-selbst-gestellt-sein in wichtigen Aspekten der beidseitigen Entwicklung, führte. Vgl. Bohleber (1989), Eckstaedt 1989, Hardtmann (1989), Heimannsberg/Schmidt (Hg) (1992), Müller-Hohagen (1988 und 1992)

der körperlichen Geste über die Sprache bis in die kapillarischen Verästelungen des intellektuellen Habitus." (Habermas, 1987 : 140)

Eben diese "innerliche Verknüpfung", von der Habermas spricht, führt die Nachgeborenengenerationen in die Auseinandersetzung über die "Wiederherstellung des Humanums" (Giordano 1987) in unserer Gesellschaft. Indem Eltern und Großeltern als Akteure und Mitbeteiligte einer Verflechtung von Alltagsnormalität sowie der gleichzeitigen Mitverantwortung für Unmenschlichkeit und Verbrechen sichtbar werden, ist die Orientierung an ihren Vorgaben äußerst brüchig. Sofern die Frauen und Männer der Nachgeborenengenerationen nicht auch andere Vorbilder, und vor allem einen kritisch-reflexiven Gesprächszusammenhang für ihre konfrontativen Erkenntnisse finden, kann dies im Extrem zum Mißtrauen gegen sich selbst und zu einer Überantwortung der moralischen Maßstäbe an die Opfer und ihre Nachkommen führen. Auf dieses Dilemma - sofern es unerkannt bleibt - so hat Birgit Rommelspacher herausgearbeitet, gehen Störungen im Aufbau von Konfliktfähigkeit und lösungsbezogenem Handeln zurück, die sich in belasteten oder ambivalenten Situationen in Form von moralischem Rigorismus und starren Gefühlshaltungen äußern.[1]

Die hier gebündelten Problemstellungen sind innerhalb der pädagogischen und sozialpsychologischen Diskurse zunehmend beschrieben und analysiert worden. Die konstruktiven Prozesse einer sich öffnenden Verständigung zwischen den Generationen wurden zwar hoffnungsvoll betont, aber nicht erforscht. Meine Untersuchungen richten nun die Aufmerksamkeit auf die zeitgeschichtlich geprägte Dynamik intergenerativer Dialogformen, in denen Eltern und Kinder ihre jeweiligen Entwicklungsinteressen miteinander klären und dabei einen Zuwachs an gemeinsamen Partizipationsmöglichkeiten entdecken können.

1. 2 Chancen und Konflikte historischen Lernens - pädagogische Analysen und offene Fragen

Mit Beginn der neunziger Jahre hinterfragte der Geschichtsdidaktiker Bodo von Borries das vielfach artikulierte Postulat, historische Aufklärung sei ein Garant zur Stabilisierung von Demokratie und Toleranz, und motiviere Jugendliche zu politischem Engagement. Angesichts der wenigen Untersuchungen über den Zusammenhang von Geschichtsaneignung und einer entsprechend differenzierten Entscheidungsfindung in aktuellen ge-

---

[1] Vgl. Rommelspacher (1995 a) und weiterhin Fetscher (1989), Koppert (1991), Mitscherlich (1992) und Moser (1992)

sellschaftspolitischen Konflikten, konstatiert von Borries erhebliche Versäumnisse seines Faches, dem es nicht hinreichend gelungen sei, die Evidenz historischer Aufklärung in ihrer gesellschaftlichen Widerspiegelung zu überprüfen. Allerdings ermögliche die Beschäftigung mit historischen Verlaufsformen eine distanzierte Betrachtung gesellschaftlicher Rollen sowie gruppenbezogener Interessenssysteme, und dies trage dann zu einer entsprechenden Klärung politischer Orientierungen bei. Historische Bildungsarbeit bedürfe deshalb einer Konzeptualisierung, läge jedoch stets im Spannungsfeld zwischen strukturierter Wissensvermittlung durch die (Pflicht)Angebote öffentlicher Bildungsinstanzen und den jeweils situationsbezogenen, subjektiven Geschichtsbedürfnissen (Knigge 1988) ihrer RezipientInnen. Die gezielte Verknüpfung von historischem Bewußtsein und einer konstruktiven Einflußnahme auf soziale und politische Konflikte könne deshalb nicht geschult, wohl aber kommunikativ angeregt werden und sei letztlich dem Prinzip der Selbstbildung anvertraut.[1] Diese Einschätzung aus geschichtsdidaktischer Sicht trifft sich mit den Analysen des Erziehungswissenschaftlers Peter Dudek, der ebenfalls eine entschiedene Kritik an der Einschätzung formulierte, die Beschäftigung mit dem Nationalsozialismus sei gleichzusetzen mit einer Vorbereitung demokratischer Einstellungen bei Jugendlichen und fungiere als eine Art von Verhaltensregulative gegen den Rechtsextremismus in der Bundesrepublik. Der weithin erhoffte Transfer zwischen historischer Aufklärung und einem ethisch reflektiertem Handeln in aktuellen Konflikten scheitert nach Dudek wesentlich an den Dominanzerfahrungen des sozialen Alltags, in dem Jugendliche erleben, daß Privilegien, Finanzmacht und Gewalt obsiegen. Solange aber Schule und Ausbildungsplätze nicht auch die Erfahrung einer Überwindung von Ohnmacht, Deklassierung und entfremdeten Leistungsformen ermöglichen, so Dudek, würden insbesondere Bildungsziele mit hohen moralischen Vorgaben boykottiert. Politische Themen könnten aufgrund der funktionalen Ansprüche, mit denen Jugendliche und junge Erwachsene im öffentlichen Bildungswesen konfrontiert sind, nur sehr bedingt die Bedeutung einer Mitmenschlichkeit stärkenden Sozialisation einnehmen.

"Jene erfahrbaren Widersprüche zwischen Postulatsbestand und politischem Alltag im Rahmen institutionellen Lernens zu bearbeiten, konfrontiert politische Bildung mit einem kaum lösbaren Handlungsproblem. " (Dudek, 1988 : 114)
"Auch eine ... antifaschistisch orientierte Erziehungswissenschaft wird nicht die Wirkungsmacht der Erziehungsverhältnisse in den Lebenswelten Jugendlicher kontrollieren können. ... Jugendliche gewinnen ihre gesellschaftlichen Grundorientierungen eher in der Auseinandersetzung mit für sie biographisch bedeut-

---

[1] Vgl. Borries von (1990 und 1992)

samen Problemen ... . Diese sind in der Regel auf Zukunft und Gegenwart, weniger auf Vergangenheit gerichtet." (Dudek, 1990 : 363)

Hier setzte auch Wilhelm Heitmeyers Kritik an den fundamental formulierten Ansprüchen historischer Aufklärung an. Die vorhandenen Konzepte, so Heitmeyer, blieben blind für eine Rekonstituierung inhumaner Strukturen, obwohl sie durch die Erinnerung an die NS-Zeit eine frühzeitige Warnung vor destruktiven Tendenzen für sich in Anspruch nähmen. Solange jedoch historische Aufklärung im wesentlichen auf die Endformen faschistischer Gewaltausübung konzentriert bliebe, um dies zur potentiellen Abschreckung einzusetzen, sei sie plaziert zwischen den noch ausstehenden politischen Erfahrungen ihrer jugendlichen Adressaten und den unbegriffenen Vorformen einer neuen Verdinglichung des Menschen.[1] Diese aktuellen Gefahren seien in ihrer Etablierungsphase verdeckt durch die Fortschrittsverheißungen einer wissenschaftlichen Autorität, von der sie angekündigt und schließlich über die Interessensvertreter internationaler Wettbewerbsstrategien durchgesetzt würden. In diesem Zusammenhang wirke historische Aufklärung hilflos, sofern sie nicht zugleich die Bedingungen ihrer eigenen politische Ohnmacht mitreflektiere, um damit vor allem eine Wahrnehmung der janusköpfigen Modernisierungsschübe zu ermögichen.[2] Volkhard Knigge ergänzte die Diskussion über Widerstände von Jugendlichen gegenüber dem Thema Nationalsozialismus um die Frage nach der Bedeutung historischer Themen für die subjektiven Bedürfniskonstellationen ihrer RezipientInnen. Geschichte, so Knigge, erhalte für Jugendliche dann einen aktiven Bezug, wenn sie ihre eigenen, spezifischen Motive in den historischen Stoff hineintragen und sich auf anderen Ebenen, als denen der Lernzielkontrolle verfügbaren, an ihm abarbeiten könnten. Die Lernenden, so Knigge, verweigern offenkundig die Rolle von bloßen InformationsempfängerInnen, und werden aktiv, indem sie das "Vergangenheitsmaterial" (Knigge) ihren Interessen gemäß transformieren. Diese Transformationsprozesse blieben bislang weitgehend unerkannt und würden deshalb häufig in verkürzter Weise als Abwehrformen verstanden. Es käme jedoch darauf an, eben jene Relevanzstrukturen zu entschlüsseln, die das Bindegewebe zur Auseinandersetzung mit historischen Themen

---

1 Heitmeyer bezieht sich hier insbesondere auf die Selektionsprinzipien der pränatalen Diagnostik an schwangeren Frauen, mit dem Ziel die Geburt behinderter Kinder zu vermeiden, als auch auf die Genomanalyse bei IndustriearbeiterInnen, die den langwierig erkämpften Grundsatz der Prävention und Gesundheitssicherung am Arbeitsplatz unterhöhle, um auf der Grundlage genetischer Dispositionen das Risiko einer gesundheitlichen Schädigung dem individuellen Verhalten anzulasten. Vgl. Heitmeyer (1988)

2 Vgl. Heitmeyer (1988)

bilden. Diese, von Knigge "Geschichtsbedürfnisse" genannten Motive, sind auf drei Ebenen zusammenzufassen: Auf der ersten Ebene charakterisiert der Autor *Aufwertungsfunktionen;* dabei suchen sich Jugendliche im historischen Material jene Situationen heraus, die eine positive Identifikation zulassen und die Bedeutung Einzelner im historischen Prozeß hervorheben. Knigge analysiert hier das Interesse der GeschichtsrezipientInnen, selber im Strom der Zeit erkennbar bleiben zu wollen, um das eigene gesellschaftliche Handeln nicht in Durchschnittlichkeit und Vergänglichkeit versickern zu sehen.

Auf der zweiten Ebene beschreibt Knigge *Stabilisierungsfunktionen;* hier richten sich die Geschichtsbedürfnisse auf Aspekte des sozialen Zusammenhalts, und behandeln vor allem die Frage der Kontinuität und Diskontinuität von Gruppen- und Traditionszusammenhängen. Ein wesentliches Motiv ist es, Vorbilder zu finden, an denen die Entwürfe des eigenen Handelns Rückhalt nehmen können. Ebenso wird historisches Wissen zur Legitimation von Konfliktstrategien oder einer Ich-identifizierten argumentativen Position zur Geltung gebracht.

Auf einer dritten Ebene siedelt Knigge *Orientierungsbedürnisse* in der Auseinandersetzung mit Geschichte an; dies betrifft vor allem das Interesse, in der schnellen Dynamik gesellschaftlichen Wandels einen Horizont auszumachen, an dem der Sinn kollektiven Handelns erkennbar und überprüfbar bleibt. So schärft der geschichtliche Rückblick die Wahrnehmung von Strukturmechanismen, die auch im gegenwärtigen Handlungsgefüge noch wirksam sind, doch erst durch die Retrospektive - da nicht mehr vom Druck schneller Reaktionen und bindender Vorgaben getrieben - das Augenmerk für alternative Entscheidungsmöglichkeiten wachhalten.[1]

Im Kontext der Gründung des "Frankfurter Lern- und Dokumentationszentrums des Holocaust"[2] warnte Knigge davor, Konzepte zur Überlistung gegen die in der Gesamteinschätzung dominierenden Abwehrhaltungen zum Thema Nationalsozialismus zu entwickeln. Gerade die gesellschaftlich beauftragte und damit erfolgsorientierte Pädagogik - sei es in der Schule, der Gedenkstättenarbeit oder den vielfältigen Seminarangeboten - dürfe die Widerstände und scheinbaren Absurditäten im Verhalten jugendlicher und gleichsam erwachsener RezipientInnen weder methodisch austricksen, noch interpretativ so überformen, daß letztlich die pädagogischen Ansprüche obsiegten, weil das "Ausreißen" ihrer Bildungsadressaten zur

---

[1] Vgl. Knigge (1988)

[2] Diese Initiative konnte sich 1995 als "Fritz Bauer Institut - Studien- und Dokumentationszentrum zur Geschichte und Wirkung des Holocaust" etablieren. Sie ist seit 1989 eine zentrale Koordinationsstelle für die historische Bildungsarbeit und führend in der Erforschung und Reflexion der NS-Bearbeitung in der Geschichte der Bundesrepublik.

bekämpfbaren Störung deklariert werde. Die wiederkehrende und auch in
die vierte Generation noch hineinreichende Verharmlosung und Derealisierung[1] der NS-Politik, sei weder durch psychologische Klassifizierungen
noch durch pädagogische Maßnahmen in den Griff zu bekommen. Vielmehr müßten diese Phänomene zunächst ausgehalten, in ihrem je eigenen Charakter und ihrer gesellschaftlichen Bedeutung analysiert, nicht
aber mit Gegenstrategien behandelt werden, um eine Umkehrung der
Abwehr zu bewirken. Damit, so Knigge, werde der Konflikt meist unbe-
merkt noch einmal verdoppelt und nicht inhaltlich geöffnet. Die Frage,
warum Frauen und Männer, die bezüglich ihrer eigenen Biographie nichts
zu beschönigen haben, dennoch Geschichtslegenden übernehmen, die
abstrus und für die Opfer erneut beleidigend sind, steht nach Einschätzung des Autors immer wieder neu zur Bearbeitung an. Auch die Kinder
der Achtundsechzigergeneration kämpften noch um den Erhalt ihrer
Großeltern als anerkannte Vorbilder und um die in ihnen verkörperte soziale Kontinuität als dem zuverlässigen Rückhalt, an dem die Nachgeborenen ihre Identität positiv spiegeln können.

" ... den Holocaust zu denken, die Geschichte des Holocaust sich anzueignen, über
ein bloßes Lernen von Fakten, über ein blosses Äußern ritualisierter Abscheu hinaus, heißt, ... jede Gewißheit auf eine, und sei sie auch noch so schmal und instru-
mentell, Garantie auf intermenschlich verbürgtes Überleben aufgeben zu müssen. ...
Den Holocaust narzistisch zu perspektivieren, heißt, sich vor dieser Erkenntnis und
vor dieser ganzen Unsicherheit und vor diesem enormen, vor diesem nicht mehr
heilbaren Schrecken zu schützen, denn ... es ist passiert." (Knigge, 1992 : 7)

---

[1] Vgl. Dahmer (1990) und Arendt (1986). Das Phänomen der Derealisierung wurde von
Hannah Arendt bereits 1950, im Rückblick auf ihren ersten "Besuch in Deutschland. Die
Nachwirkungen des Naziregimes." beschrieben. Hier analysiert sie Abspaltungsmechanismen als Rückgriff auf das Inventar eines abgleichenden Zeitgeistes, in dem Wirk-
lichkeitsdefinitionen und Machtsicherung miteinander verschmolzen sind: "Der wohl
hervorstechendste und auch erschreckendste Aspekt der deutschen Realitätsflucht liegt
jedoch in der Haltung, mit Tatsachen so umzugehen, als handele es sich um bloße Meinungen. ... Die Lügen totalitärer Propaganda unterscheiden sich von den gewöhnlichen
Lügen, auf welche nichttotalitäre Regime in Notzeiten zurückgreifen, vor allem dadurch,
daß sie ständig den Wert von Tatsachen überhaupt leugnen: Alle Fakten können verändert und alle Lügen wahrgemacht werden. Die Nazis haben das Bewußtsein der Deutschen vor allem dadurch geprägt, daß sie es darauf getrimmt haben, die Realität nicht
mehr als Gesamtsumme harter, unausweichlicher Fakten wahrzunehmen, sondern als
Konglomerat ständig wechselnder Ereignisse und Parolen, wobei heute wahr sein kann,
was morgen schon falsch ist. Diese Abrichtung könnte exakt einer der Gründe dafür sein,
daß man so erstaunlich wenig Anzeichen für das Fortbestehen irgendwelcher Nazi-
propaganda entdeckt und gleichzeitig ein ebenso erstaunliches Desinteresse an der
Zurückweisung von Nazidoktrinen vorherrscht. Man hat es hier ... mit der Unfähigkeit
und dem Widerwillen (zu tun) überhaupt zwischen Tatsache und Meinung zu unterscheiden." (Arendt, 1986 : 47 f)

Knigge knüpft hier implizit an Dan Diners These über Auschwitz als Erfahrung des Zivilisationsbruchs an, die im Übergang von den 80er in die 90er Jahre einen neuen Akzent in die sozialwissenschaftlichen Diskurse[1] trug. Als zentrale Aussage hatte Diner formuliert:

> "Das Ereignis Auschwitz rührt an Schichten zivilisatorischer Gewißheit, die zu den Grundvoraussetzungen zwischenmenschlichen Verhaltens gehören. Die bürokratisch organisierte und industriell durchgeführte Massenvernichtung bedeutet so etwas wie die Widerlegung einer Zivilisation, deren Denken und Handeln einer Rationalität folgt, die ein Mindestmaß antizipatorischen Vertrauens voraussetzt; ein utilitaristisch geprägtes Vertrauen, das eine gleichsam grundlose Massentötung, gar noch in Gestalt rationaler Organisation, schon aus Gründen von Interessenskalkül und Selbsterhaltung der Täter ausschließt. Ein sozial gewachsenes Vertrauen in Leben und Überleben bedingende gesellschaftliche Regelhaftigkeit wurden ins Gegenteil verkehrt." (Diner, 1988 : 7)

Die erziehungswissenschaftliche Auseinandersetzung unter dem Stichwort "Erziehung nach Auschwitz" (Adorno 1977) ist in ihrem Diskussionsverlauf jedoch gerade von der vehementen Bemühung gekennzeichnet, diesen Vertrauensverlust überbrücken zu wollen, nämlich durch die Vermittlung historischen Wissens und einer damit verbundenen Auseinandersetzung über das Fortwirken bzw. eine Rekonstituierung inhumaner Gesellschaftsstrukturen.

Seit Beginn der 90er Jahre werden die formulierten Aufgaben allerdings verhaltener formuliert. Die ernüchterten Einschätzungen über Chancen und Grenzen historischer Aufklärungsarbeit geben einen Hinweis dazu, wie ebenso die jüngst auch unter pädagogischen Gesichtspunkten thematisierten Gefahren künftiger Existenzbedrohung durch die ökologischen und bevölkerungspolitischen Krisen im Weltmaßstab.[2] Doch die erneut auf Abschreckung hinzielende Zusammenführung des nationalsozialistischen Völkermords mit der entgrenzten Zerstörung natürlicher Lebensgrundlagen, erdrückt abermals die erwünschte Sensibilisierung für existenzielle Gefahren. Der wiederholte Vergleich mit dem Unvergleichlichen scheitert an einer Funktionalisierung der Shoa und führt zurück in die Unerträglichkeit des destruktiv Realen: Die politisch organisierte und individuell zuzuordnende Verantwortung für die NS-Verbrechen bleibt strukturell erkennbar, und stellt die Folgegenerationen in personenbezogene materielle Pflichten, wohingegen das globale Handlungs-

---

1 Vgl. Benz (1990), Bergmann/Erb (1990), Gravenhorst / Taschtmurat (1990), Knigge (1992), Loewy (1992), Moltmann (1993), Peukert H. (1990), Rehbein (1989), Schreier/Heyl (1992)

2 Vgl. Peukert H. (1990) und Lingelbach (1995)

kollektiv nicht mehr rekonstruierbare Formen der Entwicklungssteuerung und damit unüberschaubare Konsequenzen produziert. Indem Volkhard Knigge davor warnt, die pädagogisch unliebsamen Verhaltensweisen des "Ausreißens" vor einer Konfrontation mit der Shoa vorschnell als Verweigerung auszumachen, stellt er die eigenen Entwürfe in eben diese Realität einer tief erschütterten Zuversicht, die damit jedoch keineswegs eine reduzierte Bedeutung erhält. Auch das Abwehrverhalten jugendlicher und erwachsener RezipientInnen, darauf weist Knigge entschieden hin, enthalte genügend Hinweise dafür, daß sich die Betreffenden ernsthaft mit diesem enormen Schrecken beschäftigen. Eine Pädagogisierung des Konflikts führe hingegen eher zum Abbruch der Auseinandersetzung. Die Alternative sei vielmehr, eine allmähliche, nicht vorwegdefinierte Annäherung an die schwierige Vergangenheit zuzulassen. So pointiert Knigge nicht zuletzt ein Plädoyer für den behutsamen Umgang der PädagogInnen mit sich selbst:

> "Wer hielte denn die Leere, die radikale Differenz, das Aufgeben des Glaubens an eine doch noch irgendwie unzerbrochene Garantie intermenschlich verbürgten Lebens aus, ohne diese Elemente so transformieren zu wollen, daß nicht wenigstens ein Rest an Hoffnung, an Identifikationsmöglichkeit, an Gewißheit auch aus diesem Kapitel der deutschen Geschichte herausspränge." (Knigge, 1992 : 7)

Wenngleich die pädagogischen Disziplinen der Aufklärung über den Nationalsozialismus eine herausragende Bedeutung zuweisen, und mit Adornos Begriff der "Erziehung nach Auschwitz" ein Fundamentalprinzip pädagogischen Handelns verankert sehen wollen, bleibt die erziehungswissenschaftliche Diskussion[1] ohne eine in sich verbundene theoretische Fundierung. Hans-Jochen Gamm, dessen Arbeiten einen kontinuierlichen Verlauf der Auseinandersetzung ermöglicht haben und die erziehungswissenschaftliche Aufarbeitung des Nationalsozialismus zu disziplinübergreifender Geltung brachten, formulierte anläßlich des 8. Mai 1985 ein grundlegendes Verständnis historischen Lernens oder antifaschistischer Pädagogik, wie sie in den 70ern bis in die Spätphase der 80er Jahre hinein genannt wurde:

---

[1] Vgl. Ahlheim (1984), Beutler/Wiegmann (1995) Brumlik (1989, 1992), van Dick (1990), Dudek (1982, 1988, 1989, 1990 und 1992), Fetscher (1989), Gamm (1983 a und b, 1985, 1988), Heitmeyer (1988), Jungk/Schütte (1988), Keim (1988 a und b, 1989 a, 1990 b), Klafki (1990), Koneffke (1990), Knigge (1992), Köppke-Duttler (1987), Loewy (1992), Peukert, H. (1990), Pöggeler (1987), Preuschoff (1984), Rathenow/Weber (1989), Rehbein (1989), Reich/Stammwitz (1989), Schreier/Heyl (1992 und 1995), Tenorth (1989), Zubke (1990)

" ..., so wird unter dem Begriff des Antifaschismus die eigentlich humanistische Position bestimmbar, die sich nicht von Parteien oder Verbänden vereinnahmen läßt, keiner Gruppenexklusivität nachkommt, ... Vielmehr wäre Antifaschismus als die gedanklich geeinte, systematisch gefaßte politische Entschiedenheit zu kennzeichnen, sich der Barbarei des Faschismus jederzeit und unter allen Umständen zu verweigern. Bei diesem Entscheid ließe sich Antifaschismus als die Einheit der zum Widerstand entschlossenen Gegenkräfte kennzeichnen, die der Entwürdigung des Menschen entgegentreten, sich keinerlei Beschwichtigung auferlegen lassen, sich jedem Aufschub versagen. Der Begriff des Antifaschismus umschließt daher mehr als die Summe der einzelnen empirischen Aktionen gegen ein System der Unmenschlichkeit, er meint ... stets (ein J. P.) Resultat gesellschaftlichen und politischen Lernens. " (Gamm, 1985 : 22)

Anfang der neunziger Jahre relativierte Peter Dudek die Beanspruchung der NS-Bearbeitung als zentralen erziehungswissenschaftlichen Bezugspunkt:

"Antifaschismus ist keine Theorie. Als Fundamentalnorm hat der Begriff zwar erziehungstheoretische Implikationen, ... ist selbst jedoch kein Begriff, auf dem sich eine Erziehungstheorie aufbauen ließe. ... (so J. P.) fungiert er gegenwärtig eher als Schlagwort, ... wissenschaftspolitische Revierabgrenzung, ... als Kampfbegriff." (Dudek, 1990 : 365)

Eine erziehungstheoretische Fundierung historischen Lernens wurde weithin mit dem Verweis auf Adornos Diktum abgeglichen. Die ultimative Begrifflichkeit, die der pädagogische Diskurs sich aus Adornos Beitrag entlieh, setzte jene Sprungmarke voran, unterhalb derer die in der Bildungspraxis auftretenden Probleme in den Bereich lästiger Irritationen verwiesen und somit wenig ausdifferenziert wurden. Erst ab Ende der 80er Jahre stellten Dudek, Heitmeyer und Knigge die von mir ausgeführten Erklärungsansätze über Abwehrformen von Jugendlichen und jüngeren Erwachsenen zum Thema Nationalsozialismus vor.
1966 - ein gutes Jahrzehnt bevor der Nationalsozialismus überhaupt in einer intensiven und kritischen Form in Schule, Jugend- und Weiterbildung behandelt wurde - nämlich durch den Generationswechsel in der Lehrerschaft von der Mit-Tätergeneration hin zur zweiten Generation - hatte Adorno die prägende Vorgabe für die pädagogische Auseinandersetzung formuliert:

" Die Forderung, daß Auschwitz nicht noch einmal sei, ist die allererste an Erziehung. Sie geht so sehr jeglicher anderen voran, daß ich weder glaube, sie begründen zu müssen noch zu sollen. Ich kann nicht verstehen, daß man mit ihr bis heute so wenig sich abgegeben hat. Sie zu begründen hätte etwas Ungeheuerliches angesichts des Ungeheuerlichen, das sich zutrug. Daß man aber die Forderung, und was sie an Fragen aufwirft, so wenig sich bewußt macht, zeigt, daß das Ungeheuerliche nicht in die Menschen eingedrungen ist, Symptom dessen, daß die Möglichkeit der Wiederholung, was den Bewußtseins- und den Unbewußtseinsstand der Menschen anlangt, fortbesteht. Jede Debatte über Erziehungsideale ist nichtig und gleichgültig dem einen gegenüber, daß Auschwitz nicht sich wiederhole. Es war die Barbarei, gegen die alle Erziehung geht. ... Barbarei besteht fort, solange die Bedingungen, die jenen Rückfall zeitigten, wesentlich fortdauern. Das ist das ganze Grauen. Der gesellschaftliche Druck lastet weiter, trotz aller Unsichtbarkeit der Not heute. Er treibt die Menschen zu dem Unsäglichen, das in Auschwitz nach weltgeschichtlichem Maß kulminierte." (Adorno, 1977 : 674)

Bis in die zweite Hälfte der 80er Jahre hinein blieb die erziehungswissenschaftliche Diskussion unter dem Stichwort "Erziehung nach Auschwitz" vom Denkprinzip der Wiederholungsgefahr geprägt. Der Versuch, die objektive Hilflosigkeit angesichts der negativen Überwältigung durch die historischen Ereignisse, in den Griff zu bekommen, führte stets einen Bedrohungscharakter mit sich, und basierte auf dem Argumentationsmuster widerstreitender, unmißverständlich voneinander abzugrenzender und eben nicht unsichtbar verbündeter, ineinander verflochtener gesellschaftlicher Interessenskonstellationen, wie sie vom Ansatz der Kritischen Theorie aufgeschlüsselt werden.

Erst zum Ende der 80er Jahre hin entwickelte sich ein Perspektivwechsel, indem nunmehr die Spätfolgen der NS-Zeit, und zwar sowohl in ihren psychischen und materiellen Dimensionen für die überlebenden Opfer und ihre Nachkommen als auch in den Konflikten und Gesprächsbedürfnissen auf Seiten der Mit-Täterkinder thematisiert wurden. Die Fixierung auf Wiederholungsphänome, so wurde festgestellt, hatte eher die Sensibilität für neue Qualitäten inhumaner Gesellschaftsstrukturen blockiert, und vor der Erkenntnis einer Mitverantwortung für die Herausbildung gegenwärtiger Dominanzkultur (Rommelspacher 1995) geschützt. Denn weniger die überdeutliche Abgrenzung von faschistoiden Mustern wurde von MigrantInnen, behinderten Frauen und Männern und anderen sozial deklassierten Gruppen eingefordert, als vielmehr eine Aufmerksamkeit für die geräuschlos technokratischen und medizinierten Formen sozialer Ausgrenzung, Entrechtung und Identitätsverletzung.[1]

Im Interesse einer Differenzierung zwischen NS-Bearbeitung und aktueller politischer Verantwortung, doch unter Beibehaltung der Frage, in welchen emotionalen und moralischen Aspekten sich beide Ebenen überschneiden, haben sich im Laufe der 90er Jahre drei konsensuale Prinzipien historischer Bildungsarbeit herauskristallisiert, die ich abschließend zusammenfasse:

Das erste Prinzip besteht in einer prozeßorientierten Betrachtung der Geschehnisse während der NS-Zeit, ihrer gesellschaftlichen Bedingungen

---

[1] Vgl. Fetscher (1989), Gravenhorst/Tatschmurat (1990), Koppert (1991), Pütz (1989), Rommelspacher (1995 a und b)

und machtpolitischen Zuordnungen. In zahlreichen Reaktionen jugendlicher RezipientInnen zeigte sich, daß eine Aufklärung über den Nationalsozialismus, die im wesentlichen auf die tödlichen Konsequenzen der Rassen- und Eroberungspolitik, das System der Konzentrationslager und die Kriegsgreuel konzentriert war, meist als Überforderung und ebenso als ein vorbehaltloser Übergriff auf die Bildungsadressaten empfunden wurde. Wo hingegen die gesellschaftliche Situation der Verfolgten, beginnend mit den frühen Formen ihrer Diskriminierung und Ausgrenzung, hin zum Entzug der Rechtssicherheit, ihre behördliche Erfassung und Verdrängung aus dem beruflichen Leben, bis zur terroristischen Willkür, Vertreibung aus Deutschland, Deportation und Tötung transparent wurden, erschloß sich für die Lernenden eine Entwicklungsdynamik, in der Betroffene und Täter, Akteure und Zuschauer, Helfende, Wegsehende und Widerständige sichtbar wurden.

Die NS-Zeit wurde so von einer Fokussierung auf exzessive, unfaßliche Phänomene entzerrt, und dafür nachvollziehbarer als eine politische Situation in Deutschland, in der aus Nachbarn, KollegInnen und vertrauten Menschen, Juden und Erbkranke, Gemeinschaftsfremde und Volkszersetzer wurden, und die meisten Beteiligten dieser Situation, die schrittweise Entsolidarisierung und den gewaltsamen Riß einer gemeinsamen Lebenswelt durch die zunehmende Kulminierung von Willkür- und Bedrohungszuständen zuließen.[1]

Hieran knüpft sich das zweite Prinzip einer historischen Aneignungsform wechselnder Perspektiven, nämlich von der Tat auf die Täter und MittäterInnen zu sehen, weiter zu den Opfern und schließlich ebenso den Erfahrungen des Widerstands und der Existenzrettung. In dieser Verknüpfung werden sowohl die subjektiven Motive der Mit-TäterInnen, wie beispielsweise ihre Vorteils- und Karrieresicherung, als auch die gesellschaftliche Interessensrationalität, aus deren Expansions- und Modernisierungsstreben die bislang grausamste Zerstörung von Leben und Kulturen hervorging, deutlich. Eine zirkulierende Perspektive auf die damaligen Täter, Opfer und Zuschauer (Hilberg 1992) trägt dazu bei, einseitig verfestigte Identifikationen und Distanzierungen, die angesichts dessen was sich zutrug, schnell einsetzen, wieder lockern zu können, um die Schrittfolgen einer politischen Dynamik, die wir heute vom Ergebnis her betrachten, und in den vielen Zwischenschichten menschlichen Verhaltens, die jene Entwicklung befördert und zugelassen haben, nachvollziehbarer zu machen.

---

[1] Vgl. Ehmann (1995), Lingelbach (1995), Pütz (1989), Rehbein (1989)

"Aneignung von Geschichte kann sich nicht in deren Verurteilung erschöpfen und vor allem nicht in einer Verurteilung, die schon von vornherein feststeht. Vielmehr muß diese Verurteilung am Ende einer Auseinandersetzung stehen, die auf einem umfassenden Wissen basiert, das vor allem auch die Perspektive der unterschiedlichen Beteiligten umfaßt, die der Täter wie der Opfer, der Mitläufer wie der Widerständigen. Aus einer solchen Übernahme wechselnder Perspektiven kann sich dann erst die Bedeutung dieser Geschichte erschließen. Ein Unterricht, der sich gar nicht erst dem Prozeß der Entstehung des Verbrechens auszusetzen wagt, muß starr bleiben. Denn hier muß vor lauter Angst, zu sehr in die Nähe der Täter zu geraten, die Geschichte per moralischer Verurteilung vom Leibe gehalten werden." (Rommelspacher, 1995 : 19 f)

Und schließlich besteht das dritte Prinzip in der Verbindung und gleichzeitig auch Differenzierung zwischen kognitiver und emotionaler Ebene.

"Die starken emotionalen Erschütterungen der Kinder durch im Unterricht verwendetes Bild- und Filmmaterial wird durch die wissenschaftlich-kognitive Behandlung des Themas nicht aufgefangen. Das Ergebnis sind einerseits Strategien zur Verleugnung dieser aufwühlenden Erlebnisse, die bis zur aktiven Suche nach Entlastungsargumenten bei den Auschwitz-Leugnern reichen. Andererseits reagieren Jugendliche mit einem resignativen Erleiden der Vergangenheit, das ihr Grundvertrauen destabilisiert. Daraus entspringen dann Probleme mit dem Selbstkonzept, in der Identitätsbildung als Deutsche und im Umgang mit Juden und jüdischen Themen entsteht die charakteristische Befangenheit, die zwischen Scham und aggressiver Selbstbehauptung schwankt und so Motive für einen sekundären Antisemitismus erzeugt. ... Hinweise auf besondere Verpflichtungen und bleibende Verbindlichkeiten der Deutschen werden nicht als Verantwortungskonsequenzen moralisch akzeptiert, sondern als Belästigung oder Erpressung nicht mehr Betroffener interpretiert. Es fehlt in der Pädagogik an ... empirischer Überprüfung der Unterrichtsmethoden und -mittel zum Thema Nationalsozialismus / Holocaust, mit denen sehr hohe moralische Ziele erreicht werden sollen, die aber entgegen ihren Intentionen diese wohl oft verfehlen bzw. Gegenteiliges erreichen." (Bergmann/Erb, 1995 : 46 f)

Festgezurrte moralische Verpflichtungen, so zeigte sich, blockieren sowohl eine emotionale Berührung mit den Lebenswegen der Verfolgten als auch eine gefühlsbezogene Auseinandersetzung mit dem Handeln der Mit-TäterInnen, da sie eine Struktur vorgeben, in der Jugendliche bzw. junge Erwachsene sich für oder gegen etwas entscheiden sollen, anstatt sich in Beziehung zum Konflikt setzen zu können. Birgit Rommelspacher hat herausgearbeitet, daß sowohl eine einseitig kognitiv ausgerichtete Vermittlung als auch komplementär moralisierende Darstellungen eine Empfindsamkeit für die damaligen Geschehnisse verhindern können:

"Es können also unterschiedliche, ja gegensätzliche Umgangsweisen zum selben Ergebnis führen: Die nüchterne Betrachtung, die anscheinend frei von moralischem Urteil >nur den Sachverhalt darstellt<, kann ebenso Abwehr provozieren wie eine starr vorgegebene moralische Verurteilung. Denn in beiden Fällen wird verhindert, sich persönlich mit Geschichte auseinanderzusetzen. Im moralisierenden Unterricht wird befürchtet, die SchülerInnen könnten die Verbrechen nicht wirklich abscheulich finden, wenn sie nicht darauf verpflichtet werden. Im sachlich-nüchternen Unterricht herrscht unterschwellig die Angst, von den Ereignissen emotional überwältigt zu werden." (Rommelspacher, 1995 : 20)

1. 3 Forschungsstand und Relevanz meines Untersuchungsansatzes

Nachdem im Winter 1959/60 mehrere Anschläge jugendlicher Neonazis gegen jüdische Friedhöfe eine Welle der Empörung in den westeuropäischen Nachbarstaaten und eine Distanzierung von der Bundesrepublik ausgelöst hatten, veranlaßte die damalige Bundesregierung erstmalig allgemein verbindliche Vereinbarungen zur Behandlung des Nationalsozialismus in Bildung und Unterricht. Aufklärung über die jüngere deutsche Geschichte sollte von nun an zu einem Garanten für die demokratische Partizipation und politische Verantwortungsbereitschaft der jüngeren Generationen werden[1].
Ein einmütiger Konsens darüber, daß die Auseinandersetzung mit dem Nationalsozialismus und seinen Nachwirkungen ein konstitutiver Bestandteil erziehungswissenschaftlicher Forschung, Ausbildung und Praxisbegleitung sein solle, reifte jedoch erst durch den Generationenwechsel in Lehrerausbildung und Wissenschaft heran.

"Demokratisch-humanitäre Erziehung und eine sie reflektierende und unterstützende Erziehungswissenschaft sind heute in Deutschland nur möglich, sofern Ursachen, Wirkungsweisen und Folgen des Nationalsozialismus immer wieder durchdacht und als Thema einer ernsthaften Aufarbeitung der Vergangenheit in den Bildungseinrichtungen ... zur Sprache kommen." (Klafki, 1988, 8)[2]

---

[1] Die Beratungen und Beschlüsse der Kultusministerkonferenz vom Feb. 1960 führten dazu, daß die Abschlußklassen der Haupt- und Realschulen sowie die Primarstufe der Gymnasien, von nun an festgelegte Themen über den Nationalsozialismus zu behandeln hatten und alle BewerberInnen für das Lehramt künftig "Kenntnisse über die Zerstörung der rechtsstaatlichen Ordnung unter dem Nationalsozialismus" vorweisen mußten; des weiteren wurden Materialien und didaktische Hilfen zum Thema Nationalsozialismus für die Schulen ausgegeben und den LehrerInnen entsprechende Fortbildungen dazu angeboten. Darüber hinaus wurden die Landeszentralen für politische Bildung (damals Landeszentralen für Heimatdienste) und der Landesjugendring in seiner Arbeit gefördert. Vgl. Bundeszentrale f. Politische Bildung (1980), Dudek (1992), Pütz (1988)

[2] Dieser Grundsatz Wolfgang Klafkis soll hier stellvertretend für zahlreiche, in Sinn- und Interessenshaltung verwandte Aussagen stehen. Vgl. Dudek (1983, 1989, 1990), Gamm (1983 a und b, 1985, 1988), Keim (1988 a und c, 1989 a, 1990 b), Koneffke (1990), Köppke-Duttler (1987), Peukert H. (1990), Preuschoff (1984), Rathenow/Weber (1989), Rehbein (1989), Schreier (1992)

Gemessen an der herausgehobenen Bedeutung des Themas Nationalsozialismus für den Schulunterricht und die politische Bildungsarbeit verweist der relativ kleine Rahmen erziehungswissenschaftlicher Forschung
und Reflexion hierzu jedoch auf eine Diskrepanz. Zwar hat sich seit
Anfang der 80er Jahre ein kontinuierlicher Diskurs[1] zum Thema "Erziehung nach Auschwitz" entwickelt, doch die unterschiedlichen Fokus-
sierungen von Aufgaben und Konflikten der historischen Bildungsarbeit
korrespondieren nur wenig miteinander, obgleich die verschiedenen
Beiträge in ihrem Interesse an einer Intensivierung geschichtlicher Aufklärung weitgehend übereinstimmen. Differenzen werden vor allem in
den gesellschaftstheoretischen Ausgangspunkten deutlich und kennzeichnen ein Verständnis von Wissenschaft, die sich in ihrer gesellschaftlichen Mitverantwortung parteilich begreift und dies entsprechend
reflektiert. Die AutorInnen aus der Mittäter- und der zweiten Generation
verbanden mit der Auseinandersetzung über den Nationalsozialismus
gleichzeitig eine Neuformulierung humanistischer Prinzipien im Bildungswesen.[2] Die NachwuchswissenschaftlerInnen der dritten Generation arbeiteten hingegen mehr an der Verbindung zwischen den wissenschaftlichen und den ästethisch orientierten Ansätzen innerhalb der
sich ausdifferenzierenden Erinnerungskultur, und lockerten so die Verklammerung von Geschichtsaneignung und Charakterbildung.[3]
Aufbauend auf den wenigen erziehungswissenschaftlichen Arbeiten der
50er und 60er Jahre zum Thema Pädagogik im Nationalsozialismus, erfor-
schten die NachwuchswissenschaftlerInnen der zweiten und dritten Generation in den 70er und 80er Jahren, die Rolle der pädagogischen Disziplinen bei der Herrschaftssicherung und ideologischen Legitimierung des
NS-Systems. Der Forschungsschwerpunkt dieser Phase lag vor allem auf
der damaligen Umsetzung rassehygienischer Doktrinen, die für eine
große Anzahl von SchülerInnen und Pflegebedürftiger die Einweisung in
ein Jugendstraflager oder sogenanntes Umerziehungsheim, ihre zwangsweise Sterilisierung bis hin zur Preisgabe an die Euthanasieerfassung bedeutet hat. Zum anderen gab die jüngere pädagogische Forschung der

---

1 Vgl. Ahlheim (1984), Beutler/Wiegmann (1995) Brumlik (1989, 1992), van Dick
(1990), Dudek (1982, 1988, 1989, 1990 und 1992), Fetscher (1989), Gamm (1983 a
und b, 1985, 1988), Heitmeyer (1988), Jungk/Schütte (1988), Keim (1988 a und b,
1989 a, 1990 b), Klafki (1990), Koneffke (1990), Knigge (1992), Köppke-Duttler (1987),
Loewy (1992), Peukert, H. (1990), Pöggeler (1987), Preuschoff (1984), Rathe-
now/Weber (1989), Rehbein (1989), Reich/Stammwitz (1989), Schreier/Heyl (1992 und
1995), Tenorth (1989), Zubke (1990)

2 Vgl. Ahlheim (1984), Feidel-Mertz (1983), Gamm (1983, 1985, 1988), Keim (1988,
1989), Klafki (1988), Pöggeler (1987), Preuschoff (1984)

3 Vgl. van Dick (1988 a und b), Dudek (1989, 1990), Fetscher (1989), Pütz (1989)

Ausgrenzung jüdischer KollegInnen und SchülerInnen, ihrer Weiterarbeit unter den bedrängten Bedingungen des NS-Staates und schließlich ihrer Emigration oder Deportation erstmals ein Gedächtnis.[1] Das Bewußtwerden der ungenötigten Initiative auf Seiten der nichtjüdischen und der nichtsozialistischen KollegInnen, die sich (auf allen pädagogischen Berufsfeldern) in ihrer überwältigenden Mehrheit karrieresichernd und systemkonform verhielten, löste Ende der 80er Jahre eine engagiert geführte Kontroverse über die disziplinimmanenten Ursachen dieses Handelns aus:

> "Es stellt sich die Frage, wie eine Berufsgruppe, die sich an humanistischen Traditionen und Werten orientierte und das kindliche und jugendliche Eigenrecht gegenüber außerpädagogischen Ansprüchen betonte, sich in ihrer Mehrheit so leicht für die inhumanen Ziele der Nazis funktionalisieren ließ. Haben diese doch aus ihren Absichten nie einen Hehl gemacht. Ganz offensichtlich sind hier andere Einstellungen und Haltungen maßgeblich und letztendlich dominanter gewesen als die auf Gesittung und auf Persönlichkeitsentfaltung, auf Kindorientierung und jugendliche Selbstbestimmung hinzielenden Traditionen." (Keim, 1995 : 2 f)

Der zeitgeschichtliche Abstand zweier Generationen, die die Folgewirkungen des Nationalsozialismus in der eigenen Biographie reflektierten, ermöglichte nun eine kritische Wahrnehmung von Kontinuitäten und Diskontinuitäten in der Disziplin, wobei stritig blieb, wie eine gesamtgesellschaftliche Verantwortung der Pädagogik zu begreifen sei. Übereinstimmung wurde jedoch darin erzielt, die ethischen Grundlagen erziehungswissenschaftlicher Forschung und Ausbildung künftig im Kontext der belasteten Vergangenheit zu diskutieren, und dabei die enormen Verdrängungen der 50er und 60er Jahre zu erkennen.[2]

> "Schmerzhaft war außerdem für die im jüdischen Bildungswesen und im Exil tätigen Pädagog(inn)en das nach 1945 bestehende Desinteresse an *ihren* Erfahrungen und *ihren* Bewertungen. Man wollte auf seiten der etablierten Pädagogik nicht damit konfrontiert werden, daß es während der Nazi-Diktatur eine >andere< - nicht-nazistische - Pädagogik gegeben hatte, ebensowenig, daß ihr bereits in der Weimarer Zeit explizit demokratische Erziehungskonzepte und Schulreformmodelle vorausgegangen waren. ... die Verarbeitung der Erfahrungen jüdischer Kinder und Jugendlicher im damaligen nichtjüdischen und jüdischen Bildungs- und Erziehungswesen wie nicht zuletzt das Nachdenken über Opposition und Widerstand in pädagogischen Kontexten hätten nach 1945 zu anderen Weichenstellungen für Disziplin und Profession führen können." (Hervorhebungen Keim, 1997 : 374 f)

---

[1] Vgl. dazu den Forschungsbericht von Wolfgang Keim (1990 a)

[2] Vgl. van Dick (1990), Fetscher (1989), Gamm (1987), Jung/Schütte (1988), Keim (1988 a und b), (1989 a und b), (1990 a), Klafki (1990), Koneffke (1990), Peukert H. (1990), Pütz (1989) Rehbein (1989), Steffens (1990), Tenorth (1987 und 1989)

1980 und 1981 hatte die Kultusministerkonferenz angesichts der vehementen öffentlichen Reaktion auf die Fernsehaustrahlung des US-Films "Holocaust", erneut Empfehlungen zur intensiveren Behandlung des Nationalsozialismus im schulischen Unterricht veranlaßt.[1] Etwa zeitgleich entwickelte sich in der politischen Bildungsarbeit der freien Träger eine neue Qualität historischer Aufarbeitung und Aufklärung, die wenig später auch im Schulunterricht Anwendung fand. Das besondere Interesse richtete sich zu diesem Zeitpunkt auf die unkenntlich gemachten Orte nationalsozialistischer Politik und die Geschichte der vergessenen NS-Opfer.[2] Insbesondere Frauen und Männer der dritten Generation wandten sich den Methoden der Oral-History und der Regionalforschung zu und gingen auf Spurensicherung. "Geschichte ist erfahrbar" wurde zur Devise zahlreicher Forschungsprojekte im Rahmen der "Schülerwettbewerbe Deutsche Geschichte"[3], der Geschichtswerkstätten sowie in Seminaren der Erwachsenenbildung. Diese Phase war getragen von der Entdeckungsneugier, die NS- und die Nachkriegszeit im eigenen Lebensradius (der Schule, dem Wohngebiet, der Berufsgruppe) zu erkunden, und dabei die nahe Vergangenheit anhand unterschiedlicher Lebenserfahrungen und aus gegensätzlichen Perspektiven der Erinnerung heraus aufzuarbeiten.[4]

---

[1] Besondere Berücksichtigung fanden nun die didaktischen Ansätze der Alltagsforschung, der Oral-History und der Regionalgeschichte. Ferner wurde die bislang vernachlässigte Aufklärung über den Widerstand der Arbeiterbewegung, der Bekennenden Kirche, der Swing Jugend und anderer "vergessener" Gruppen einbezogen. Weiterhin wurde die Förderung des "Schülerwettbewerbs Deutsche Geschichte" um den Preis des Bundespräsidenten vereinbart, sowie curriculare Bausteine zur Beschäftigung mit dem Rechtsextremismus in Auftrag gegeben. Vgl. Dudek (1982) und Pütz (1988)

[2] Der Begriff der "vergessenen NS-Opfer" umfasst folgende Gruppen: Wehrmachtsdeserteure, Zwangssterilisierte, die als "asozial" Verfolgten, Homosexuelle, ZwangsarbeiterInnen, Aktive des kommunistischen Widerstands, sowie Roma und Sinti.

[3] Der Schülerwettbewerb Deutsche Geschichte um den Preis des Bundespräsidenten wurde 1974 von Gustav Heinemann in Zusammenarbeit mit der Körber-Stiftung ins Leben gerufen. Seither haben sich mehr als 85 000 SchülerInnen an den 14 Wettbewerben beteiligt. Besondere Resonanz erfuhren die Ausschreibungen zum Thema "Alltag im Nationalsozialismus. Vom Ende der Weimarer Republik bis zum Zweiten Weltkrieg" (1980/81) und der Folgewettbewerb "Alltag im Nationalsozialismus. Die Kriegsjahre in Deutschland" (1982/83), innerhalb derer sich 13 000 bzw. 6000 jugendliche TeilnehmerInnen engagierten und Forschungsarbeiten auf einem erstaunlich hohen Niveau vorlegten. Auch zum Thema "Denkmal: Erinnerung - Mahnung - Ärgernis" 1992/93, wurde überwiegend Bezug auf die NS-Zeit genommen, über 11 000 SchülerInnen reichen dazu ihre Arbeiten ein. (Vgl. Wiegmann 1995)

[4] Vgl. Galinski / Lachauer (1982), Garbe (1983), Heer/Ullrich (1985), Herbert (1984), Keim (1990 a), Kocka (1986), Pütz (1988)

Anfang der 90er Jahre setzte dann ein regelrechter Boom an Weiter-
bildungsangeboten für LehrerInnen, SozialpädagogInnen und Erwachs-
enenbildnerInnen zum Umgang mit der NS-Vergangenheit ein. War die
vorangegangene Intensivierung historischer Auseinandersetzung - nicht
zuletzt beeinflußt durch den 8. Mai 1985 und den Historikerstreit - wesentlich von politischen Kontroversen geprägt, so liegt jüngst der Akzent
auf ethischen und emotionalen Aspekten bei der Konzeption von Seminaren, Unterrichtseinheiten und Veranstaltungsreihen.[1] Auffallend ist das
Prinzip der begegnungs- und erlebnisbezogenen Aneigungsformen, wie
z. B. das Konzept des "Facing history in ourselves", das über die US-Holo-
caust-Studies Einzug bei uns gefunden hat, und Begegnungsseminare
zwischen Kindern/Enkeln der Opfer und Kindern/Enkeln der Mit-Täter-
Innen praktiziert. Auch die Spurensicherungsprojekte, die historischen
Stadtrundgänge und Führungen durch Ausstellungen und Gedenkstätten,
beziehen heute gezielt das Gespräch über die familialen Traditionszusam-
menhänge ihrer TeilnehmerInnen ein und führen diese Ebene damit in
den Raum gesellschaftlicher Kommunikation.[2]
Die hier zusammengefasste Dynamik zeitgeschichtlicher Prozesse hat in
der erziehungswissenschaftlichen Forschung erstaunlich wenig Nieder-
schlag gefunden.[3] Dabei wird die Wechselwirkung zwischen der gesellschaftlichen und der familialen Auseinandersetzung mit dem Nationalsozialismus in den Studien über historisches Lernen wiederholt angesprochen, aber - mit Ausnahme der Arbeiten von Volkhard Knigge - nicht in
der Interaktion generationsspezifischer Interessen untersucht.
Die pädagogische Forschung über das Verhältnis der zweiten und dritten
Generation zum Nationalsozialismus belegt seit den 50er Jahren, daß die
Kenntnisse und politischen Haltungen der jeweilig untersuchten jugendlichen Zielgruppen zum Thema NS-Vergangenheit vorrangig im sozialen
Nahbereich geprägt wurden (Eltern, Großeltern und Familienangehörige),
an zweiter Stelle von Medien, Literatur und aktuellen politischen Ereignissen und erst an dritter Stelle vom Schulunterricht bzw. der politischen

---

[1] Vgl. Dudek (1990), Loewy (1992), Schreier/Heyl (1992, 1995), sowie den vier-
teljährlichen Newsletter des Fritz Bauer Instituts (bis 1995 "Franfurter Lern- und
Dokumentationszentrum des Holocaust"), in dem periodisch das wissenschaftlich fun-
dierte Spektrum der Bildungsangebote und kulturellen Aktivitäten im gesamten Bun-
desgebiet koordiniert und zusammengefasst wird.

[2] Vgl. Ehmann / Kaiser (1995), Loewy (Hg) Schreier / Heyl (1992 und 1995)

[3] Historie habe Konjunktur, doch die Geschichtsdidaktik stecke in der Krise - der auf-
blühenden Geschichtskultur fehle die reflexive Instanz. Empirie sei in den 80er Jahren
kaum mehr betrieben worden, und wenn, dann in ausschließlicher Betrachtung des Lern-
orts Schule, so faßt Bodo von Borries die Forschungssituation kritisch zusammen. (Vgl.
von Borries 1990 und 1992)

Bildung.[1] Dennoch blieb die erziehungswissenschaftliche Forschung ausschließlich auf die Untersuchung von Lehrplänen, Rahmenrichtlinien, Un-
terrichtsmaterialien, Schulbuchvergleichen sowie auf Unterrichtsbeobach-
tungen, Aufsatzanalysen und Meinungsumfragen bei Jugendlichen konzentriert.[2] Panel- und Längsschnittuntersuchungen, die Aufschluß über
die Veränderungen in Rezeption und Bedeutung des Themas für Jugendliche bzw. junge Erwachsene hätten geben können, wurden nicht vorgenommen, und so blieb das Verständnis über den generationsspezifischen
Wandel in den Fragestellungen und Zugangsweisen zum Thema Nationalsozialismus weitgehend dem Rahmen projektbezogener Beobachtungen
überlassen.

Birgit Rommelspacher stellt mit ihrer Untersuchung zum Thema "Schuldlos
schuldig - wie sich junge Frauen mit Antisemitismus auseinandersetzen"
(1995) erstmals einen feministisch-psychoanalytischen Ansatz vor, der die
Verwobenheit zwischen den gesellschaftlichen und den familialen Ausein-
andersetzungsebenen generationsspezifisch strukturiert.

Das von mir angewandte Forschungskonzept entfaltet nun, auf den Arbeiten Knigges und Rommelspachers aufbauend, eine prozeßbezogene
Betrachtung intergenerativer Verständigungsformen. Mein Ansatz führt
damit aus der Begrenzung situativer Konfliktfokussierungen heraus und
richtet die Aufmerksamkeit auf die innerhalb einer Generationsspanne
unterschiedlich beschriebenen Möglichkeiten im Umgang mit dem Thema
Nationalsozialismus. Durch diese Vorgehensweise wird die skeptische
Perspektivierung auf das Unbegriffene im Verhältnis zur nahen Vergangenheit um die Blickrichtung auf die konstruktiven Potentiale ergänzt.

Meine Arbeit nimmt keine generalisierenden Zuschreibungen bezüglich
des Verhaltens einer teilstaatlichen Generation vor. Vielmehr zeigt mein
Untersuchungsansatz die Charakteristik familialer Auseinandersetzungen
im Kontext ihrer zeitgeschichtlichen Erfahrungen auf. Folgende zentrale
Fragen werden dabei von mir untersucht:

Aus welchen Motiven heraus haben sich die von mir befragten
westdeutschen Frauen und Männer der dritten Generation mit der
NS-Zeit und ihren Folgen beschäftigt ?

---

1 Dies Ergebnis ist konstant geblieben von den frühen Studien Waltraud Küppers aus
dem Jahre 1956, (ich gebe im folgenden den Zeitraum der Erhebungen an, nicht der
Publikation) zu den Walter Jaides 1958 - 1962, Rudolf Raaschs 1960 - 1963, von
Friedeburg/Hübner 1963/64, Gerhard Wiesemüllers 1967, über die Studie von Huhn-
/Hungar/Schwall 1975/76, den Aufsatzanalysen Dieter Boßmanns 1976/77 bis hin zur
Untersuchung von Fischer/Huber 1992.

2 Vgl. von Borries (1980, 1990), Bundeszentrale für Politische Bildung (1980),
Hopf/Nevermann/ Schmid (1985 u. 1986)

In welche familialen und gesellschaftlichen Konflikte sahen sie sich involviert und welche Bearbeitungsformen haben sie für sich finden können ?

Welche Konfliktverläufe sind zwischen den Generationen nachzuzeichnen, und wodurch wurde der Verständigungsprozeß unterstützt ?

Wie wurde die Verknüpfungen von Vergangenheitsbearbeitung und politischer Mitverantwortung heute im pädagogischen Konzept der ASF erfahren ? Welche Rückschlüsse lassen sich daraus für die erziehungswissenschaftliche Diskussion ziehen ?

Abschließend fasse ich die im Handlungsfeld ASF enthaltenen Voraussetzungen für meinen Forschungsansatz zusammen:

1. Die ASF hat seit den 50er Jahren die gesellschaftliche Auseinandersetzung mit dem Nationalsozialismus, den Prozeß der Entspannungspolitik und die Entwicklung des christlich-jüdischen Dialogs mitgestaltet. Über die Praxis des sozialen Friedensdienstes und die bundesweite Koordination der Gedenkstättenseminare war sie kontinuierlich an den inhaltlichen und methodischen Diskussionen der politischen Bildungsarbeit beteiligt. Die von mir in Kapitel 2 aufgearbeitete Geschichte der Organisation spiegelt daher beispielhaft die Verflechtungen zeitgeschichtlicher und generationsspezifischer Entwicklungen im Umgang mit der NS-Zeit wieder.

2. Die ehemaligen Freiwilligen der ASF bilden von ihren sozialen und bildungsspezifischen Merkmalen her gesehen eine heterogene Gruppe, da die Teilnahme an den Programmen des Friedensdienstes nicht durch formale Kriterien festgelegt war. Der achtzehnmonatige soziale Friedensdienst beinhaltete einen für alle InterviewpartnerInnen gleichmäßig vorhandenen Rahmen von Projektarbeit und begleitenden Seminaren. Dadurch ist die für meinen Forschungsansatz wesentliche Voraussetzung gegeben, Prozeßstrukturen der Vergangenheitsbearbeitung über einen vergleichbaren Lebensabschnitt hinweg nachzeichnen zu können.

3. Die Eingrenzung meines Untersuchungssamples auf die TeilnehmerInnen des USA-Länderprogramms ist in der besonderen Eigenständigkeit dieses Arbeitsbereiches der ASF begründet (siehe Kapitel 2. 4). Das Selbstverständnis des Freiwilligenprogramms in den USA definierte sich weitgehend über die Ansätze kreativer Konfliktbearbeitung und stand in kritischer Auseinandersetzung zu den moralischen Aufträgen der Grün-

dergeneration der ASF. Die Beschäftigung mit den Folgen des Nationalsozialismus ereignete sich für die USA-Freiwilligen auf einer direkten Beziehungsebene, nämlich in der Begegnung mit Juden und Jüdinnen der
Überlebendengeneration, ihren Kindern und Enkeln. Bei der Auswahl meiner InterviewpartnerInnen erschien es mir sinnvoll, diejenige Gruppe zu
wählen, die über die Erfahrung unerwarteter Beziehungsmöglichkeiten ihr
Verhältnis zur NS-Vergangenheit neu reflektiert hat, und dabei in einer
Bezogenheit doch gleichzeitig auch kritischen Distanz zum politisch-
moralischen Referenzrahmen der ASF blieb.

Entwicklungsverläufe politischer Bildungsarbeit
im Spiegel generationsspezifischer Interessen
am Beispiel der Aktion Sühnezeichen Friedensdienste

2.1 Entstehungs- und Entwicklungsgeschichte der Aktion Sühnezeichen Friedensdienste (ASF)

Ende April 1958 tagte die damals noch gesamtdeutsche Synode in Berlin-Spandau. Die Versammlung des obersten demokratischen Organs der Evangelischen Kirche Deutschlands (EKD) hatte in dieser Zusammenkunft nur knapp eine politische und theologische Zerreißprobe zur Frage der atomaren Bewaffnung der Bundesrepublik überstanden, als Präses Lothar Kreyssig den Aufruf "Wir bitten um Frieden" initiierte. Kreyssig, bekannt geworden als "Richter von Brandenburg", weil er die dienstliche Duldung der Euthanasieverbrechen im Nationalsozialismus verweigerte und darüber hinaus einen einzigartigen Protest gegen die Hauptverantwortlichen der Krankenmorde unternahm, besaß unter den Synodalen große Anerkennung und Glaubwürdigkeit. Zwei Drittel der Versammelten unterschrieben seinen Appell und beteiligten sich damit an der Grundsteinlegung für die Aktion Sühnezeichen. Die Aktion forderte junge Deutsche auf, sich für ein Jahr zu melden, um in den vom Deutschen Reich überfallenen und ausgebeuteten Ländern eine gemeinnützige Einrichtung als Zeichen der Versöhnung und eines neuen Dialogs zu errichten. Dieses Anliegen war besonders an Polen, die Sowjetunion und an Israel gerichtet. Bevor ich den kirchen- und gesellschaftspolitischen Kontext zur Gründungssituation der Aktion Sühnezeichen erläutere, gehe ich zunächst auf die Person Kreyssigs ein, dessen Biographie prägend für die Bildung und frühe Entwicklung der Organisation war.

2.1.1 Lothar Kreyssig: Gründer und Impuls

Lothar Kreyssig, Jahrgang 1898, Kriegsfreiwilliger 1917, übernahm zunächst die deutschnationale Haltung seines Vaters und wurde auf dessen Wunsch hin Jurist. 1924 trat er als Strafrichter am Landgericht Chemnitz in den Staatsdienst ein und machte - wie er später reflektiert - auf fatale Weise Front gegen alles, was links war. Während des Kapp-Putsches hatte er als Mitglied einer schlagenden Verbindung tausenden streikenden Arbeitern in einer dünnen Schützenkette gegenübergestanden. Seine Erinnerungen an diese Situation zeigen, daß er sich weder von der solidarischen Mehrheit seines Gegenübers bedroht fühlte, noch irgendein Haßgefühl den Arbeitern gegenüber empfand. Vielmehr kannte er bis dahin keinerlei Impuls, seinen politischen Standort zu hinterfragen. Doch mit dem Tod seines Vaters trat ein Wandel ein, er beschäftigte sich nun mit Philosophie, Theologie und Anthroposophie und interessierte sich für alles "Wesentliche und Eigentliche".

Mit Hitlers Machtübernahme erkannte Kreyssig, daß die Nationalsozialisten insbesondere die Justiz zu ihrem Herrschaftsinstrument machen wollten. Rechtsbeugung, Opportunismus und Führerkult weckten fortan seinen Widerstandsgeist, doch kannte er keine vertrauenswürdigen, verlässlichen Kollegen, mit denen er sich hätte austauschen können. Gesprächspartner fand er, der nie Kirchgänger gewesen war, im Kreis der Bekennenden Kirche.

> "Ich stieß plötzlich auf Leute, die bereit waren, aus ihrer Gewissenhaftigkeit und aus der kirchlichen Gefährdung und Verletzung dieses Gewissens etwas zu machen, dazu zu stehen. Daß das aus Glauben geschah, das habe ich erst allmählich mitgekriegt."

Kreyssig wurde schnell einer der aktiven Streiter und Repräsentanten der Bekennenden Kirche.

> "Das war mein Seltenheitswert: Ein Richter, der verfügbar war für so etwas, das war eben eine Kostbarkeit." (Kreyssig im Interview)

In Abgrenzung zu den Deutschen Christen versuchten die bekennenden Gemeinden, die Selbständigkeit der Kirche durch eine unmittelbare Bindung an das Evangelium zu wahren. Die Deutschen Christen setzten sich mit ihrer Dienstbarkeit für die nationalsozialistische Staatsmacht durch, und ab 1935 wurden die nonkonformen Pfarrer verhaftet. Der Jurist Kreyssig stärkte die bekennenden Christen darin, die zuständigen Reichsstellen gegen die Mißhandlung der Häftlinge anzuklagen, und ebenso versuchte er die Beschlagnahmung der sonntäglichen Kollekten durch die Gestapo zu verhindern. Disziplinarverfahren und später auch Verhaftung waren die Konsequenz für ihn.[1]

Kreyssig wußte, daß er im Staatsdienst eine gespaltene Existenz führen würde, und erwarb mit seiner Familie einen landwirtschaftlichen Hof in Hohenferchesar bei Brandenburg an der Havel. Da der Hof die Familie so schnell nicht ernähren konnte, beantragte er seine Versetzung an das Amtsgericht Brandenburg/Havel, dem die Justizverwaltung auch nachkam. Allerdings wurde Kreyssig mit diesem Vorgang 1937 zum Vormundschafts- und Nachlaßrichter degradiert. Niemand ahnte, so wenig wie er selber, daß er gerade an dieser politisch scheinbar bedeutungslosen Stelle, vier Jahre später eine einzigartig gebliebene Opposition gegen

---

[1] Vgl. Willems (1993)

die Euthanasieverbrechen durchhalten würde. Als Kreyssig im Frühjahr 1940 vom Verschwinden und der verschleierten Tötung von PatientInnen aus Heil- und Pflegeanstalten Kenntnis erhielt, bot er seine ganze Kraft als Jurist dagegen auf. In seinem "Bericht an den Herrn Minister der Justiz" vom 8. Juli 1940 führte er aus, daß jedes Schleifen der Lebensgrenzen illegal und unstatthaft sei, und daß ein Tötungsvorgang keinerlei Gnade für irgendeinen der Beteiligten enthielte.

"Es ist mir kaum mehr zweifelhaft, daß die schubweise aus den Unterbringungsorten abtransportierten Kranken ... getötet worden sind. ... Die Frage nach dem Sinn solchen Lebens rührt an die tiefsten Daseinsfragen überhaupt. ... Leben ist ein Geheimnis Gottes. ... Es ist darum eine ungeheuerliche Empörung und Anmaßung des Menschen, Leben beenden zu dürfen, weil er mit seiner beschränkten Vernunft es nicht oder nicht mehr als sinnvoll begreift. ...
Was ist normal ? Was ist heilbar ? Was ist diagnostisch mit Sicherheit feststellbar ?
... Wer es zu wissen glaubt, der wüßte noch nicht, was der andere darüber denkt."
Und schließlich: "Jeder aber weiß wie ich, daß die Tötung Geisteskranker demnächst als eine alltägliche Wirklichkeit ebenso bekannt sein wird wie etwa die Existenz der Konzentrationslager. Das kann gar nicht anders sein." (Kreyssig zitiert nach Willems, 1993 : 407)

Damit stand das Ministerium unter Druck, denn auf Grund Kreyssigs bisheriger Eigenständigkeit den nationalsozialistischen Machthabern gegenüber war absehbar, daß er seinem Bericht an den Justizminister auch Konsequenzen folgen lassen würde. Im Sommer 1940 wurde Kreyssig mehrfach ins Justizministerium bestellt, wo er zunächst auf Staatssekretär Roland Freisler traf.[1]
An dieser Stelle wird die polykratische Dynamik des totalitären NS-Systems beispielhaft deutlich: Nämlich das rivalisierende und innerhalb aller funktionaler Zwänge immer auch konkurrierend chaotische Zusammenspiel einzelner Organe und ihrer Protagonisten. Der bekanntermaßen übereifrige und mit Systemgegnern äußerst aggressiv verfahrende Freisler ließ sich ausgerechnet einem solchen gegenüber dazu hinreißen, Reichsleiter Phillip Bouhler, aus der Kanzlei des Führers, als Chefverantwortlichen für das Mordprogramm T 4 zu nennen. Kreyssig erkannte die Situation und handelte mit dieser Information. Vom Ministerium aus fuhr er zur Generalstaatsanwaltschaft und erstattete Strafanzeige wegen Mord gegen den Reichsleiter Bouhler.
Anschließend wies Kreyssig alle unter seiner Aufsicht stehenden Anstalten an, keine weiteren "Verlegung" genannten Maßnahmen mehr durchzuführen. Und schließlich begab er sich vor Ort, in die Landesheilanstalt Brandenburg-Görden, wo er den Anstaltsleiter und Initiator der

---

[1] Vgl. Willems (1993) und Kreyssig im Interview

Kindereuthanasie, Dr. Hans Heinze, und dessen Kollegium zur Rede stellte. Dieser Personenkreis wurde durch Kreyssigs Nachforschungen und sein couragiertes Auftreten sehr nervös und fürchtete fortan um Geheimhaltung und Straffreiheit seines Tuns.[1] Kreyssigs Handeln führte nicht zum Aufhalten der Tötungen an Frauen, Männern und Kindern, die zu "Ballastexistenzen" diagnostiziert waren. Allerdings wurde das Risiko einer öffentlichen Diskussion über die Krankenmorde seitens des Justizministeriums nicht unterschätzt. War doch die bevölkerungspolitisch so immens forcierte "rassenhygienische Durchformung des Volkskörpers" nicht nur auf das Interessenbündnis zwischen Staat und Medizinerschaft, sondern gleichermaßen auf das Vertrauensverhältnis zwischen PatientInnen und Ärzten angewiesen.[2] Der Reichsjustizminister nahm sich persönlich des Falls Kreyssig an, der aber auch im Gespräch mit Gürtner bei der Weisung blieb, keinen seiner Schützlinge "verlegen zu lassen", und ebenso seine Mordanzeige gegen den Reichsleiter nicht zurückzog. Der Gefährdung seiner Situation standhaltend bot Kreyssig einzig seinen Rücktritt aus dem Staatsdienst an und erhielt von Gürtner daraufhin freies Geleit.
Die Familie Kreyssig erlebte das Kriegsende auf ihrem Hof, wo weiterhin "abgetauchte" Menschen eine Zuflucht und ein Überleben fanden.[3]

2. 1. 2   Die Gründungssituation der "Aktion Versöhnungszeichen" (später Sühnezeichen)

Kreyssigs Verantwortungsgespür war auch bei seinem Aufruf zur "Aktion Versöhnungszeichen" ausschlaggebend. Zu lange schon hatte die Evangelische Kirche Deutschlands (EKD) seiner Ansicht nach versucht, ihre Mitverantwortung für die nationalsozialistische Politik und deren langfristige Folgen auszudünnen und sich hinter das Stuttgarter Schuldbekenntnis zurückgezogen. Im Oktober 1945 war der Rat der EKD in Anwesenheit von Vertretern des Internationalen Ökumenischen Rates mit einer Erklärung hervorgetreten:

"Wir wissen uns nicht nur in einer großen Gemeinschaft der Leiden, sondern auch in einer Solidarität der Schuld. Durch uns ist unendliches Leid über viele Völker und Länder gebracht worden. ... wir klagen uns an, daß wir nicht mutiger bekannt, nicht treuer gebetet, nicht fröhlicher geglaubt und nicht brennender geliebt haben. Nun soll in unseren Kirchen ein neuer Anfang gemacht werden. ...

---

[1] Vgl. Willems (1993)
[2] Vgl. Aly (1987) und Czarnowski (1991)
[3] Vgl. Kreyssig im Interview und Willems (1993)

Wir hoffen in dem Gott der Gnade und Barmherzigkeit, daß Er unsere Kirchen als sein Werkzeug brauchen ... wird." (zitiert nach Beckmann, 1950 : 26 f)

Dieses angesichts der Kriegs- und Völkermordverbrechen metaphorische Wort von Bekenntnis, Gebet, Glaube und Liebe entbehrte jeder Aussage über die Schuldursachen, es überging die Shoa gänzlich und wappnete die politische Verantwortungsübernahme mit der Barmherzigkeit Gottes. Das Stuttgarter Schuldbekenntnis wurde wohl gehört und zur politisch-moralischen Voraussetzung für die Reintegration Deutscher Protestanten in die neu entstehenden internationalen ökumenischen Zusammenhänge wie Tagungen, Gremien und Beratungsorgane. Auch die Westalliierten blickten anerkennend auf die Verlautbarung und sahen in den Vertretern der EKD künftige Gesprächspartner zur Neugestaltung des besiegten Landes, denn die Stuttgarter Erklärung war seit Kriegsende der erste Schritt einer organisierten gesellschaftlichen Kraft, um aus dem enormen Vertrauensverlust herauszutreten, und zwar durch das Eingeständnis schuldhaften Verhaltens.

Zwar hatten Parteien und Gewerkschaften zuvor auch über das Leid gesprochen, das den überfallenen Ländern durch den Krieg und die deutsche Besatzung zugefügt worden war, und ebenso gab es zahlreiche Ansätze, eigenes Versagen auszudrücken und allgemein ein großes Bekenntnis zum Neuanfang. Doch die Werbungen dieser gesellschaftlichen Interessensvertreter um neues Vertrauen und eine Überwindung der politischen Isolation vermieden die Form einer Schuldaussage, weil in Folge dessen die offenen Fragen der territorialen und finanziellen Konsequenzen hätten diskutiert werden müssen. Die Auseinandersetzung mit den politischen Schuldursachen und die Ahndung individueller Schuldverstrickungen in die nationalsozialistische Entrechtungs- und Mordpolitik wurde ausgelagert, indem sie bis zur Gründung der beiden deutschen Staaten in der Verfügung der Alliierten lag.[1]

Der deutsche Protestantismus nahm also ein halbes Jahr nach der Befreiung aus Konzentrationslagern, von Zwangsarbeit, Krieg und Terror, stellvertretend und eingegrenzt auf ethische Aspekte, eine gesamtgesellschaftliche Aufgabe wahr und entlastete damit die sich neu formierenden deutschen Organe und ihre Funktionsträger von den Hindernissen ihrer jeweiligen Tatverstrickungen und Mitwisserschaften während des Nationalsozialismus.

Es wäre jedoch funktionalistisch vereinseitigt das Stuttgarter Schuldbekenntnis nur auf das Interesse einer Wiederaufnahme in die inter-

---

1 Vgl. Blänsdorf (1987), Friedrich (1994), Rauh-Kühne (1995)

nationalen Kooperationsverhältnisse zu reduzieren.[1] Vielmehr ist die Erklärung von Stuttgart als ein konsensuales Papier zu verstehen, als kleins-
ter gemeinsamer Nenner einer in ihren politischen Herkünften weit ver-
zweigten EKD, und vor allem als eine erste Artikulation aus der theologischen Sprachlosigkeit, in die das Christ-sein nach Auschwitz gestellt
war. Das Stuttgarter Schuldbekenntnis war ein signalsetzendes Innehalten
- das einzige dieser Qualität in dieser Zeit - einer gesellschaftlich maßgebenden Institution.
In der Federführung Martin Niemöllers folgte zwei Jahre später ein Nach-
trag zur Stuttgarter Erklärung, vorgelegt als "Wort des Bruderrats der EKD
zum politischen Weg unseres Volkes." Darmstadt, August 1947. Das
"Darmstädter Wort" reflektierte Antikommunismus, Selbstüberhöhung sowie das Bündnis der Kirche mit den konservativen Gesellschaftseliten als
Versagen am christlichen Auftrag. Dieser Beitrag ging über die Stuttgarter
Erklärung hinaus und stellte vor allem die kirchliche Mitbeteiligung an der
nationalsozialistischen Herrschaftsetablierung heraus. Über die Shoa und
die maßgebende Rolle der evangelischen Kirche bei der Legitimation des
Antisemitismus wurde jedoch auch im Ansatz einer selbstkritischen Auseinandersetzung erneut geschwiegen.[2]
Anfang der 50er Jahre war die Haltung der Kirche zur Wiederaufrüstung
gefordert, und der Rat der EKD hatte dazu gesprochen:

> "Einer Remilitarisierung können wir das Wort nicht reden, weder was den Westen,
> noch was den Osten anbelangt. Die Pflicht der Kirche kann es immer nur sein, die
> schwergerüsteten Mächte der Welt wieder und wieder zu bitten, dem heillosen
> Wettrüsten ein Ende zu machen und friedliche Wege zur Lösung der politischen
> Probleme zu suchen." (Rat der EKD zur Wiederaufrüstung, Essen, 27 - 8 - 1950,
> zitiert nach Deile, 1983 : 12)

---

[1] Martin Niemöller hat ein bitteres Resümee zur Erklärung von Stuttgart gezogen: "So
endete diese zunächt weithin aufsehenerregende Schulderklärung als ein für die
Christenheit in Deutschland fast bedeutungsloses Intermezzo und wurde als ein gelun-
gener taktischer Schachzug registriert, durch den sich die Evangelische Kirche Deutschlands ihre ökumenische Anerkennung wieder verschafft hatte." (zitiert nach Deile, 1983 :
11)
Lothar Kreyssig, Erich Müller-Gangloff und Kurt Scharf nahmen in ihrem zweiten Aufruf
zur Aktion Sühnezeichen an Epiphanias 1959 noch einmal Bezug auf die Stuttgarter
Erklärung: "Das Stuttgarter Schuldbekenntnis von 1945 hat in der allgemeinen Betäu-
bung jener Jahre keine durchgreifende Klärung ausgelöst. Viele fühlen sich zwar durch
dieses Zeugnis, dessen erster Aufklang der Entfaltung bedurft hätte, noch heute
befreit und untereinander verbunden. ... Die Meisten haben es ignoriert oder gar nicht
aufgenommen, wiewohl sich keiner geweigert hat, den Strom von Hilfe anzunehmen,
der aus der Weltchristenheit auf dieses Bekenntnis antwortete." (Kreyssig/Gang-
loff/Scharf in Kommunität 1/59 : 2)
[2] Vgl. Beckmann (1950)

Nachdem die Wiederbewaffnung der Bundesrepublik politisch bereits beschlossene Tatsache war, bemühte sich die EKD mit einer individualethischen Perspektive noch einmal um ein Innehalten, und verabschiedete im Oktober 1952 Leitsätze zur Kriegsdienstverweigerung:

> "... den vielen aber unter euch, die ... nur mit verletztem Gewissen zur Waffe greifen könnten, sagen wir noch einmal, daß wir gewillt sind, nicht nur in der Fürbitte vor Gott, sondern auch vor den politischen Instanzen für die einzutreten, die aus Gründen des Gewissens den Kriegsdienst verweigern." (zitiert nach Deile, 1983 : 12)

Bis 1956 hielt die evangelische Kirche eine unmißverständliche Haltung gegenüber Rüstung und Massenvernichtungsmitteln aufrecht. Doch un ter der Verschärfung des Ost-West-Konflikts fanden Aufrüstungs- und Feindbildkonzepte auch wieder Akzeptanz und Zuspruch im christlichem Denken. Während der EKD-Synode im März 1957 bekam ein Antrag, der sich für ein kompromißloses Nein gegenüber Massenvernichtungsmitteln aussprach, keine Mehrheit mehr.
Am 25. März 1958 beschloß der Deutsche Bundestag, gegen die Stimmen der SPD, die Lagerung atomarer Waffen auf dem Gebiet der Bundesrepublik. Einen Monat später tagte die Gesamtdeutsche Synode der Evangelischen Kirche in Berlin-Spandau. Sie genehmigte im nachhinein den von Bischof Dibelius bereits vorweggenommenen Militärseelsorgevertrag mit der Bundesrepublik und konnte sich nicht zu einem eindeutigen Votum gegen die atomare Bewaffnung durchringen.[1] Helmut Gollwitzer erinnert sich:

> "Die Absicht, eine synodale Stellungnahme gegen die Atomwaffen zustande zu bringen, scheiterte. Wir waren sehr deprimiert ..., spürten noch stärker als in den vergangenen Synoden, daß unser Versuch, dieses oberste Organ der Evangelischen Kirche in Deutschland zu einer kritischen Stellungnahme zur Restauration in der Bundesrepublik, überhaupt zur antikommunistischen Politik des Kalten Krieges und zum Aufbau einer westdeutschen Militärmacht zu bringen, gescheitert war. Und da haben wir uns also deshalb zu der berühmten Ohnmachtsformel bringen lassen, die Martin Niemöller und ich in einem kleinen Ausschuß selber mit formuliert hatten ..." (zitiert aus den unveröffentlichten Erinnerungen Helmut Gollwitzers, ASF-Archiv)

Diese Ohnmachtsformel trug das Motto: Wir bleiben unter dem Evangelium zusammen.

> "Die unter uns bestehenden Gegensätze in der Beurteilung der atomaren Waffen sind tief. Sie reichen von der Überzeugung, daß schon die Herstellung und

---

[1] Vgl. Deile, 1983 : 12 f

Bereithaltung von Massenvernichtungsmitteln aller Art Sünde vor Gott ist, bis zu der Überzeugung, daß Situationen denkbar sind, in denen in der Pflicht zur Verteidigung der Widerstand mit gleichwertigen Waffen vor Gott verantwortet werden kann. Wir bleiben unter dem Evangelium zusammen und bemühen uns um die Überwindung dieser Gegensätze. Wir bitten Gott, er wolle uns durch sein Wort zu gemeinsamer Erkenntnis und Entscheidung führen." (zitiert nach Deile, 1983 : 12)

Und in dieser Situation, genau im Anschluß an die "Ohnmachtsformel", kam Lothar Kreyssig mit dem Plan, daß junge Deutsche ein Zeichen der Umkehr setzen sollten, durch Aufbauprojekte in Ländern, die vom Deutschen Reich überfallen und ausgebeutet worden waren. Zweidrittel der Synodalen unterschrieben seinen Aufruf, Helmut Gollwitzer gehörte zu ihnen. Es war problemlos ihn zu überzeugen, die Person Kreyssigs, seine Geschichte in der Bekennenden Kirche, seine Haltung zur Wiederaufrüstung und zur Atomwaffenfrage sprachen für sich. Dennoch blieb Gollwitzer gegenüber dem Aufruf, den er selber mittrug, reserviert. Nach dem "armseligen Wort", nach der "Ohnmachtsformel" an diesem kirchen- und gesellschaftspolitisch wichtigen Punkt, bedeutete die Idee Kreyssigs für ihn eine Verlagerung der Schwerpunkte. Gollwitzer sah, daß mit einem solchen Projekt, wie Kreyssig es vorschlug, der Synode nachträglich noch einmal ein gutes Gewissen verliehen, dem machtpolitischen Konflikt aber - nämlich der erneuten Billigung von Kriegs- und Zerstörungspotential und der unübersehbaren Drohung gegen die sozialistischen Staaten, - ausgewichen wurde. Statt dessen sollte die nachwachsende Generation die Hoffnung auf eine demokratische Erneuerung stabilisieren, eine Aufgabe die sie selber, als Mit-Tätergeneration, zuwenig einlösten.

"Von mir aber muß ich sagen, daß ich durch den Hauptvorgang auf dieser Synode eher schlecht disponiert war, mich an dem Unternehmen zu beteiligen. Ich steckte in einem tiefen Groll. ... Ich weiß nur, daß er mich überzeugt hat, daß ich hier mit unterschreiben müßte, ... Die theologischen Diskussionen und auch die sozialethischen über die Frage der Atomwaffen arbeiten ja mit Argumenten. Lothar Kreyssig arbeitet mit Visionen. ... Die Gründung von Sühnezeichen ist ein Exempel, wie verhängnisvoll eine Kirche dran ist, die in die Hände der Theologen fällt, d. h. in der vor allem maßgebend sind Leute vom Typ, den ich vertrete, dem rationalen, argumentierenden, ... Ich hoffe, Leute, die so gebaut sind wie ich, haben ihre positive Funktion in der Kirche. Aber wehe, wenn die Kirche eine Theologenkirche wird und unter unseren maßgebenden Einfluß gerät. Mindestens als Korrektiv bedarf die Kirche Jesu Christi solcher Leute wie Lothar Kreyssig, des Typs des Schwärmers, des Visionärs, ... Ich konnte bei der Gründung von Sühnezeichen nicht mehr voraussehen als ein äußerst bescheidenes Zeichen ..., dessen Bedeutung ich in meinem Rationalismus aber weit unterschätzt habe. Ich habe es unterschätzt sowohl in der Wirkung auf die Öffentlichkeit der Völker, die die deutsche Okkupation oder wie Israel die deutsche Verfolgung erlebt haben. Und ich habe es unterschätzt in der Wirkung auf die junge Generation. Vielleicht auch unterschätzt, weil ja nichts Vergleichbares überhaupt da gewesen ist. ... Es muß sehr nachdenklich machen, daß ...

Sühnezeichen ... ein einzigartiges Phänomen ist. Die politischen Bewegungen, auch die Studentenbewegung, auch die neue Linke, haben nichts Gleichartiges hervorgebracht." (zitiert aus den unveröffentlichten Erinnerungen Helmut Gollwitzers, ASF-Archiv)

Die Entstehungsgeschichte der Aktion Sühnezeichen ist anhand der hier zurückverfolgten Ereignisse somit beispielhaft und charakteristisch für Delegationsprozesse zu sehen, die analog auch auf der bildungspolitischen Ebene zu beschreiben sind: Zeitgeschichtliche Konflikte, die strukturpolitisch ungelöst blieben, sollten nicht verdrängt, sondern im Interesse demokratischer Orientierungen weiterbearbeitet werden, und waren dabei auf die Rolle signalsetzender Aussagen und Methoden - wie sie durch Freiwilligeneinsätze, Gedenkstättenarbeit oder den internationalen Jugendaustausch aufgebaut und weiterentwickelt wurden - verwiesen. Und ebenso wurden die Nachwirkungen der psychischen Erschütterungen aus der Vielzahl von Gewalterfahrungen, existentieller Bedrohung und dem Verlust der nächsten Angehörigen und Freunde auf die Folgegenerationen übertragen. In dieser Problematik sensibilisierte Frauen und Männer der zweiten und dritten Generation nahmen "den Druck, der gesellschaftlich weiter lastet"[1] auf, und versuchten von den 60er bis in die frühen 80er Jahre hinein ein soziales Gedächtnis zu schaffen, das die komplizierte Mischung aus Erzählung, Fragment und Schweigen in den Familien der Mit-TäterInnen durch die Perspektive der NS-Verfolgten, und vor allem auch durch strukturelle Betrachtungen ergänzte.

2. 1. 3   Der schwierige Name: Die Bitte um Vergebung
         und das Zeichen der Umkehr als Chance erinnernden Handelns

Die MitgründerInnen der Aktion Versöhnungszeichen freuten sich zwar am Optimismus und an der Tatkraft Lothar Kreyssigs, hielten das Ganze aber mehr oder minder für ein Windei. Es verging über ein Jahr Aktivität von Lothar Kreyssig und einigen engen MitstreiterInnen, ohne daß ein konkreter Einstieg gefunden wurde.
Nichtsdestotrotz engagierten sich Kreyssigs politische Freunde, voran der Leiter der noch jungen Evangelischen Akademie Berlins, Erich Müller-Gangloff,[2] in der Frage der Namensgebung. Müller-Gangloff gab zu Be-

---

[1] Adorno, 1977 : 556 f.
[2] Im Dezember 1958 führte die Evangelische Akademie Berlin ihre erste Tagung zum Thema Aktion Sühnezeichen durch, und wurde in den folgenden Jahren zu einem ausgewiesenen Ort zeitgeschichtlicher Analysen sowie zu einer zentralen Wegbereiterin der neuen Ostpolitik. Seit ihrer Gründung zog die Evangelische Akademie einen breit gefächerten Adressatenkreis zu Fragen der Nachkriegsentwicklung an: Studierende und

denken, daß Aufbauleistungen in den Ländern, die unter dem Nationalsozialismus gelitten hatten, kein Zeichen der Versöhnung seien, wohl aber
ein Ausdruck der Umkehr. Doch nur wenn der/die Verletzte die ihm/ihr
entgegengebrachte Einsicht und Reue gelten lasse und Vergebung ge-
währe, könne sich eine Versöhnung anbahnen. Versöhnung könne nicht
von der Täterseite einseitig proklamiert werden, sie sei vielmehr zu erbit-
ten. Erst durch eine zunächst einseitige Vorleistung könne der Wille zur
Umkehr deutlich werden, könne der/die ehemals Verfolgte und Verletzte
sich davon überzeugen, daß die Einsicht der TäterInnen ein Einlassen auf
die Geschädigten bedeute, und nicht in erster Linie die Schuldgefühle auf
der Täterseite umgewälzt werden sollen. Sühne setze in der Frage der
Umkehr am Täter bzw. der Täterin an, denn der Begriff kennzeichne die
Fehler des Aggressors. Versöhnung dagegen stelle beide Seiten gleichermaßen in die Verantwortung.
Als Ergebnis dieses Diskussionsprozesses wurde ein Dreivierteljahr später
aus der "Aktion Versöhnungszeichen" die "Aktion Sühnezeichen".[1] Im Anschluß an die Dezembertagung in der Evangelischen Akademie, verfaßten
Lothar Kreyssig, Erich Müller-Gangloff und Kurt Scharf an Epiphanias 1959
einen zweiten Aufruf zur Aktion Sühnezeichen:

"Wer erschrocken ist, was frevlerische, hemmungslose Selbstbehauptung eines
Volkes, unseres Volkes, an grauenvoller, systematischer Unmenschlichkeit hat ver-
üben und geschehen lassen -
wer verstanden hat, daß man sich selber Rechenschaft geben muß und sich davon
auch durch Mitverschulden anderer und ihrer etwaigen Einsichtslosigkeit nicht
abbringen lassen darf -
wer eingesehen hat, daß Vergeltung und Aufrechnung von Schuld gegen Schuld
eine endlose Kette des Unheils in der Geschichte zur Folge hat, daß einzig Versöhnung, diese aber wirklich, die Kraft hat, den endlosen Reigen wechselseitiger
Vernichtung zu unterbrechen, einen neuen Anfang verantwortlichen Lebens zu
setzen, einem leidlichen Frieden in annehmbarer Gerechtigkeit Raum zu schaffen -
der trete der Aktion Sühnezeichen bei. Er helfe, wie immer er es vermag, mit einem
sichtbaren Zeichen der Tat herauszutreten aus der Zone verstockten Schweigens o-
der unverbindlicher Diskussion.
Auf der Spandauer Synode wurde dazu aufgerufen, junge Menschen aller Stände
und Konfessionen möchten sich dazu bereitfinden, je auf ein Jahr nach Polen, Israel
oder in die Sowjetunion zu gehen, um dort der durch uns bewirkten Zerstörung eine Aufbauleistung entgegenzustellen, ein Dorf, eine Siedlung, ein Krankenhaus ...
aufbauen zu helfen." (zitiert nach Kreyssig/Gangloff/Scharf, in Kommunität 1/59)

WissenschaftlerInnen, PolitikerInnen, SchriftstellerInnen, Gewerkschafter und Vertreter-
Innen sozialer Verbände. Die Aktion Sühnezeichen fand in diesem sozial und kulturell
engagiertem Forum eine ideale Basis um ihre Ideen zu diskutieren und den Kreis ihrer
Förderer zu erweitern. (Vgl. Skriver 1962 und Kommunität 1959 - 1987, Fanz von Hammerstein im Interview)
[1] Vgl. Rabe (1983) und Franz von Hammerstein im Interview

Die politische Brisanz des Aufrufs zur Aktion Sühnezeichen lag vor allem in den Adressaten ihres erwünschten Handelns. Denn mit Israel wurde die kirchlich umschwiegene Shoa zum Thema, mit der Sowjetunion der Antikommunismus innerhalb der Kirche sowie die politische Gesamtsituation des kalten Krieges, und mit Polen der östliche Nachbarstaat, dessen territoriale Integrität von revanchistischen Kräften angefeindet war. Neben dieser zeitgeschichtlichen Einordnung der Gründungsphase der Aktion Sühnezeichen geben die Texte und Briefe im Zusammenhang dieses zweiten Aufrufes auch Aufschluß über die Motive jener kleinen Gruppe um Kreyssig, die in den nächsten zwei Jahrzehnten enormen Zuwachs erfahren sollte, und zu einer signifikanten kirchenpolitischen Kraft wurde. Die Beweggründe, aus denen sich dies zweite bzw. erweiterte Gründungsgeschehen herleiten, lassen sich auf zwei Ebenen zusammenfassen. Zum einen zeigt sich die selbstkritische Wahrnehmung einer gestörten Dialogfähigkeit mit ausländischen Partnern und ehemals Verfolgten des Nationalsozialismus, inbesondere mit Juden. So verband sich das Interesse an einer Zusammenarbeit mit den ehemals Geschädigten mit einer kritischen Bestandsaufnahme der innergesellschaftlichen Situation, und diese Haltung stand in deutlicher Abgrenzung zu einer Identitätsstiftung in Westdeutschland, die an einer Identifikation mit den Amerikanern ausgerichtet war und auf dem unreflektiertem Austausch von Idolen und Leitbildern basierte.[1]
Zum anderen wird in den Diskussionen um Versöhnung und Sühne die wohl lange Zeit noch virulente Angst vor einer Rache des Schicksals deutlich. Immer wieder stellte Kreyssig die Frage nach einer Gerechtigkeit der Geschichte, und suchte nach Zustimmung für das eigene Überleben, bis er im Aufbau der Aktion Sühnezeichen Vergebung für sich empfand. Die Chance des Überlebens, darin fühlten sich Kreyssig und seine frühen MitstreiterInnen verbunden, war in ihrem Handeln als Aktion Sühnezeichen auf die Probe gestellt. Der Erfolg der Aktion sollte nun die Bedeutung ihres Überlebens bestätigen, und nicht zuletzt auch die eigenen persönlichen Erwartungen und Wünsche für die Zukunft als berechtigt empfinden lassen.[2]

2. 1. 4   Entwicklungsschritte

Anfang 1959 lag noch keine Antwort aus den Ländern vor, in denen die Initiative mit ihrer Arbeit beginnen wollte: Der UdSSR, Polen und Israel. Doch im Januar konnte Kreyssig immerhin mitteilen, daß die Innenminister

---

[1] Vgl. Mitscherlich (1986)
[2] Vgl. Kreyssig (1959) und (1963)

der BDR und DDR ihre Zustimmung zu den geplanten Vorhaben gegegben hatten. An die achthundert Personen waren bereits zu regelmäßigen Spenden bereit und hundert junge Frauen und Männer hatten ihr Interesse zur Mitarbeit bekundet. Daraufhin aktivierten die Mitglieder des Leitungskreises ihre ökumenischen Kontakte in die Niederlande, nach Norwegen und Groß-Britannien, um von dort aus den Stein ins Rollen zu bringen.

Im Februar 1959 kam die erste Zusage aus den Niederlanden. Im vorangegangenen Sommer war es auf der Insel Ameland zu Auseinandersetzungen zwischen Niederländern und deutschen Touristen gekommen, und jemand brachte den Plan auf, dort ein Begegnungszentrum einzurichten. Aus dem Projekt wurde nichts. Statt dessen bot sich eine andere Möglichkeit: In Ouddorp sollte ein Ferienzentrum für Rotterdamer Arbeiter und deren Familien gebaut werden. Vierzehn Frauen und Männer aus der DDR und dreizehn aus der BRD und Westberlin meldeten sich für diesen Baueinsatz.[1] Als am 10. April 1959 die Arbeit in Ouddorp begann, lag noch immer keine Ausreisegenehmigung für die TeilnehmerInnen aus der DDR vor. Kreyssig kämpfte darum mit dem Argument, daß das Erbe der gemeinsamen Vergangenheit eine gesamtdeutsche Aufgabe sei. Doch bei einer Besprechung im DDR-Außenministerium wurde ihm erklärt, die DDR stehe in der Tradition des Antifaschismus, und wer für den Frieden eintreten wolle, müsse gegen die Wiederaufrüstung der Bundesrepublik kämpfen. Die Niederlande sei NATO-Mitglied und damit gegen die sozialistischen Staaten gerichtet. Nach dieser Erfahrung rief Kreyssig die Freiwilligen aus der DDR auf, sich an Aufbaulagern im eigenen Staat zu beteiligen. Die Chance für eine Arbeit mit Aktiven aus beiden Staaten sah er weiterhin bei Projekten in den sozialistischen Ländern. Doch der Mauerbau zwei Jahre später machte diese Hoffnungen zunichte, das Klima des kalten Krieges zerschnitt eine direkte Zusammenarbeit auf lange Sicht.

1960 kam es zu weiteren Bauprojekten in Norwegen (einem Heim für geistig und körperlich behinderte Kinder in Trastad und einer Kirche in Koklev, einem Dorf bei Hammerfest, das die deutsche Wehrmacht nach der Strategie der "verbrannten Erde" zerstört hatte) und in Griechenland (Rekonstruktion des Bewässerungssystems in Servia).

1961 begannen die Projekte in Frankreich (die Versöhnungskirche in Taize, Wiederaufbau der Synagoge bei Villeurbanne und einer Schule bei Lyon) und Großbritannien (Wiederaufbau der Cathedral von Coventry, in der später ein internationales Begegnungszentrum entstand, dem bis heute Sühnezeichen-Freiwillige tätig sind).[2]

---

[1] Vgl. Skriver (1962) und Rabe (1983)
[2] Vgl. Skriver (1962) und von Hammerstein im Interview

Seit dem Gründungsaufruf im April 1958 gab es zahlreiche Versuche, eine positive Reaktion aus Israel zu erhalten. Zu diesem Zeitpunkt existierten noch keine diplomatischen Beziehungen zwischen der Bundesrepublik und Israel, und so bemühten sich Kreyssigs Freunde über persönliche Kontakte. Nach Abschluß des Eichmann-Prozesses in Jerusalem erreichte die Aktion Sühnezeichen eine Einladung zur Mitarbeit im Kibbuz Urim, doch teilten die israelischen Freunde mit:

"Wir können Euch nicht ermöglichen, Euch mit der Errichtung eines Bauwerkes zu beschäftigen, und wir können nicht den Vorschlag annehmen, daß dieser Bau errichtet wird von Geldern Eurer Organisation. Auch wenn wir voll bereit sind, zu der Annäherung zwischen unseren Völkern dadurch beizutragen, daß wir Euren Aufenthalt in Urim ermöglichen, können wir diesen Versuch doch nicht durch die Errichtung eines Gebäudes verewigen." (zitiert nach Rabe, 1983 : 37)[1]

Die Arbeit der Aktion Sühnezeichen fand in der erinnerungsbewußten bundesdeutschen und internationalen Öffentlichkeit große Anerkennung. Dies war auch dringend notwendig, um SpenderInnen zur Behebung der eklatanten Geldsorgen zu finden. Die Bauprojekte finanzierten sich über den Deutschen Städtetag, Mitteln aus Landeskirchen, Kollekten, Patenschaften und Einzelspenden. Jedoch eilten die Bauplanungen dem realen Finanzaufkommen der Organisation stets davon. Die Verantwortlichen brauchten gute Nerven und waren auf treue UnterstützerInnen aus Politik, Bildungswesen[2] und Kirche angewiesen, die die außenpolitisch

---

[1] Vgl. dazu auch Böhme 1986 und Krane 1991

[2] Der Berliner Senator für Volksbildung, Prof. Dr. Tiburtius, förderte die Arbeit der Aktion Sühnezeichen 1960 durch verschiedene Rundverfügungen. Darin wurden Lehrer und Schüler aufgefordert, finanzielle Unterstützung durch Übernahme von Patenschaften zu leisten und die Baufreiwilligen mit Briefen und Päckchensendungen bei ihren Einsätzen zu betreuen. Ferner regte Tiburtius an, Sühnezeichen-Freiwillige sollten in Schulklassen über ihre Erlebnisse berichten. "Einige Schüler haben leider immer noch Leitbilder, die keinen günstigen Einfluß auf sie ausüben. Es ist daher dringend nötig, unsere Schüler mit Menschen bekannt zu machen, die ein Jahr ihres Lebens freiwillig in den Dienst der Sühneleistung und der Völkerverständigung gestellt und dabei schwerste körperliche Anstrengungen auf sich genommen haben. ... Sie zählen zu den Vorbildern unserer Zeit. ... Falls Schüler, ... schon während ihrer Schulzeit an einem Einsatz der Aktion Sühnezeichen teilnehmen wollen, bitte ich, mir hiervon Meldung zu machen." (zitiert nach Skriver, 1962 : 118) Empfehlende Rundschreiben an die Schulleitungen richteten ebenso der Bremer Landesschulrat Warninghoff (September 1961), der Hamburger Landesschulrat Matthewes (Oktober 1961), der hessische Kultusminister Schütte (Januar 1962) und in Niedersachsen Kultusminister Voigt (Februar 1962). Neben den Aufrufen, die Aktion Sühnezeichen mit einem Freiwilligendienst zu unterstützen, galten Vorträge von Vertretern der Aktion als Beitrag zur politischen Bildung und waren ausdrücklich an den Schulen erwünscht. (Vgl. Skriver 1962) Hier zeigt sich eine sehr liberale Haltung der damals bildungspolitisch Verantwortlichen, kamen doch neben der moralisch guten Tat

vertrauensfördernde Bedeutung der Arbeit zu würdigen wußten, und bereit waren, sich für eine materielle Unterstützung zu engagieren. Im Januar 1965 wurde der Aktion Sühnezeichen der Theodor-Heuss-Preis verliehen, und die Organisation konnte sich damit einer breiten, öffentlichen Wertschätzung erfreuen. Dennoch: Das ungleiche Verhältnis zwischen den finanziellen Aufwendungen und den sehr bescheidenen materiellen sowie personellen Ressourcen der Organisation, und vor allem den enormen Anstrengungen, die allen Beteiligten bei jedem neuen Projekt abgefordert wurden, dämpften die Ansprechbarkeit für weitere Vorhaben.

> "Wir waren völlig erschöpft ... wir hätten keine weiteren Bauprojekte mehr vertreten können. Daß die Freiwilligengruppen diese Drahtseilakte so gut überstanden und dabei ausgezeichnet gearbeitet haben, darüber konnten wir nur glücklich sein" (von Hammerstein im Interview)

Aus den Niederlanden und Großbritannien kam ein neuer Vorschlag, der die Finanz- und Strukturprobleme der Aktion Sühnezeichen aufgriff und neue Perspektiven für eine weitere Zusammenarbeit anbahnte: Künftig sollten keine Bauprojekte mehr initiiert werden, sondern Sühnezeichen-freiwillige könnten als Einzelne in friedensfördernden Maßnahmen, Projekten der internationalen Jugendbegegnung und in sozialen Einrichtungen mitarbeiten. Diese Idee setzte sich durch, und es begannen die ersten Erfahrungen mit dem sozialen Friedensdienst, bis im Juli 1968 der Verein "Aktion Sühnezeichen/Friedensdienste" gegründet wurde. Mit diesem Schritt machte sich die Organisation die Realisierung von freiwilligen Friedensdiensten, Gedenkstättenseminaren und anderen Formen der politischen Bildung zur Aufgabe.
Ein Jahr später wurde ein Abkommen mit dem Bundesministerium für Arbeit und Sozialordnung erreicht, nach dem Kriegsdienstverweigerer, die einen sozialen Friedensdienst mit der ASF im Ausland leisten, nicht mehr zum zivilen Ersatzdienst herangezogen wurden.
1970 machten erstmals 160 Freiwillige - darunter 52 Frauen - für einen Zeitraum zwischen sechs und achtzehn Monaten einen Friedensdienst in Frankreich, den Niederlanden und Belgien, Großbritannien, Israel, Norwegen und in den USA.
Seither haben sich über fünftausend Frauen und Männer in der Altersspanne zwischen zwanzig und dreißig Jahren an den Länderprogrammen der ASF beteiligt. Ihre Tätigkeit reichte von der Mitarbeit in Gedenkstätten und Menschenrechtsorganisationen, bei Kampagnen zur Friedensförderung, in Antirassismusinitiativen, in jüdischen Gemeinden, bis hin zur

---

der Sühnezeichen-Aktiven auch die sehr unbequemen Fragen von Antisemitismus, Antikommunismus und Revanchismus ins Gespräch.

Unterstützung von Frauen, Männern und Kindern, deren Leben wesentlich durch Armut und Gewalt bestimmt ist.[1]

2. 2   Theologische und politische Grundzüge der ASF

2. 2. 1   Tradition und Bindung

Aus der Tradition der Bekennenden Kirche kommend, wurde die ASF in den 70er und 80er Jahren zu einem Schnittpunkt kritischer theologischer Strömungen. Im Engagement der Organisation spiegelt sich ein offenes und in der Gesamtentwicklung über vier Jahrzehnte ein sich veränderndes Spektrum theologischer und politischer Ansätze, die sich jeweils darin trafen, eine handlungsbezogene Auseinandersetzung über die Folgen des Nationalsozialismus zu führen und eine friedenspolitische Einflußnahme zu gestalten, vor allem einen kontinuierlichen Dialog mit den osteuropäischen Staaten zu ermöglichen.[2]

War in der Gründung der Aktion Sühnezeichen der Versuch enthalten, den vielbeachteten, doch schnell verklungenen Aussagen der Stuttgarter und der Darmstädter Erklärung noch einmal, wenn schon nicht zu gesellschafts- so doch zu kirchenpolitischer Geltung zu verhelfen, so bezog die Organisation ihr theologisches Erbe aus der Barmer Erklärung vom Mai 1934, dem Fundament der Bekennenden Kirche, in deren Kontinuität sich die Aktion selbstbewußt begriff.[3]

Der politische Kern der Barmer Erklärung bestand in der Absage der sich Anfang 1934 als Bekennende Kirche formierenden Gemeinden evangelischer Christen an den Zugriff der nationalsozialistischen Machthaber auf den ganzen Menschen. Der Absolutheitsanspruch nationalsozialistischer Ideologie, Politik und Rechtsprechung über uneingeschränkt alle öffentlichen, privaten und religiösen Lebensäußerungen jeder und jedes Einzelnen, fand in diesen Christen eine entschiedene Grenze.

> "Wir verwerfen die falsche Lehre, als könne und müsse die Kirche als Quelle ihrer Verkündigung ... noch andere Ereignisse und Mächte, Gestalten und Wahrheiten als Gottes Offenbarung anerkennen. ...
> Wir verwerfen ..., als gebe es Bereiche unseres Lebens, in denen wir nicht Jesus Christus, sondern anderen Herren zu eigen wären. ...
> Wir verwerfen ... als dürfe die Kirche ... ihre Botschaft ... dem Wechsel der jeweils herrschenden weltanschaulichen und politischen Überzeugungen überlassen."

---

[1] Vgl. ZEICHEN 1978 bis 1996
[2] Vgl. Deile (1994)
[3] Vgl. Konvention der ASF von 1978, sowie "Aufgaben, Ziele und Arbeitsweisen der ASF" (1993)

47

(zitiert aus Theologische Erklärung zur gegenwärtigen Lage der Deutschen Evangelischen Kirche, Wuppertal-Barmen, 31. 5. 1934, IN: Zeichen 2/84, S. 8)

Der Kirchenhistoriker Jan Rehmann bewertet die Bedeutung der Aufrechterhaltung protestantischer Eigenständigkeit und damit gleichzeitig auch den politischen Erfolg der Bekennenden Kirche folgendermaßen:

"... das ... Festhalten an der ausschließlichen und bedingungslosen Unterstellung unter das ... Evangelium setzte Kräfte frei, die der Faschismus nicht mehr in seine Kirchenpolitik integrieren konnte: die spezifische Handlungsfähigkeit des unbeirrbaren Nein-Sagens gegenüber den Herrschaftsansprüchen anderer Mächte. Die Leistung dieser Verweigerung wird deutlich, wenn man andere ideologische Mächte zum Vergleich heranzieht: während Schule, Universitäten, Justiz, Psychiatrie, Krankenwesen ... ohne größere Reibungsverluste von den Nazis besetzt werden konnten, führten die Gleichschaltungsversuche der evangelischen Kirche zu einem heillosen Durcheinander der Gleichschalter. ... Die evangelische Kirche hat sich hier mehr als je zuvor aus ihrer Verklammerung mit dem staatlichen Überbau herausgedreht und (sich) ... als eigenständige, nur dem Evangelium unterstellte ... Macht gefunden." (Rehmann, 1986 : 118)

Allerdings waren Anpassung und Opposition im Verhalten der bekennenden Christen keine sich ausschließenden Alternativen. Denn die widerständigen Handlungen richteten sich nicht gegen die Schaltstellen nationalsozialistischer Politik. In erster Linie kämpften die Mitglieder der Bekennenden Kirche um die Unantastbarkeit ihrer Verkündung und ihre Sakramentshoheit. Erst nachdem zahlreiche Pfarrer eine Verhaftung erfahren hatten, und mit anderen Verfolgten in Lagern und Gefängnissen zusammengetroffen waren, wurde die Predigt zu einer Form des Widerstands, indem die Namen von Verfolgten vorgelesen und damit Entrechtung und Terror im Schutzgebiet für die Betroffenen öffentlich benannt wurden. Dennoch folgte die Bekennende Kirche auch in den Kriegsjahren nicht dem Aufruf Dietrich Bonhoeffers vom April 1933, der von seinen Glaubensschwestern und -brüdern unmittelbar politisches Handeln gefordert hatte, nämlich "nicht nur die Opfer unter dem Rad zu verbinden, sondern dem Rad selbst in die Speichen zu fahren." (Bonhoeffer zitiert nach Rehmann, 1986 : 91)
Die historische Leistung der Bekennenden Kirche liegt vor allem im Schutz und in der Lebensrettung, die ihre Mitglieder vielen verfolgten Menschen gegeben haben, und so inmitten der Zerstörung von Humanität noch einmal zu ihrer Ankerung wurden.[1]
Bis zum Ende der 80er Jahre vermittelte die ASF ihre Beziehung zum Erbe der Bekennenden Kirche ausschließlich anhand der zahlreichen Beispiele oppositionellen Handelns. Die komplementären Aspekte wie die Befür-

---

[1] Vgl. Brakelmann (1984), Gerlach (1987), Klee (1989), Rehmann (1986)

wortung der rassehygienischen Doktrinen, der Antisemitismus protestantisch-deutschnationaler Prägung, und nicht zuletzt die Zustimmung zu Hitlers militärischen "Rückeroberungszielen", wurden weitgehend ausgeblendet.

Das widersprüchliche Erbe der Bekennenden Kirche verschwand in der Selbstwahrnehmung der Organisation lange Zeit hinter den widerständigen, vorbildhaften Persönlichkeiten Martin Niemöllers, Hellmut Gollwitzers, Lothar Kreyssigs, Kurt Scharfs und anderen weniger prominenten MitstreiterInnen. Das große Bedürfnis von Frauen und Männern der zweiten und dritten Generation nach einer positiv-stärkenden Identifikation mit verantwortlich Handelnden aus der NS-Zeit, traf an dieser Stelle mit der begrenzt selbstkritischen Haltung der ASF-Gründergeneration zusammen.

Interessant ist dabei zu sehen, daß gerade die vielschichtige Tradition der Bekennenden Kirche in ihrer Mischung aus Glaubenstreue, Existenzrettung für Verfolgte, einer zunehmenden politischen Opposition, und ihr gleichzeitiges Mitläufertum, ihre Kriegswilligkeit und ihr Antisemitismus, die entscheidende Basis für das Angesprochensein der Mittäter- und Mitläuferkinder war. Denn eben dieses nicht-exklusive Erbe bahnte vielen erst den Weg zum Engagement in der ASF. Wären die Ursprünge der Organisation ausschließlich aus dem Widerstand gegen den Nationalsozialismus erwachsen, hätten sich die Freiwilligen in einem zu großen Loyalitätskonflikt zwischen ihren familiaren Herkünften und der Organisation, zu der sie immerhin für eineinhalb Jahre zugehörig wurden, befunden.

Meine Auswertung der USA-Freiwilligenberichte ergab, daß die Freiwilligen "ihre Organisation" gerne über die Biographien Kreyssigs und Niemöllers an die amerikanischen Partner vermittelt haben. Dabei stellten sie sich quasi als Nachfahren in die Tradition widerständigen Handelns. Neben diesem imponierenden Erbe wurde das gleichzeitig vorhandene Mitläufertum der bekennenden Christen nicht mehr thematisiert, obgleich dies die Verhaltensvariante war, die weit mehr den Familiengeschichten entsprach, aus denen die Freiwilligen selbst kamen.

Die in den prominenten ASF-GründerInnen vertretene Erfahrung der Opposition gegen den Nationalsozialismus und ihre verantwortliche Haltung zur Nachkriegsentwicklung der Bundesrepublik, vermittelte den Frauen und Männern der Folgegenerationen ein positives Vertrauen in das eigene Handeln. Und dies bildete auch die Grundlage dafür, die unterschiedlichen Sichtweisen aller Beteiligten anerkennen zu können, um ein differenziertes Verständnis geschichtlich geprägter Konflikte zu gewinnen und die zahlreichen Wagnisse einer unkonventionellen Zusammenarbeit in den internationalen Kooperationen eingehen zu können. Über den Zeitraum von nunmehr vier Jahrzehnten, ist es den ASF-Aktiven kontinuierlich gelungen, verfeindete und entfremdete Gesprächspartner - sei es in der Ost-West Verständigung oder im christlich-jüdischen-Dialog - zueinander zu bringen und eine gesellschaftliche Resonanz zu diesen Prozessen herzustellen.[1]

2. 2. 2   Sühne und Zeichen

Der Namenszug Sühnezeichen geht auf die Bindungen der ASF an die Tradition der Bekennenden Kirche zurück, doch darüber hinaus vertrat die Organisation mit diesem Kennzeichen einen politisch-handlungsleitenden Anspruch.

Der Sühnebegriff wurde im Zuge der Veränderung des gesellschaftspolitischen Klimas in der Bundesrepublik und der sich ausdifferenzierenden Erinnerungsformen, in denen das starke Interesse der jüngeren Generationen an einer kritischen Auseinandersetzung mit der NS-Zeit deutlich wurde, immer wieder zum Reibungspunkt. Und zwar sowohl organisationsintern - durch die generationsspezifisch veränderte Perspektive der Freiwilligen - als auch durch kritische Stellungnahmen der Projektpartner[2] und Förderer der ASF-Arbeit.

Deshalb ist an dieser Stelle zu fragen, warum der Begriff querläufig zu allen Entwicklungen, die eben nicht mehr als Sühnehandeln verstanden wurden, dennoch ein zentraler Bezugspunkt blieb.

Die organisationsinterne Auseinandersetzung drückt sich exemplarisch in den unterschiedlichen Sichtweisen des Länderbeauftragten in Paris, Jörg Eschenauer (dritte Generation) und des Vorsitzenden Klaus Geyer (zweite Generation) aus. Eschenauer, der die Probleme der Freiwilligen in ihrem Projektalltag und die Diskussionen zum politischen Selbstverständnis ihres Handelns begleitete, forderte eine begriffliche Öffnung, in der die generationsspezifische Weiterentwicklung enthalten sei:

---

[1] Vgl. Bundespräsident Richard von Weizsäcker in seiner Ansprache vor dem Bundesrat und Bundestag am 8. Mai 1995 in Bonn, und Hans Koschnik anläßlich der Verleihung der Buber-Rosenzweig-Medaille an die ASF, März 1993 in Dresden.

[2] Mehrere niederländische Projektpartner (und später ebenfalls britische) kritisierten Anfang der 80er Jahre die Selbstbezogenheit des Sühneansatzes, denn die jungen Deutschen würden sich damit eine Sonderrolle in den internationalen Kooperationsbeziehungen einräumen. Dies wäre zwar angesichts der deutschen Verantwortung für den zweiten Weltkrieg auch zutreffend, jedoch würde darin gleichzeitig eine Variante von Täternarzismus mitschwingen, eine Art sich besonders positiv hervorzuheben, anstatt sich durch eine begriffliche Zurückhaltung auf den Prozeß der Annäherung und dialogischen Differenzierung einzulassen. Vgl. Helmut Rödner, NL-Länderbeauftragter an das Pädagogische Referat, August 1984

"Die ASF kann am >Ende der Nachkriegszeit< nicht an der Tatsache vorbeigehen, daß die Wirkungen der >natürlichen Zeit< uns zwangsläufig vom ursprünglichen Anlaß unserer Vereinsgründung entfernen, daß die Folgen des Nationalsozialismus sich über die Generationen hinweg ausdünnen, immer vermittelter auftreten und vom Einzelnen eine immer größere intellektuelle und existentielle Anstrengung erfordern, wenn er sich wirklich jenseits seiner Geburt geschichtlich verwurzeln will. " (Eschenauer, 1990 : 7)

Klaus Geyer, der als Vorsitzender die Gesamtperspektive aller Arbeitsbereiche der ASF vertrat, stellte hingegen die Defizite des historischen Bewußtseins in der Bundesrepublik ins Zentrum seiner Betrachtung:

"Sühnezeichen war und ist der Versuch der Kontinuität der deutschen Geschichte, wie sie im Nationalsozialismus einen mörderischen Kulminationspunkt fand, nicht auszuweichen. Dies bedeutet für die Arbeit bisher immer ein Doppeltes: den Gang zu den überlebenden Opfern, ... und ... die an die deutsche Gesellschaft gerichtete intensive Frage nach den Wurzeln und dem Fortwirken der Barbarei. ... wir täuschen uns, wenn wir meinen, die Wunden der Opfer seien schon vernarbt und der Weg in die >deutsche Normalität< könnte nun ungebrochen begangen werden." (Geyer, 1992 : 7)

So spiegeln sich in den Diskussionen der ASF über ihr begriffliches Selbstverständnis beispielhaft gesellschaftliche Reflexionsprozesse wieder, die die Beziehungsebenen der nachgeborenen Generationen zur NS-Zeit und darüber hinausgehend, das soziale Gedächtnis in seiner Vermittlungsfunktion von Kontinuität und Wandel zum Gegenstand haben.[1]
In der frühen Auseinandersetzung um den Namen Versöhnungs- oder Sühnezeichen, wurde die Richtung der Gewalterfahrung zwischen Verursachern und Leidtragenden markiert. Diese Sichtweise setzte implizit voraus, daß sich die Mit-Verantwortlichen für das nationalsozialistische Prinzip der Ausgrenzung und Lebensvernichtung darüber bewußt wurden, daß ihre Beziehung zu den Opfern jener Politik, und damit verknüpft, die Beziehung zu sich selbst langfristig blockiert bleibt, wenn die eigene Verstrickung in dieses Prinzip nicht reflektiert wird.

---

[1] Im Nachklang des 8. Mai 1985 und des Historikerstreits wurde die Frage einer zeitgeschichtlich angemessenen Historisierung der jüngeren deutschen Vergangenheit zum Thema sozialwissenschaftlicher Diskurse. Jürgen Habermas pointierte dabei einen zentralen Streitpunkt: "Es gibt ein einfaches Kriterium, an dem sich die Geister scheiden: Die einen gehen davon aus, daß die Arbeit des distanzierenden Verstehens die Kraft einer reflexiven Erinnerung freisetzt und damit den Spielraum für eine autonomen Umgang mit ambivalenten Überlieferungen erweitert; die anderen möchten eine revisionistische Historie in Dienst nehmen für die nationalgeschichtliche Aufmöbelung einer konventionellen Identität." (Habermas, 1987 : 132 f) Vgl. ebenso Broszat (1988), Diner (1987) und Moltmann (1993)

Das Signifikante an dem immer wieder Nachdenken provozierenden Sühnebegriff blieb also zum einen die Erkenntnis der existenziellen Differenz
im Vertrauensverlust an politisches Handeln seit Auschwitz, und zum anderen eine selbstkritische Wahrnehmung der gestörten Beziehungen
über mehrere Generationen hinweg zu den Angehörigen anderer Natio-
nen, insbesondere den aus Deutschland vertriebenen Juden.
Ein weiteres Merkmal des Sühnebegriffs besteht in der Benennung von
Schuld und der Tradierung einer moralischen Schuld in die Folgegenerationen der Mit-TäterInnen. Dazu Manfred Karnetzki, amtierender Vorsitzender der ASF, auf meine Frage, warum die Organisation weiterhin
eine Auseinandersetzung über Schuldursachen und Schuldverstrickungen
aufrecht hält und nicht zum mitlerweile geläufigen Begriff der historischen
Verantwortung übergeht:

"Es sind Übergänge von einer Generation auf die nächste vorhanden, die begrifflich
nicht mitgewachsen sind, und auch nur schwer mitwachsen können. Weder Schuld
noch Sühne sind eigentlich tauglich als reflexive Ebenen einer Bearbeitung des
Nationalsozialismus für die dritte und vierte Generation. Aber die Ebene der Schuld
ganz abzutrennen, ist schwierig oder kann nicht gelingen, weil sie Teil der historischen Erfahrung ist. Die Existenz der Schuld bleibt in der Erinnerung erhalten, denn
es ist bereits etwas vor mir da, wozu ich mich ungewollt verhalten muß. Verantwortung ist nach vorne gerichtet, auf Gegenwart und Zukunft. Wir können gar keine Verantwortung für Vergangenes übernehmen, für etwas das vor uns und von
anderen begangen wurde. Das hat keinen Sinn in sich, wir können uns dazu in Beziehung setzen und wir haben Gefühle dazu, aber keine Verantwortung. Verantwortung steht für mich dort an, wo ich involviert bin oder Zeuge von etwas bin. Im
Verhältnis zur NS-Vergangenheit bin ich in die Folgen involviert. Und in dem
Schritt zwischen Folgen von etwas zu übernehmen und selber involviert sein,
taucht die Schuld als Erfahrung vor mir wieder auf, sie läßt sich m. E. nicht bannen,
wenn wir uns den bleibenden Verletzungen bei den Opfern und ihren Kindern
stellen wollen. Sich von den Dimensionen der Schuld abkoppeln zu wollen und
immer noch Angst davor zu haben, ist sehr verständlich, doch wir stellen uns dann
fremd zu unserer Geschichte und bleiben letztendlich uns selber fremd. ... Denn wir
sind jetzt in der Lage, anders auf die Schuld zu gucken, zum Beispiel ohne Angst
vor Rache und Strafe. Diese Ebene, die doch für die zweite Generation noch erdrü-
kend war, ist jetzt nicht mehr da, es gibt Ablösungen und Öffnungen, und es gibt
etwas das bleibt, die Vertrauensfrage wird noch bleiben." (Manfred Karnetzki im
Interview)

Die Freiwilligen der dritten Generation identifizierten sich - wie ich an
späterer Stelle noch einmal aufgreifen werde - weniger mit dem Sühne-
gedanken als mehr mit dem zweiten Teil des Begriffs, dem Zeichen. Zeichenhaftes Handeln wurde als situationsorientierte Solidarität verstanden
und als vertrauensbildender Ansatz, dessen Potentiale auch auf strukturelle Herausforderungen übertragbar sind, sofern politische Dialogformen
aufgebaut werden können. Der Begriff des Zeichens gab den Freiwilligen

eine Orientierungshilfe darin, daß politisches Handeln nicht nur einen, sehr definitiv angestrebten Gesellschaftsentwurf ankündigte, sondern vielmehr dazu einlud, verschiedene Konzepte und Erprobungen miteinander zu verknüpfen. Auch signalisierte der Begriff, daß es zunächst einmal auf den Versuch einer solidarischen Lebenspraxis ankommt, in dem die Sensibilität für ein gemeinsames Handeln von Menschen der unterschiedlichsten sozialen und ethnischen Herkünfte gefördert wird. Was dann aus einem solchen Versuch entstehen kann, sollte nicht durch Definitionen vorweggenommen, sondern als offener Prozeß gesehen werden, der die Verantwortung aller Beteiligten beachtet. Dieser Aspekt trat vor allem aus den Erfahrungen in der Sozialarbeit hervor. Oft hatten die Freiwilligen in der Hilfe für andere die eigene Überforderung erlebt und im Streit für gerechtere gesellschaftliche Bedingungen nur kleine Verbesserungen erzielen können. Der Begriff des Zeichens half hier, das eigene Handeln in seinen Chancen und Begrenzungen zu betrachten, um nicht aus der Faszination eines Denkens in größeren historischen Maßstäben den Kontakt zu sich selbst zu verlieren.[1]

Abschließend gibt Manfred Karnetzki einen Rückblick, auf die kirchengeschichtliche Relevanz des Begriffs im politischen Klima der 50er Jahre:

"Der Begriff des Zeichens war ein Versuch der evangelischen Kirche, wieder einen politischen Ort zu finden, der nicht zu politisch war. Eigentlich ist die Kirche unpolitisch, aber sie hat eine Botschaft. Und die wirkt ! Es ist dann aber nicht mehr ihre Sache, welche politischen Wirkungen daraus entstehen, das hat sie nicht mehr zu vertreten. Sondern es kommt das Wort an und bringt da Leute in Bewegung, und die müssen dann für sich die Konsequenzen ziehen.
Zeichen ist ein Übergangsphänomen, also aus dem Nur predigen in den politischen Raum überzugehen und zu sagen: Wir machen ein Zeichen, an dem sich etwas orientieren kann, es ist aber selber noch nicht politisch, sondern vorpolitisch und eigentlich muß Gott daraus etwas machen. Es ist ein Denken, in dem nicht durchformuliert wird, was die Kirche politisch zu tun hat und was ihre Verantwortung dabei ist. Es war eine Hilfskonstruktion damals, um sich in ein politisches Feld hineinzubegeben und doch nicht zu tief darin zu stehen." (Manfred Karnetzki im Interview)

---

[1] Vgl. Projektberichte der USA-Freiwilligen 1977 - 1987, sowie Eschenauer (1990) und Raupach (1990)

2. 3   Freiwilliger Sozialer Friedensdienst

2. 3. 1   Von der historischen Aufgabe
zum verantwortungsvollen Eigeninteresse

Der Rückblick auf die Anfänge des freiwilligen sozialen Friedensdienstes der ASF zeigt, daß dem Aufbau der Freiwilligenarbeit in den verschiedenen Länderprogrammen kein Konzept zu Grunde lag, sondern sich in den einzelnen Ländern, je unterschiedliche, der gesellschaftlichen und politischen Situation des Gastlandes und seiner Beziehungen zur Bundesrepublik entsprechende Formen der Zusammenarbeit entfalteten. Die Kontakte zu den Projektpartnern entstanden zunächst aus der positiven Resonanz auf die Bauprojekte, und im weiteren ergab sich über die ökumenischen Verbindungen eine rasche Ausweitung der "Projektlandschaft". Komplizierter war es, die finanziellen Konditionen, Fragen der Einarbeitung und Begleitung, sowie der verschiedenen Unterbrechungen durch die länderspezifischen Seminare der ASF (Zwischenevaluationen, Auseinandersetzung mit der politischen Situation des Gastlandes u.a.m.) in Einklang mit den Arbeitsstrukturen der Projektpartner zu bringen. Doch nachdem diese erlebt hatten, wie engagiert und lernbegierig die jungen FriedensdienstlerInnen waren, ließen sie sich mit der Freude, die Gastgebern zu eigen ist, auch auf die fachlichen und politischen Orientierungsbedürfnisse der ASF-Freiwilligen ein.

Franz von Hammerstein resümiert die politische Relevanz der Friedensdienste folgendermaßen:

"Mitte der 60er Jahre haben wir nicht damit gerechnet, daß die ASF zwanzig, dreißig Jahre, ja jetzt beinah vierzig Jahre existieren würde. Wir hielten es für Aufgaben der Nachkriegszeit. Daß diese so lang dauern würde, bis Gorbatschow den endlichen Durchbruch einer neuen Politik zwischen den alten Spannungsblöcken Ost und West ermöglichte, das wußten wir nicht. Und was wir auch nicht im Auge hatten, waren die psychologischen Ebenen der Folgewirkungen in der zweiten und dritten Generation, also das, was sich insbesondere bündelt an der Arbeit in Israel, den USA und den Freiwilligen der anderen Länder, die in jüdischen Projekten arbeiten. Wie hätten wir das auch alles absehen können ?
Wir haben das ja im Einzelnen sowieso alles nicht geplant, außer den ersten Schritt mit den Bauprojekten. Aber alles danach kam von alleine, die Anfragen aus Coventry, ... und dieses Interesse hat uns ja auch sehr gefreut ! Wir sind ja sehr gerne auf diese Anfragen eingegangen ! Aber ein Konzept, eine Linie, wo das alles hinlaufen sollte, hatten wir nicht. Wir haben es so praktiziert, gelebt eben, es war ja gut so. ...
Die Möglichkeit, dann den Zivildienst mit der ASF zu leisten ab Ende 1968, das schuf natürlich nochmal eine neue Situation. Das galt dann dem Interesse vieler Männer, und wir mußten neue Projekte in den Ländern auftuen, aber es ergab sich ja schnell. Das ging alles beinah wie von alleine, und jetzt kann die Organisation auf rund fünfhundert Projektpartner in zehn Ländern zurückblicken. Es gibt keine staatliche Organisation, die das erreicht hat oder hätte erreichen können, weil

Vertrauen ja nur von unten wachsen konnte und nicht von oben. Das war das Entscheidende an Sühnezeichen: Das Handeln der jungen Deutschen, dann das beidseitige Engagement und die bilateralen Erfahrungen." (Franz von Hammerstein im Interview)

Die schneeballartige Ausweitung des Projektspektrums in sehr unterschiedliche Tätigkeitsbereiche warf wiederholt die Frage nach den Auswahlkriterien für die Projektpartnerschaften auf, und dies war gleichbedeutend mit der grundsätzlichen Auseinandersetzung über die thematischen Schwerpunkte, die gesellschaftliche Relevanz und die zeitlichen Perspektiven des politischen Handelns der ASF. Jedoch wurde dieser Konflikt, der aus dem Spannungsverhältnis zwischen dynamischer Projektausweitung, und einer damit einhergehenden inhaltlichen Ausdifferenzierung, sowie einem konstant bleibenden politisch-theologischem Selbstverständnis entstanden war, nicht durch die Erarbeitung entwicklungsbezogener Kriterien gelöst, sondern blieb auf den Verweis von Tradition und Bindung der Organisation beschränkt.
Als handlungsleitendes Motto zwischen der ASF und ihren Projektpartnern werden bis heute drei zentrale Bezugspunkte formuliert:

1. **Sühne** - als Versuch, "Schuld in Zukunft zu verwandeln" und aus der Geschichte zu lernen;
2. **zeichenhaftes Handeln** - als situationsorientierte Solidarität und vertrauensbildender Ansatz, dessen Potentiale auch auf strukturelle Anforderungen übertragbar sind;
3. **Friedensdienst** - als Prinzip der Deeskalation und gewaltfreien Konfliktlösung.

Für einen Großteil der Projekte in der Sozial- und Gemeinwesenarbeit, der Mitarbeit in Gedenkstätten, in Forschungseinrichtungen, Menschenrechtsorganisationen und jüdischen Gemeinden bildeten diese Ebenen auch eine stimmige Verständnisgrundlage. Hingegen warf die Zusammenarbeit mit Projektpartnern im Bereich Umwelterhaltung, Dritte-Welt-Arbeit oder alternativer Gesundheitsförderung - wo sich in keiner Weise mehr ein "Sühnebezug" herleiten ließ - die Notwendigkeit einer erweiterten Einordnungsstruktur der Dienste auf.
Seit der staatlich anerkannten Etablierung der Freiwilligenarbeit vertrat die ASF, der Friedensdienst sei die "konsequente Fortentwicklung des Sühnezeichengedankens" (Törne 1969). Bei der Analyse von Texten der ASF-MitarbeiterInnen (zweite Generation) aus den 70er und 80er Jahren über Konflikte und Erfolge der Friedensdienste wird erkennbar, daß der Ansatz "Schuld in Zukunft zu verwandeln" jeweils dort besonderes Gewicht erhielt, wo politische Veränderungen äußerst schwer oder beinah aussichtslos erschienen, und die Anbahnung einer Verbesserung verhärteter Ver-

hältnisse zunächst mehr als Hoffnung, denn als konkrete Möglichkeit beschrieben werden konnte. Die Überwindung starrer Handlungsmuster war hier einerseits motiviert von der Zuversicht auf gestaltungsfähige Zukunftperspektiven, wurde jedoch andererseits von den destruktiven Erfahrungen der jüngeren deutschen Vergangenheit eingeholt, und im Versuch, eine Beziehung zu beidem auszudrücken, moralisch verklammert.[1]
Die Freiwilligen der dritten Generation hingegen reflektierten ihr Verständnis von sozialem Friedensdienst zunehmend in Abgrenzung zum Schuldprinzip als Ausgangspunkt für gesellschaftliche Verantwortung. Vielmehr begriffen sie ihr Handeln als einen Ansatz zur Überwindung negativer Ursache-Folgebeziehungen, mit dem Ziel einer Verständigung zwischen den unterschiedlich Beteiligten und Betroffenen, und einer daraus schrittweise entstehenden Öffnung von Handlungsspielräumen. Diese Einordnung eigener Möglichkeiten nahm sowohl die vergangenheits- als auch die gegenwartsbezogene Perspektive politischer Verantwortung auf, und sah in den freiwillig gewählten Tätigkeiten nicht den Versuch einer Befreiung von Schuld, sondern die Chance gesellschaftlicher Partizipation.[2]

Der Übergang von den Bauprojekten hin zu pädagogischen und politischen Aufgaben bedeutete sowohl eine Verlagerung in der Aussage der ASF als auch in den Interessensschwerpunkten der Freiwilligenarbeit.
Mit den Bauprojekten hatten sich die Freiwilligen als Gruppe, stellvertretend für die Gesellschaft, aus der sie kamen, verhalten. Zwar schwangen in der Bauarbeit auch Eigeninteressen mit, vor allem die Möglichkeit ins Ausland zu kommen, ungewöhnliche Erfahrungen zu machen und Abenteuer zu erleben. Doch verzichteten die jungen Frauen und Männer damals auf ihren Facharbeiterlohn bzw. ihr Gehalt als Bauleiter-in. Ihr Zugewinn blieb vor allem ein persönlicher.
Im sozialen Friedensdienst gingen die Freiwilligen als Einzelne in Projekte, identifiziert mit der Botschaft von Versöhnung, gewaltfreier Konfliktbearbeitung und dem Versuch, aus der Geschichte zu lernen. Im Zentrum ihres Handelns stand jedoch ausdrücklich die eigene Lernbereitschaft. Diese war motiviert von der verlockenden Möglichkeit, sich ohne formale Begrenzungen an einer verantwortlichen und herausfordernden Tätigkeit zu erproben. So konnten die BewerberInnen für einen Friedensdienst mit der ASF bereits absehen, daß ihnen der Kompetenzzuwachs durch die Auslandserfahrung und ihre in der Projektarbeit bewiesene Ausdauer, Verantwortlichkeit und Initiativkraft später einmal Türen würde öffnen

---

1 Vgl. Meyer (1983) und Gorges (1984)
2 Vgl. ZEICHEN 4/83 zum Thema "Begegnung - Versöhnung - Freundschaft"

können. Auch konnten sie Tätigkeiten in Projektbereichen wählen, die ihren beruflichen Interessen und zugleich einer qualifizierenden Berufspraxis entsprachen. Weithin abgelöst waren die FriedensdienstlerInnen vom Anspruch eines gesellschaftlich stellvertretenden Verhaltens. Vielmehr wurde die Freiwilligenarbeit als Lernprozeß verstanden, der in der subjektiven Bereitschaft, soziale Verantwortung zu übernehmen und dabei viel über sich zu erfahren, seinen Ausgangspunkt hatte.[1]

2. 3. 2   Friedensdienst - ein Konzept mit experimentellem Charakter

Die Ursprünge freiwilliger Friedensdienste gehen auf die pazifistische Bewegung gegen den ersten Weltkrieg und die darin entstandene organisierte Form der Kriegsdienstverweigerung zurück. Der Begriff Friedensfreiwillige-r ist den sogenannten Kriegsfreiwilligen von 1914 nachgebildet. Als Alternative dazu, sein Leben im Kampf preiszugeben, wollten die Friedensfreiwilligen der Beendigung der Kämpfe dienen und der durch den Krieg hergestellten Not mit humanitärer Unterstützung begegnen. Verwurzelt ist dieser Gedanke in den amerikanischen Friedenskirchen, einem Zusammenschluß von Quäkern, Mennoniten und Brethren. Das Interesse der Friedenskirchen galt nicht nur der Verweigerung des Kriegsdienstes, sondern darüber hinaus Schritten zur Deeskalation und der Bildung von Initiativen, die sich der Haltung des Ertragens und der Mutlosigkeit entgegenstellten. Auch Frauen, für die keine Zwangverpflichtung bestand, haben sich an dieser Arbeit beteiligt.

Im Sommer 1917 gingen die ersten einhundert Kriegsdienstverweigerer, über das gerade gegründete American Friends Service Committee als Sanitäter ausgebildet, hinter die Front. Der materielle Status der Friedensfreiwilligen war dem der Soldaten nachempfunden: Sie erhielten Unterkunft, Verpflegung und Taschengeld. Diese Anspruchshaltung war an das Verständnis des Dienens geknüpft und brachte gleichzeitig zum Ausdruck, daß hier eine Arbeit geleistet wurde, die nicht nach Äquivalentmaßstäben bemessen werden sollte.

Nach dem Ersten Weltkrieg haben die FriedensdienstlerInnen ihren Ansatz weiter ausgebaut, da angesichts der Kriegsfolgen ein sehr großer Bedarf an humanitärer Hilfe für die Zivilbevölkerung bestand. 1920 gründete Pierre Ceresole aus dem Zusammenhang des Internationalen Versöhnungsbundes heraus den Service Civil International (SCI), der insbesondere die Unterstützung von Flüchtlingen und Waisen übernahm. [2]

---

[1] Vgl. Ulla Gorges im Interview
[2] Vgl. Raupach (1988) und (1990)

Die Entwicklung der Friedensdienste nach dem zweiten Weltkrieg ist in der Bundesrepublik anzusiedeln zwischen dem 1963 gesetzlich verankerten freiwilligen sozialen Jahr und den staatlichen Zwangsdiensten des Wehr- bzw. Zivildienstes. Innerhalb der evangelischen Kirche wurde in den 50er Jahren um friedenspolitische Aussagen gerungen, und immerhin erreichte die kirchliche Einflußnahme auf staatliche Organe eine Gleichbewertung von Wehrdienst und Kriegsdienstverweigerung. Doch blieb der Zivildienst juristisch und planerisch weiterhin den militärischen Planungen verpflichtet. Deshalb wurde die Initiative der Aktion Sühnezeichen, eine inhaltlich über den Rahmen des Zivildienstes hinausgehende Alternative zu schaffen, an der sich auch Frauen und nicht nur zwangsverpflichtete Männer beteiligen konnten, von der EKD sehr begrüßt und finanziell erheblich unterstützt. Als Bestätigung des Ansatzes der Aktion Sühnezeichen Friedensdienste empfahl eine Arbeitsgruppe der EKD 1969:

"Die Ausbildung für Friedensdienste sollte grundsätzlich so angelegt sein, daß die Teilnahme nicht auf Wehrdienstverweigerer beschränkt ist. Dadurch wird deutlich gemacht, daß der konstruktive Beitrag und nicht die Verweigerung das Entscheidende ist." (zitiert nach Raupach, 1990 : 2) [1]

Neben der ASF sind im Zusammenschluß der Aktionsgemeinschaft Dienst für den Frieden weitere Organisationen wie EIRENE, PAX CHRISTI und der SCI, die ebenfalls international arbeiten, sowie zahlreiche regionale Initiativen tätig, die kurz- und mittelfristige (ein- bis sechsmonatige) Friedensdienste realisieren. Die Themen, zu denen sich die Friedensdienstorganisationen verhalten, betreffen den Abbau sozialer Ungerechtigkeit, die Stärkung von Flüchtlingen in ihren Rechten und ihre Unterstützung mit praktischen Alltagshilfen, den internationalen Jugend- und Kulturaustausch, Initiativen zur Umwelterhaltung und die kontinuierliche Bemühung um Abrüstung und friedensfördernde Maßnahmen.
Politisch sind die Friedensdienstorganisationen in den Zusammenhang der neuen sozialen Bewegungen einzuordnen. Sie stehen also nicht nur in der Tradition der Antikriegsarbeit, sondern beziehen ihre Ideen und ihre Aktiven auch aus dem Spektrum der Ökologie-, Frauen- und Dritte-Welt-Bewegung. Ebenso spielt die Vertrautheit mit dem christlichen Milieu und nicht zuletzt den Erfahrungen des Widerstands gegen den Nationalsozialismus eine wichtige Rolle. [2]
Die politischen und pädagogischen Ansätze der Friedensdienste sind situationsbezogen und aktionsorientiert. Eine Konzeptionalisierung blieb

---

[1] Vgl. dazu ebenfalls Deile (1983)
[2] Vgl. Gaede (1993)

bislang fragmentarisch und im wesentlichen der Reflexion vorhandener Erfahrungen gewidmet.[1] Als handlungsleitendes Prinzip der Friedensdienste formulierte Wolfgang Raupach:

> "Durch zeichenhaftes Handeln einzelner und durch aktionsbezogene Bildungsarbeit soll die Erfahrung vermittelt werden, daß Friedenschaffen oder Gewaltfreiheit nicht Macht- und Einflußlosigkeit bedeuten, und daß in bewußter Gewaltfreiheit persönliche Lebenshaltung und gesellschaftliche Einflußnahme miteinander verbunden werden können." (Raupach, 1988 : 177)

Für die Motivation und das Selbstverständnis der Freiwilligen, so Raupach, sei zentral, daß politisches Alltagshandeln und strukturverändernde Ziele miteinander verknüpft werden. Die Friedensdienstorganisationen reflektieren ihr Handeln demnach im Spannungsverhältnis zwischen unmittelbaren tagespolitischen Anforderung und der Vision von sozialer Gerechtigkeit und Bewahrung der Schöpfung. Dabei soll die Fähigkeit gestärkt werden, die Erfahrung des Scheiterns einer politischen Einflußnahme zu integrieren und mit langfristigen Zeiträumen von gesellschaftlicher Veränderung umzugehen. Als strukturierende Lernschritte, mit denen sich die Freiwilligen auseinandersetzen, nennt Raupach:

- die Erfahrung der Veränderbarkeit von Interaktionsmustern und vorgegebenen Strukturen;
- die Fähigkeit, Konflikte zu differenzieren und unterschiedliche Positionen in ihren je eigenen Perspektiven zu erkennen;
- ein wachsendes Vertrauen in die eigene Handlungskompetenz;
- eine Sensibilisierung für Ängste und Abwehrformen im Kontakt mit andersseienden und anders lebenden Menschen und ihrer jeweiligen Kultur;
- Empathie für die Not und Krisen anderer Menschen zu entwickeln, gekoppelt mit einem Einblick in Unterstützungsmöglichkeiten für die Betroffenen.[2]

Friedensdienst, so ist den verschiedenen Beispiel- und Problembeschreibungen zu entnehmen, schafft einen experimentellen Zusammenhang, in dem eine dialogische Verständigung erprobt wird, wodurch bisherige Grenzen sozialer Kompetenz und politischer Einflußmöglichkeiten gemeinsam erweitert werden können. Eine zentrale Bedeutung hat dabei die Tradition kreativen und kontemplativen Handelns.

---

[1] "Eine entfaltete Theorie des Friedensdienstes ist bis heute nicht entwickelt. In den einzelnen Organisationen werden Fragestellungen meist aufgrund unmittelbarer Praxisanforderungen ohne wissenschaftlich-theoretisches Fundament bearbeitet." (Raupach, 1988 : 180)

[2] Vgl. Raupach (1988) und (1990) sowie Eschenauer (1990)

Die Friedensdienste enthalten die Herausforderung, sich innerhalb eines
überschaubaren Zeit- und Handlungsrahmens auf ungewohnte Lebens-
verhältnisse einzulassen und dabei offen zu werden für ein Handeln, das
nicht durch formale Leistungs- und Verwertungskritierien gestützt ist,
sondern sich vielmehr am sozialen Wachstum bestätigt. Diese Versuchs-
situation enthält die Chance des Hinterfragens gewohnter Lebens-
prämissen und wird von den Aktiven als Bereicherung ihrer Verhaltens-
möglichkeiten sowie als Erfahrung von Zugehörigkeit und Solidarität erlebt.

2. 3. 3   Die Vorbereitung der ASF - Freiwilligen auf den Friedensdienst

Die Etablierung des sozialen Friedensdienstes erforderte in der Anfangs-
zeit zahlreiche organisatorische Improvisationen, besonders hinsichtlich
der pädagogischen Begleitung der Freiwilligen. In den 60er Jahren fuhren
die Freiwilligen einzeln oder in kleinen Gruppen, je nach Absprache mit
den Projektpartnern, in die Gastländer, wo sie sich in Problemlagen gegenseitig unterstützt haben. Erst Ende der 70er Jahre war die ASF strukturell soweit gediehen, in den Projektländern, in denen mehr als fünfzehn
Freiwillige arbeiteten, pädagogische MitarbeiterInnen (Länderbeauftragte)
verankern zu können.
Doch bereits 1970 wurde die Vorbereitung auf den sozialen Friedensdienst konzeptionalisiert und eine für alle Teilnehmenden verbindliche
Vorbereitungsphase geschaffen. Im Interesse einer gemeinsamen Vorbereitung der zehn Ländergruppen (zu je sechs bis zwölf Frauen und Männern), als einer jeweiligen Gesamtgruppe aller Freiwilligen eines Ein-
stiegsturnus, wurde ein einheitlicher Dienstbeginn zum Frühjahr und zum
Herbst festgelegt, dessen Auftakt ein vierwöchiges Seminar beinhaltete.[1]
Das Vorbereitungsseminar gliederte sich in drei inhaltliche Schwerpunkte,
an denen die Einzelnen innerhalb ihrer Ländergruppen und in Interessen-
gruppen (AG`s) arbeiteten, ihre Themen waren:

1.   die Beschäftigung mit den Traditionen, auf die sich die ASF in ihrem
politischen und theologischen Selbstverständnis bezieht; in diesem Zusammenhang wurden die Gespräche mit Frauen und Männern die die NS-

---

[1] Dem Vorbereitungsseminar gingen länderspezifische Vorlaufseminare voraus. Hier trafen sich die Neulinge einer Ländergruppe, um sich erstens gegenseitig kennenzulernen,
zweitens noch einmal im persönlichen Kontakt mit ihrem/ihrer Länderreferenten/in zu
prüfen, ob ihr Wunsch nach einem längeren Auslandsaufenthalt mit den inhaltlichen
Ansätzen der ASF übereinstimmte und drittens, um die Projektplazierung vorzunehmen.
Vgl. Franz von Hammerstein und Ulla Gorges im Interview

Verfolgung überlebt hatten, zu einer zentralen Erfahrung für die Freiwilligen;

2. die Auseinandersetzung mit dem Nationalsozialismus anhand der Fokussierung gesellschaftlicher Handlungsbereiche wie Bildungs- und Gesundheitswesen, Sozial- und Stadtplanung, Kriegsvorbereitung und weitere Themen, an denen die Dynamik und die Wirkungsweisen der NS-Politik exemplarisch untersucht werden konnte. Diese strukturelle Betrachtung wurde mit der Frage verknüpft, wie sich die Mitglieder der eigenen Familie während der NS-Zeit verhalten haben, in welcher Form sie über den Nationalsozialismus und die Nachkriegszeit berichtet haben, worüber geschwiegen oder verschwommen gesprochen wurde und welche Verunsicherungen die Freiwilligen dazu mit sich tragen;

3. eine hospitierende und theoretische Vorbereitung auf die Projektbereiche:
- Gemeinwesen- und Stadtteilarbeit
- Arbeit in Menschenrechtsorganisationen, Kultureinrichtungen und Frauenprojekten
- Arbeit in jüdischen Gemeinden und Erinnerungsstätten
Während dieses Seminarabschnitts besuchten die Freiwilligen Initiativen und etablierte Einrichtungen im Zusammenhang ihrer künftigen Aufgabenfelder. Anhand des Vergleichs unterschiedlicher Arbeitsformen zu einem Thema, wurden die gesellschaftlichen Konflikte, zu denen sich verschiedene Ansätze verhalten und die Wirkungen, die diese damit erzielen, diskutiert.
Ferner beschäftigten sich die Freiwilligen noch einmal mit den Motiven ihrer Projektwahl, insbesondere hinsichtlich der Interessen eigener Weiterentwicklung und der Frage, welche Überforderungen (burn-out, hilflose Helfer) sie in der künftigen Projektarbeit antizipieren.

Diese drei zusammengefassten Arbeitsschwerpunkte gehörten für die von mir befragten Frauen und Männer zum verbindlichen Bestandteil ihrer Vorbereitung auf den Friedensdienst. Der aus der Quellenlage gewonnene Überblick zu Themen und Methoden wie auch zur pädagogischen Leitung der Vorbereitungsseminare, macht deutlich, daß es im Zeitraum zwischen 1978 und 1987 keine signifikanten Veränderungen in der Konzeption gab.[1]

---

[1] Vgl. Ulla Gorges im Interview und Auswertungsberichte der Vorbereitungsseminare 1983 - 1987

Allerdingsdings wurde ab 1984 die Gedenkstättenfahrt nach Auschwitz, Stutthof oder Majdanek während des Vorbereitungsseminars zum Streitpunkt zwischen den ASF-Länderbeauftragen für Westeuropa (Niederlande, Frankreich, Belgien, Groß-Britannien, Norwegen) und dem Pädagogischen Referat. Die Länderbeauftragten in Israel und den USA hielten die Arbeit in den Gedenkstätten für unverzichtbar, da die Freiwilligen wenig später in Kontakt mit Überlebenden der Shoa kamen. Die vorangehende Auseinandersetzung mit den Orten des Völkermords, so die Einschätzung der Verantwortlichen in Jerusalem und Washington, ermögliche eine genauere Sensibilität der Freiwilligen im Zusammensein mit jüdischen GesprächspartnerInnen.

Ihre KollegInnen in Westeuropa kritisierten hingegen nachdrücklich die Überforderung der Freiwilligen durch einen Aufenthalt in der Gedenkstätte Auschwitz während der Vorbereitung auf die kommende Projektarbeit. Die Erfahrung einer negativen Überwältigung könne in der Ländergruppe zu wenig aufgearbeitet werden, und so kämen die Freiwilligen verstört in die Gastländer. Daraus entstand der Vorschlag, die Gedenkstättenfahrt im Anschluß an die Projektzeit oder - alternativ dazu - eine individuell gewählte Teilnahme an einem Gedenkstättenseminar vor dem Friedensdienst zu verankern, damit die Möglichkeit einer ersten Verarbeitung gewährleistet sei, bevor die Freiwilligen mit der Projektarbeit begännen.

In den Jahren 1984 bis 1987 wurde zu dieser Frage eine kontinuierliche Diskussion unter den ASF-MitarbeiterInnen geführt, für die jedoch keine konzeptionelle Lösung entwickelt werden konnte.

Die frühere Leiterin des Pädagogischen Referats, Ulla Gorges, gibt einen Rückblick auf ihre Begleitung der Freiwilligen in den Gedenkstätten:

"Die Widersprüche, die Fragen die da aufprallen in jedem Einzelnen am Ort des ehemaligen Lagers, sind ja individuell sehr verzweigt. Sie berühren unterschiedliche Schichten in jedem Einzelnen, und manche weigern sich, berührt zu werden. Das alles zu respektieren, die Leute in sich geschützt zu lassen, aber jederzeit die Möglichkeit zum Gespräch zu geben bzw. das Gespräch in der Gruppe durch eine konstruktive, offene Atmosphäre miteinander zu fördern, halte ich für entscheidend.
Es ist wichtig, die Einzelnen menschlich gut zu begleiten und einiges bereitzustellen, von Sachtexten bis zu Erfahrungsberichten hin zu Gedichten und auch Predigten, Texte, die insgesamt helfen, den Ort zu verstehen und sich an diesem Ort zu orientieren ... aber ansonsten die Situation, das Lernen miteinander, so offen wie möglich zu gestalten. Meine Erfahrung ist, daß ausgeklügelte pädagogische Konzepte mehr vor dem Heraufkommen immer wieder neuer schwieriger Situationen schützen sollen, als das sie wirklich helfen, die Situation zu bewältigen. ... Wichtig war mir, daß die Leute nicht auf den Spuren der Häftlinge wandeln, sondern sich als heutige Menschen sehen, die aus einem Jetzt dorthin gefahren sind. Und dies ja auch an dem Ort erfahren: Daß es Gott sei Dank fünfzig Jahre her ist. Aber die Fra-

ge, die bleibt, ist die: Wie stehe ich hier, heute und was nun, was heißt das für
mich ? Mir ging es immer mehr um das Einzelne, Details, die sie gesehen haben,
und die sekundenschnell wichtig waren. Es gibt diese assoziativen Ketten, die können sehr nachhaltig sensibilisieren. Aber wenn ich diese Sensibilisierung konzep-
tionell aufwecken oder auch an anderen Stellen in Schach halten soll, dann wird es
stumpf und manipulativ. Die Leute wehren sich dann zurecht. In einer Diskussion
mit mir über Antikommunismus wehren sie sich direkt gegen eine Beeinflussung
durch mich, wenn sie sie so empfinden. Doch das psychologisch ausgefeilte Konzept merken sie erst hinterher und es kommt meist dann zur Auflehnung und Ab-
lehnung gegen alles, die Gruppe, die ASF-Hauptamtlichen, den Ort, die Inhalte,
alles Erlebte in einem.
Wenn die Aufrichtigkeit fehlt, das Parteiische und das Offene in der Gestaltung,
dann fühlen sich die Teilnehmer getrixt, und auch zu Recht. Und diese Stringenz,
daß eins der vielen Konzepte, die wir da unter uns KollegInnen diskutiert haben, in
der politischen Bildungsarbeit bestimmte Ergebnisse produzieren soll, so etwa wie
ein programmierter Sinn und Nutzen, diese Kohärenz sehe ich so nicht. Diese Konzepte verkürzen das Bedürfnissammelsurium der Leute und es verkürzt die vielfältigen Erfahrungen, die die Betreffenden miteinander ausschöpfen können, wenn
sie erwachsen und kompetent miteinander umgehen." (Ulla Gorges im Interview)

Zusammenfassend zeigt sich im pädagogischen Konzept des sozialen Friedensdienstes, daß die ASF von Beginn an auf eine Verknüpfung zwischen
politischer und emotionaler Auseinandersetzung mit dem Nationalsozialismus ausgerichtet war. Die Erkenntnis, daß Geschichtsbuch und Familienalbum die gleichen Ereigniszusammenhänge auf unterschiedlichen E-
benen abbilden, war hier grundlegend für den Umgang mit der nahen
Vergangenheit. Damit hat die ASF bereits sehr früh, und für die Entwicklung politischer Bildungsarbeit beispielgebend, die Aneignung historischen Wissens mit den Fragen der emotionalen Relevanz dieses Prozesses für die Jüngeren, und für das Verhältnis zwischen den Generationen zusammengeführt.

2. 4   Der Fokus: Das USA - Programm

2. 4. 1   Die Einladung

"Hunderte von Kriegsdienstverweigerern wurden in den Tagen des Wiederaufbaus
und sogar heute noch nach Deutschland gesandt Es wäre verheißungsvoll, wenn es
gegenseitig geschehen könnte. Die Idee von Versöhnung ist gerade in diesen Tagen so wichtig. Die christliche Botschaft von Versöhnung und dem Aufbau von
Wohlwollen und Zuneigung muß gehört werden in diesen Tagen des Hasses und
der Zerstörung." (zitiert nach Krane, 1982 : 3)[1].

---

[1] Nach dem Ende des Zweiten Weltkrieges arbeiteten Kriegsdienstverweigerer aus den
USA im Rahmen der Quäkerhilfe und in Freiwilligenprogrammen der Brethren und

So schrieb Don Sneider, Training Director des Brethren Volunteer Service, im Dezember 1968 an die ASF, nachdem sechs Freiwillige ihre Arbeit in den USA aufgenommen hatten, aus dem Interesse heraus, dem positiven Start der ersten Gruppe weitere Freiwillige folgen zu lassen. Sneiders Wunsch nach Versöhnung bezog sich auf die enorme innen- und außenpolitische Krise seines Landes. Im April desselben Jahres war Martin Luther King ermordet worden und dadurch wurde der langjährige, erfolgreiche gewaltfreie Prozess zur Überwindung des Rassismus unterbrochen. Aufstände in den schwarzen Wohngebieten und eine unabsehbare Gewalteskalation zwischen weißer und schwarzer Bevölkerung kennzeichneten den Sommer 1968.

Zur selben Zeit führten eine halbe Million amerikanischer Soldaten Krieg in Vietnam. Die Verluste seitens der US-Armee waren seit dem Frühjahr drastisch gestiegen und die Kriegsführung verschlang 30 Mrd $ jährlich. Die wirtschaftlichen Folgen der Staatsverschuldung, die verwundeten oder nicht mehr zurückkehrenden Männer sowie die unkontrollierbaren Kämpfe zwischen Weißen und Schwarzen bewirkten eine Situation von Vertrauensverlust und Angst in der amerikanischen Gesellschaft.

Ende 1968 formierte sich eine breite Antikriegskoalition, an der sich auch die Friedenskirchen beteiligten. Mit ihrer langjährigen Tradition nahmen sie eine wichtige Rolle ein, vor allem ihre Programme für Kriegsdienstverweigerer und ihre gewaltfreien Aktionsformen fanden viel Nachfrage. Das Interesse der Brethren an einer ausländischen Organisation wie der ASF war nun ein Signal nach außen, mit der Bitte um Unterstützung in dieser bedrängten innen- und außenpolitischen Situation der USA.[1]

Die Einladung der US-Friedenskirchen brachte eine Verlagerung in der bisherigen Beziehungsebene zwischen der ASF und ihren internationalen

---

Mennoniten, später auch der United Church of Christ (deren Freiwillige sich Fraternal Worker nannten) für den Wiederaufbau des zerstörten Europa. Während der ersten Nachkriegsjahre waren sie insbesondere in den Lagern für Displaced Persons tätig, wo sie sich um die tägliche Versorgung, vor allem Gesundheitsprobleme und eine Handhabung der Flüchtlingsbürokratie gekümmert haben.

Bis heute arbeiten Freiwillige der amerikanischen Friedenskirchen in der Bundesrepublik: In Kirchengemeinden, sozialen Einrichtungen sowie Bildungsstätten mit internationalem Adressatenkreis.

Auch in der Geschichte der Aktion Sühnezeichen spielten sie eine wichtige Rolle. Ab 1963 arbeiteten Fraternal Worker im gerade gegründeten Büro der Aktion Sühnezeichen. Da bis zur Anerkennung des Friedensdienstes als ziviler Ersatzdienst 1968 nur wenige MitarbeiterInnen finanziert werden konnten und die Arbeit weithin auf dem Engagement ehrenamtlichen Kräfte beruhte, waren die jungen AmerikanerInnen eine große Unterstützung und erweiterten mit ihren Ideen und Fragen auch die Selbstwahrnehmung der ASFlerInnen.

[1] Vgl. Krane (1982) und Schriftwechsel zwischen der Brethren Service Commission und der ASF Mai 1969

Kooperationspartnern mit sich. Denn die Partnerpartner in den USA er-
warteten keine Sühnehaltung von den Freiwilligen, vielmehr reflektierten
sie ihre eigene Mitverantwortung am Verlauf des Zweiten Weltkriegs -
zum Beispiel, nicht genug jüdische Flüchtlinge aufgenommen zu haben -
und ihre aktuelle Verantwortung für den Vietnamkrieg und den Rassismus
ihrer Gesellschaft. Die amerikanischen Partner setzten also nicht an der
Frage von Schuldzusammenhängen an, sondern suchten nach praktischer
und ideeller Unterstützung für die Mobilisierung solidarischen Handelns
inmitten eskalierender Gewaltstrukturen.
Die Friedenskirchen erlebten durch die Präsenz internationaler FriedensdienstlerInnen eine Stärkung ihrer politischen Aussagen, und der ASF
wurde dabei eine besondere Wertschätzung zuteil. Die Anerkennung der
amerikanischen Gastgeber bezog sich vor allem auf das ungewöhnliche
Beziehungsnetzwerk in West-und Osteuropa und Israel, das durch die
Freiwilligenarbeit entstanden war.[1]
Den Verantwortlichen für das USA-Programm schien dieser Wandel in
der Beziehung zwischen der ASF und ihren Projektpartnern willkommen
gewesen zu sein, reflektiert wurde er allerdings nicht. Die Rahmenrichtlinien für die ASF-USA-Arbeit von 1976 zeigen, daß nun gar kein Bezug
mehr auf eine Auseinandersetzung mit dem Nationalsozialismus oder die
Nachkriegsentwicklungen, die das Verhältnis zwischen den USA und der
Bundesrepublik entscheidend geprägt haben, genommen wurde. Die
Aufgaben des USA-Programms sind in ihrer Anfangsphase ausschließlich
gegenwartsbezogen und mit dem Akzent auf Interkulturalität beschrieben
worden. Damit wurde implizit sowohl ein gleichberechtigtes Verständnis
von der eigenen Rolle im Gastland, als auch eine Abgrenzung vom Süh-
neansatz ausgedrückt.[2]

"Die Arbeit von Aktion Sühnezeichen/Friedensdienste in Nordamerika basiert auf
dem Gedanken der Völkerverständigung, des gewaltfreien Kampfes für ... Frieden
und Gerechtigkeit und der Motivierung des/der einzelnen Freiwilligen für ein weiteres Engagement im sozialen und politischen Bereich nach der Rückkehr in die
Bundesrepublik aufgrund seiner/ihrer Erfahrungen während des Friedensdienstes
im Gastland.
Die ASF versteht sich als eine Form der Auseinandersetzung mit sozialen ... Konflikten auf internationaler Ebene, um ... Ursachen von Gewalt ... abzubauen. Eine
der Voraussetzungen dafür ist die Verständigung zwischen Menschen verschiedener Kulturen, Sprachen und Gesellschaften. Es ist dazu notwendig, Menschen an-

---

[1] Vgl. Korrespondenz zwischen der Brethren Service Commission und der Geschäftsstelle Berlin, im Zeitraum Mai 1969 bis November 1970
[2] Der ASF-Name in den USA hieß dementsprechend auch nicht Signs of Atone-
ment/Service for Peace, sondern zunächst Action Reconciliation/Signs of Hope und
wurde 1970 in Action Reconciliation / Service for Peace umgewandelt.

derer Nationalität und anderer Kultur über eine längere Zeit hin kennen und verstehen zu lernen. Die Mitarbeit im Nordamerikaprogramm von ASF soll
1. das Verständnis der sozialen, ökonomischen, politischen und humanen Situation vertiefen, z. B. Kontraste zwischen Armut und Reichtum und der täglichen Diskriminierung von Minderheiten;
2. Ideen und Strategien einer besseren Gesellschaft entwickeln;
3. konkrete Aktionen zur Verwirklichung dieser Ideen und Strategien durchführen" (zitiert aus den Rahmenrichtlinien für die ASF-Arbeit in den USA vom April 1976.)

2. 4. 2   Eine Brückenbildung

Das Interesse der ASF-Verantwortlichen an der Etablierung eines Freiwilligenprogramms in den USA galt vor allem seiner Brückenfunktion zur Überwindung des starren Denkens in Ost-West Blöcken. Der Zeitpunkt, an dem die ersten ASF-Freiwilligen ihre Tätigkeit in den USA aufnahmen, fiel zusammen mit den Anfängen der ASF-Arbeit in Polen und verlief parallel zur Entspannungspolitik der sozial-liberalen Koalition. Zwar hatte die EKD mit ihrer Ostdenkschrift 1965[1] den ersten grundlegenden politischen Schritt zur Öffnung eines Dialogs mit den sozialistischen Staaten getan, und im Folgeprozeß der Denkschrift wurde der Aktion Sühnezeichen als Vermittlerin von Jugendbegegnungsseminaren zwischen Ost und West

---

[1] Während im August 1965 die Freisprüche und das insgesamt geringe Strafmaß im Frankfurter Auschwitz-Prozeß anhaltende Wellen internationaler Empörung hervorgerufen hatten, gegenwärtigten westdeutsche Kirchenvertreter gleichfalls den erneuten Vertrauensverlust in die bundesdeutsche Politik angesichts der revanchistischen Interessen unter der Parole "Deutschland - dreigeteilt niemals!". Die westdeutschen Gliedkirchen der EKD versuchten den außenpolitischen Drohgebärden durch die von den Vertriebenenverbänden erhobenen - und seitens der Erhard-Regierung bekräftigten - Ansprüche auf die Wiederherstellung ehemaliger Rechtszustände für die ca. sieben Millionen aus den früheren deutschen Ostgebieten ausgesiedelten Menschen, mahnenden Einhalt zu gebieten. Im Oktober 1965 legte die EKD eine Denkschrift über "Die Lage der Vertriebenen und das Verhältnis des deutschen Volkes zu seinen östlichen Nachbarn" vor. Die sogenannte Ostdenkschrift wurde für die sozialistischen Staaten, insbesondere das Nachbarland Polen, zur zentralen Grundlage eines neuen Dialogs, der wenige Jahre später in den kontinuierlichen Prozeß der Entspannungspolitik führte. Die historische Qualität der Denkschrift basiert auf der damals so realitätstüchtigen wie politisch mutigen Verknüpfung beider Perspektiven, nämlich einer Anerkennung der strapaziösen und leidvollen Lebensschicksale von Vertriebenen, und der gleichzeitigen Benennung der politischen Ursachen dieser Lebenswege als Folgewirkung auf den Terror, die Ausplünderung und Verwüstung Osteuropas durch das Deutsche Reich 1939 - 1945. Diese Differenzierung zwischen Ursachen und Folgen, verbunden mit der Suche nach vertrauensfördernden Maßnahmen, aus denen mittel- und langfristige Ausgleichspolitik für beide Seiten (!) erwachsen konnte, markierte den Aufbruch in die Ära der Entspannungspolitik, deren Auftakt aus der gesellschaftlichen Mitte, nämlich den kritischen Stimmen versöhnungssuchender Protestanten kam, und nicht aus den Hoheitsgesten einer Staatsrepräsentanz. Vgl. Henkys, 1966 und Scharffenorth, 1968

eine entsprechend positive Bedeutung zugemessen. Doch ihr gleichzeitiges Eintreten für eine Anerkennung der Warschauer Vertragsstaaten und
der deutschen Teilung[1] war den Kirchenoberen zuviel Vertrauens-
bezeugung an den real existierenden Sozialismus. Die politisch vermittelnde Haltung der ASF gegenüber Polen, der Sowjet Union und der DDR
wurde in den 70er bis in die frühen 80er Jahre hinein von der Mehrzahl
der EKD-VertreterInnen mit Skepsis begleitet, und dem deutlichen Hinweis einer fürsorglichen Beschränkung versehen. Da die ASF über die
Hälfte ihres Haushalts aus EKD-Mitteln bzw. Zuwendungen von Landeskirchen bestritt, war sie auf das politische Wohlwollen ihrer Kirchen-
vertreterInnen angewiesen. Die Etablierung der Freiwilligenarbeit in den
USA bedeutete zu diesem Zeitpunkt eine symbolische Brückenbildung im
verhärteten Klima zwischen Ost und West und fand eine breite positive
politische Resonanz, da die ASF die erste Organisation war, der es Ende
der 60er Jahre gelang, einen Arbeitszusammenhang in West- und Osteuropa, Israel und den USA aufzubauen. Im Spiegel dieses Erfolges sah
die EKD ihren Einsatz für die Entspannungspolitik erneut bestätigt. Und
schließlich nahm die Verständigung durch Jugendbegegnung, soziale
Dienste und interkulturelles Lernen in Ost und West, den Vorwurf der
Begünstigung einer Seite, die mit der Präsenz in einem jeweiligen Land
(und Lager) verbunden war, von allen Beteiligten gleichermaßen ab, von
der ASF ebenso wie von ihren Zuwendungsgebern.[2]

2. 4. 3   Der Entwicklungsverlauf des USA-Programms im Spiegel
generationsspezifischer Interessen der Freiwilligen

Zu Beginn wurde die ASF-Arbeit in den USA von Fraternal Workern geleitet, die zuvor in der Bundesrepublik und Berlin gearbeitet hatten und auf
diesem Hintergrund die Eingewöhnungsprobleme und kulturellen Barrier-
en junger Deutscher in den USA nachvollziehen und positiv beeinflussen
konnten. Die Startphase des Freiwilligenprogramms war von zwei Haupt-
aufgaben gekennzeichnet: Der Koordination von Projektplazierungen und
einer Einführung der Freiwilligen in ihr Gastland. Über die Einstiegs-

---

[1] Die Aktion Sühnezeichen warb auf dem Evangelischen Kirchentag 1967 darum, die
Teilung Deutschlands anzuerkennen, die DDR als souveränen Staat zu respektieren, die
Warschauer Vertragsstaaten als gleichwertiges Gegenüber zur NATO zu begreifen und
einen prinzipiellen Gewaltverzicht gegenüber den östlichen Nachbarländern zu formulieren. Vgl. Adresse der Aktion Sühnezeichen an den Evangelischen Kirchentag 1967, ASF-
Archiv
[2] Vgl. Franz von Hammerstein im Interview

situation der ASF in den USA berichtete der Geschäftsführer von Hammerstein an den Verein:

"In die USA sind inzwischen eine ganze Reihe Freiwilliger gefahren, 1968 drei Mädchen und drei Männer und 1969 vier Mädchen und zehn Männer. Von diesen zwanzig Freiwilligen arbeiten dreizehn mit den Brethren und sieben mit der United Church of Christ. Von den zwanzig Freiwilligen sind zehn Kriegsdienstverweigerer ... 1970 planen wir etwa fünfundzwanzig Freiwillige ... in die USA zu schicken. Die Freiwilligen werden in den USA einen Monat vorbereitet.
1. und 2. Woche: Glaubensfragen, Motivationsprobleme der Gewaltlosigkeit, Human Relations, Sensitivity-Training (confronted by myself)
3. Woche: Rassenfrage, Armut, Social Actions, Social Service (confronted by the world)
4. Woche: Vorbereitung auf die Arbeitsstelle (confronted with my new job)
Nach der Vorbereitung arbeiten die Einzelnen je nach Fähigkeiten und Begabungen in den verschiedenen Projekten. Der Projektkatalog ... sieht folgendermaßen aus:
- Helfer in Lagern nichtseßhafter Landarbeiter
- Helfer in Kindergärten
- Helfer in Nachbarschaftsheimen
- Helfer in Beratungsstellen
- Helfer in Indianerreservaten
Unsere Zusammenarbeit mit den Trägern drüben ... ist ausgezeichnet. Wir können viel von den Programmen drüben lernen." (Vgl. Jahresbericht des Geschäftsführers 1969)

Erst nachdem 1974 in Zusammenarbeit mit der Partnerorganisation LAOS[1] ein eigenes Büro für die USA-Länderarbeit in Washington D. C. etabliert wurde, konnte die ASF erweiterten Aufgaben nachkommen wie der Gestaltung internationaler Seminare und der Vernetzung friedenspolitischer Zusammenhängen. Zudem setzte nun ein kontinuierlicher Informationsaustausch mit der Geschäftsstelle Berlin ein, der bislang auf akute Problemfälle begrenzt war und in der Folgezeit konzeptionelle Fragen aufgriff. Für diesen Arbeitsumfang wurden neben dem Fraternal Worker zwei von der Freiwilligengruppe gewählte VertreterInnen in das Büro ent-

---

[1] LAOS (biblisch "Alle Menschen der Schöpfung") eine ökumenische Organisation, war 1962 aus der Bürgerrechtsbewegung hervorgegangen. In den 70er Jahren erweiterte sie ihr Aufgabenfeld auf Ökologiefragen und Entwicklungspolitik. LAOS arbeitete sowohl mit amerikanischen als auch mit europäischen Freiwilligen und war so in der Lage, die Visa der ASF-Freiwilligen und damit ihren Aufenthalts- und Arbeitsstatus zu garantieren. Die ASF trug mit LAOS ab 1977 eine gemeinsame Dachorganisation - INTERACTION - und betrieb ein gleichnamiges Bildungszentrum (Interaction Center), in dem die Inhalte beider Organisationen theoretisch und aktionsbezogen bearbeitet wurden, und das darüber hinaus, insbesondere in der Hochzeit der Friedensbewegung 1981 und 1982, zu einem Treffpunkt zahlreicher Non-Goverment-Organizations wurde, für die Washington D. C. ein Knotenpunkt ihrer Aktivitäten war. Vgl. Programme und Protokolle des Interaction Centers 1979 - 1983

sand. Diese organisatorische Struktur war nicht nur Ausdruck einer finanziellen Behelfsmaßnahme - der erste hauptamtliche Mitarbeiter wurde 1979, also zehn Jahre nach Beginn der USA-Länderarbeit eingestellt - sondern spiegelt auch die besondere Situation im Projektland USA wider.[1] Die USA waren das erste (und blieben auch das einzige) Land, in das die ASF eingeladen wurde. Das Interesse der amerikanischen Partner an einer Zusammenarbeit traf für die ASF günstig zusammen mit ihrem Bedarf nach Ausweitung der Projektplätze für die gerade entstandene Möglichkeit, mit Kriegsdienstverweigerern im Ausland zu arbeiten. Doch der Auftakt zwischen der ASF und ihren amerikanischen Partnern war ein gemeinsamer, was zu einem veränderten Selbstverständnis der Freiwilligen führte, die sich nicht mehr vom Prinzip der einseitigen Vorleistung geleitet sahen. Die Analyse der USA-Projektberichte ergab, daß die jungen Deutschen sich schnell aufgenommen fühlten und großes Engagement für den Aufbau und die Weiterentwicklung ihres Länderprogramms einbrachten.[2]

Die im Vergleich zu deutschen Gewohnheiten undogmatischen Kooperationsformen der amerikanischen Christen und Linken haben das Hinterfragen mitgebrachter Konzepte sehr gefördert, wie die Projektberichte deutlich machen. Vor allem nahmen die Freiwilligen mit großem Interesse die methodische Vielfalt und die teambezogene, zielorientierte Arbeitsweise ihrer amerikanischen KollegInnen auf.[3]

Die Geschäftsstelle in Berlin war zunächst beeindruckt von den vielfältigen Initiativen und Erfolgen ihrer Schützlinge fernab. Die rasche Vernetzung mit immer neuen Kooperationspartnern und die Selbständigkeit, mit der die USA-Freiwilligen ihre aus Berlin mitgebrachten Orientierungen um neue, in der Projekt- und Landessituation erworbene Ideen erweiterten, führten jedoch ab Mitte der 70er Jahre zu Konflikten. Brennpunkt der Auseinandersetzung wurde die zunehmende Plazierung von Freiwilligen in alternativen Projekten.

Die Freiwilligen sahen ihren gesellschaftlichen Veränderungswillen und ihre Experimentierfreude stärker in den neuen sozialen Bewegungen (vor allem den Frauen-, Gesundheits-, und Ökologieinitiativen) der USA aufgehoben als in den kirchlichen Verbindungen, über die Anfang der 70er Jahre die meisten Freiwilligenplätze verankert waren. Im Verhältnis zu einer Arbeit im bundesdeutschen kirchlichen Milieu gaben die amerikani-

---

[1] Vgl. Korrespondenz zwischen ASF-Länderbüro USA und Geschäftsstelle Berlin, 1974

[2] Dies spiegelt sich in der niveauvollen Öffentlichkeitsarbeit wider, die sie über die ASF und ihre Projektarbeit leisteten, sowie den Seminaren, die sie zur gegenseitigen Fortbildung und zur Reflexion ihrer Situation im Gastland durchgeführt haben.

[3] Vgl. Projektberichte der USA-Freiwilligen und Newsletter, Vierteljahresbroschüre, 1978 - 1984

schen Friedenskirchen zwar viele neue Impulse, waren jedoch im Vergleich zu den "Alternativen" noch von hierachischen Strukturen, einer formaleren und weniger impulsiven Sprache sowie einer Trennung zwischen privater und öffentlicher Sphäre geprägt. Auf der Basis einer erfolgreichen Selbstorganisation der Freiwilligen hatte sich nun zum Ende der 70er Jahre eine Akzentverschiebung der Projektlandschaft zugunsten alternativer Ansätze ergeben. Das USA-Programm, so die Befürchtungen in Berlin, gerate dadurch in die Tendenz, ein Anziehungspunkt für Alternativbewegte zu werden, und der Freiwilligendienst würde damit als Lebensabschnitt zur Selbsterfahrung gewählt, und weniger mit dem Lernziel politischer Verantwortung verbunden.[1]

Im Laufe der 80er Jahre etablierte sich ein gleichgewichtiges Projektspektrum in der Sozial- und Gemeinwesenarbeit, in Bildungseinrichtungen und Menschenrechtsorganisationen sowie der Mitarbeit in jüdischen Organisationen. Entscheidendes Kriterium für die Zusammenarbeit mit den Projektpartnern wurde ein sachlich differenzierter und methodisch ausgewiesener Arbeitsansatz, sowie eine sorgfältige Einarbeitung und Begleitung der/des Freiwilligen.[2]

2. 4. 4   Die Begegnung mit Juden in den USA

Das USA-Programm vollzog also zunächst eine Verlagerung vom historischen Ausgangspunkt der ASF, nämlich durch die Entfaltung eines Projektspektrums, das sich thematisch in keiner Weise auf die jüngere deutsche Geschichte, sondern ausschließlich auf Gegenwartsfragen bezog.

---

[1] In einem Brief der Geschäftsstelle an die USA-Freiwilligen zum Thema Projektarbeit und Veränderungswille der Freiwilligen heißt es: "Die aktuelle Problematik, innerhalb welcher diese Frage diskutiert wird, ist das Verhältnis zwischen institutionellen und sogenannten alternativen Projekten. ... Aufgrund der Verankerung in der gesellschaftlichen Wirklichkeit sind solche institutionellen Projekte oft sehr unbeweglich. Da der Veränderungswille mancher Freiwilliger aber mehr verlangt, als in solchen Institutionen zu erreichen ist, lautete dann die geheime Losung: alternative Projekte. Dabei täuscht man sich darüber hinweg, daß mit der Nähe dieser Projekte zu den Zielen der eigenen Arbeit auch ihre gesellschaftliche Relevanz verloren geht. So wird oft vergessen, daß die Vorliebe für alternative Projekte bedeuten kann, daß man das Leben derjenigen, die als Mehrzahl der Bevölkerung in Institutionen arbeiten, nicht teilt. Wäre es nicht sinnvoller, ein politisches Verständnis von Institutionen innerhalb ihrer konkreten gesellschaftlichen Situation zu entwickeln ? Kann nicht der Traum von der Autonomie und von der möglichen Alternative in vielen Fällen die eigene Ghettoisierung bedeuten ? Ist nicht das Durchstehen von Konflikten mit der gesellschaftlichen Wirklichkeit gerade bei Freiwilligen, die von ihrer eigenen Sozialisation her meist "bevorzugt" sind, ein wichtiger Lernschritt zur Realitätstüchtigkeit ?" (Schreiben der Geschäftsführung an die Ländergruppe USA, Oktober `78)

[2] Vgl. Korrespondenz zwischen US-Projektpartnern und Länderbüro 1977 - 1987

Ende der 70er Jahre kam es jedoch zu einer erneuten Anknüpfung an die ASF-Ursprünge, nämlich durch die Reflexion der Begegnungen und Beziehungen mit jüdischen AmerikanerInnen dreier Generationen: Den Überlebenden der Shoa, ihren Kindern und Enkeln. Parrallel dazu entwikkelte sich eine Zusammenarbeit mit jüdischen Projektpartnern,[1] so daß Freiwilligenplazierungen in jüdischen Organisationen bis Mitte der 80er Jahre zum festen Bestandteil der USA-Arbeit wurden.
Der Kontakt mit gleichaltrigen Jüdinnen und Juden war eine zentrale Erfahrung für die Freiwilligen in den USA. Plötzlich befanden sie sich am Arbeitsplatz, in der Wohngemeinschaft und in Freizeitbegebenheiten im Miteinander mit den Kindern und Enkeln derjenigen, die dem nationalsozialistischen Völkermord durch eine Flucht bzw. zwangsweise Auswanderung in die USA entkommen waren. In diesen Begegnungen spürten die jungen Deutschen, wie unabdingbar die ihnen gleichaltrigen jüdischen Frauen und Männer von der noch nahen, obgleich ihnen räumlich weit entfernten Vergangenheit geprägt waren. In den Enkeln der Mit-Täter-Innen und den Enkeln der Überlebenden berührten sich nun beide Pole der gemeinsamen, doch existenziell gegensätzlichen historischen Erfahrung.
Für die Freiwilligen trat zunächst eine große Verunsicherung ein, denn im Gegenüber zu den Nachkommen der ehemals Verfolgten gab es keine "Zeichen der Umkehr" zu setzen. Vielmehr kam es darauf an, eine bis ins subtilste belastete Beziehung aufzunehmen, für die kein Geländer vorhanden war. Bei den jüdischen Frauen und Männern der Folgegenerationen erlebten die Freiwilligen eine zutiefst verletzte, doch gleichsam gestärkte Identität, durch die Geschichte des Überlebens und die Aufrechterhaltung jüdischer Kultur. Die damit verbundenen Fragen zur eigenen Identität wurden für die Freiwilligen umso schwieriger, als sie merkten, daß der Arbeitszusammenhang ASF zwar grundlegende Orientierungshilfen für die Auseinandersetzung mit dem Nationalsozialismus gab, die je eigenen Herkünfte dadurch aber nicht erneuert wurden. So begriffen die jungen Deutschen die Begegnung mit Jüdinnen und Juden in den USA als Chance, ihrem gesellschafts- und familiengeschichtlichen Hintergrund auf einer neuen Ebene nachzugehen, und dabei den überlagernden historischen Erfahrungen von Gewalt und Angst, die Möglichkeit sich wieder öffnender Beziehungen hinzuzufügen. Dieses Interesse war auf beiden Seiten geweckt, und schließlich begann Ende der 70er Jahre eine kontinuierliche Zusammenarbeit mit jüdischen Projektpartnern. Offensichtlich bedurfte es jedoch auch für eine Organisation wie der ASF

---

1 1978 arbeitete erstmalig ein Freiwilliger mit der Anti Defamation League of Bnai Brith, mit dem ich ein Interview (Jonas) führen konnte.

einer langen, immerhin zehnjährigen Orientierungsphase, um mit den Wagnissen einer gemeinsamen Arbeit umgehen zu können.

Aufbau und Durchführung der Untersuchung

3. 1 Forschung als Entdeckungsarbeit

Im vorangehenden Kapitel habe ich herausgearbeitet, daß sich die ASF-Freiwilligen der dritten Generation über die Wahl ihrer Projektpartner, Themen und methodischen Ansätze vom Auftrag schuldgebundener Verpflichtungen lösten. Vielmehr entwickelten sie ein Verständnis von politischer Veränderung, das sich an größtmöglichen sozialen Freiheiten orientierte und die eigene Verantwortung darin begriff, gesellschaftliche Handlungsräume zu schaffen, die einer gleichwertigen Differenzierung sozialer, geschlechtsspezifischer und ethnischer Konflikte entsprachen. Eine Distanz zum moralisch dominierten Bezug zur NS-Vergangenheit motivierte gleichzeitig dazu, den Kontakt mit jüdischen Frauen und Männern zu intensivieren. Über die zunächst sehr verunsichernde, die eigene Person in Frage stellende Erfahrung, mit den Überlebenden der Shoa und gleichaltrigen Juden in einer gemeinsamen Alltagssituation zu sein, waren die jungen Deutschen auf einer direkten Beziehungsebene erneut mit den Taten ihrer Eltern und Großeltern konfrontiert und nahmen dies auch als Chance wahr, dem eigenen Ort in der Geschichte nachzugehen.
In eben dieser pendelnden Bewegung: Einerseits das Thema NS-Bearbeitung zu wählen und im Rahmen der ASF aktiv zu werden, doch dabei gleichzeitig "möglichst weit weg von allem"[1] zu kommen und viel Neues zu erleben, und schließlich in emotional sehr nahen, ein besonderes Maß an psychischer und moralischer Differenzierung erfordernden Konflikten zu stehen, sah ich den Hinweis auf die ambivalenten, ineinander übergehenden Kräfte bei der Beschäftigung mit der NS-Zeit.
Die Verwobenheit scheinbar gegensätzlicher Motive innerhalb eines Handlungszusammenhangs machte mich auf das Spannungsverhältnis zwischen dem Interesse nach persönlichem Zugewinn und der Bereitschaft, sich mit dem belastetem Gefüge sozialer und psychischer Kontinuität auseinanderzusetzen, aufmerksam. Und dieses Spannungsverhältnis verwies gleichzeitig auf die Variationsbreite individueller Wahrnehmungs- und Bearbeitungsformen, wie sie anhand eines subjektorientierten Forschungskonzepts untersucht werden kann. Als "organisierende Perspektiven im Forschungsgeschehen" (Flick)[2] führe ich damit zwei Betrachtungsschwerpunkte zusammen:

---

[1] Vgl. Interviews Paul, Nils, Jakob, Lisa, Anne und Tanja

[2] Vgl. Flick (1991)

a) die Untersuchung eines Forschungsfelds in dem zeitgeschichtliche und generationsspezifische Prozesse als gemeinsamer Handlungszusammenhang dreier Generationen nachzuzeichnen sind
und
b) die Anwendung eines entwicklungbezogenen Forschungsansatzes, der die Motivvielfalt und die unterschiedliche Dynamik individueller Bearbeitungsformen zum Thema Nationalsozialismus bei Frauen und Männern der dritten Generation sichtbar macht.

Verallgemeinernde Aussagen über die in Kapitel 4 analysierten Entwicklungsverläufe sind jedoch nur im Sinne einer beispielhaften Repräsentanz im Aktionsfeld ASF erlaubt. Der Gewinn meiner Forschungsergebnisse besteht vor allem in der Erweiterung bisheriger Orientierungsmerkmale für die pädagogischen und sozialpsychologischen Diskussionen.

3. 2   Forschung als kommunikativer Prozess

3. 2. 1   Authentizität und Offenheit

Ein qualitativer Forschungsansatz ist dadurch gekennzeichnet, daß das theoretische Vorverständnis den Forschungsprozeß richtungsweisend, doch jeweils vorbehaltlich des zu erwartenden Erkenntniszuwachses steuert. Das zentrale Forschungsinteresse gilt der Gewinnung neuer Zugänge zum Thema, um eine Erweiterung und Ausdifferenzierung bisheriger Diskussionsebenen zu ermöglichen. Eine solche Vorgehensweise basiert auf der für die Disziplin erwiesenen Leistungsfähigkeit kommunikativ ermittelter Erkenntnisformen.[1]
Flick stellt die aufschlüsselnde Bedeutung der Authenzität in den Mittelpunkt der kommunikativen Beziehung zwischen Forscherin und Befragten. Dabei gilt es, in der strukturierenden Annäherung an das Untersuchungsfeld, dessen Ursprünglichkeit und Spezifität so zu beachten, daß die ausschnitthaft untersuchte soziale Realität aus der Perspektive der Betroffenen heraus verstanden werden kann, und dadurch neue Zusammenhänge im Interesse übergeordneter Fragestellungen betrachtet werden können.

"Authentizität in diesem Sinne meint somit, daß der Forscher den Forschungsgegenstand möglichst weitgehend in dessen eigenen Strukturen, in dessen Einzigartigkeit und Besonderheit versteht und erfaßt." (Flick, 1991 : 149)

---

[1] Vgl. Baacke / Schulze (1985), Burow (1992), Flick (1991), Fuchs (1984), Klewitz (1987), Lingelbach (1987), Prange (1987)

Dies entspricht gleichzeitig dem Prinzip der Offenheit als grundlegendem Merkmal qualitativer Sozialforschung, wonach die Forscherin ihre theoretischen Annahmen und die darauf aufbauenden Beobachtungsformen, der Aufgabe einer "gleichschwebenden Aufmerksamkeit" (Freud 1912, nach Flick 1991) unterordnet, um so zur Entdeckung eines bislang noch nicht erkannten Beziehungsgefüges zu gelangen.

> "Das Prinzip der Offenheit besagt, daß die theoretische Strukturierung des Forschungsgegenstandes zurückgestellt wird, bis sich die Strukturierung des Forschungsgegenstandes durch die Forschungssubjekte herausgebildet hat." (Hoffmann-Riem 1980, zitiert nach Flick, 1991 : 150)

Ein offener Untersuchungsansatz begegnet den Befragten als kompetenten InteraktionspartnerInnen und ExpertInnen für die jeweilige Fragestellung. Interviewerin und Interviewte stehen somit in einer gleichberechtigten Kommunikationsbeziehung und im Verhältnis beidseitiger Orientierungen aneinander.

Die Grundhaltung der Offenheit beinhaltet auch eine methodische Flexibilität im Forschungsfeld, die sich sowohl auf die letztendliche Eingrenzung des Samples, die Rahmenbedingungen der Befragungssituation, als auch das Befragungskonzept bezieht, sofern eine Veränderung der ursprünglichen Planungen sinnvoll wird.

> "Das Prinzip der Offenheit impliziert dabei auf methodologischer Ebene ... die Betonung einer Explorationsfunktion ... und den Verzicht auf eine Hypothesenbildung ex ante" (Lamnek, 1988 : 22)

Der Verzicht auf die Hypothesenbildung zielt darauf ab, daß den Befragten nichts aufoktroyiert werden soll, was den Vorstellungen und Erwartungen der ForscherInnen, nicht aber dem Denken und Handeln der Betroffenen entspricht. Die richtungsweisende Formulierung einer gesellschaftlichen Problemstellung solle, so Burow, die Funktion eines elastischen Vorwissens einnehmen, zu dem die Befragten ihr Konfliktverständnis auch gegen die Haltung der Forschenden vermitteln können.[1] Das Prinzip der Offenheit als forschungsmethodische Grundlage läßt demnach eine Veränderung der theoretischen Konzeption über das Verhältnis von Subjekt und Gesellschaft, mittels derer die Bedeutung biographischer Aussagen eingeordnet werden, nicht nur zu, sondern macht dies gleichsam zur Aufgabe des Forschungsprozesses.[2]

---

[1] Vgl. Lamnek (1988) und Burow (1992)

[2] Vgl. Fuchs (1984)

"In der biographischen Selbstpräsentation finden wir nicht nur Zugang zum lebensgeschichtlichen Prozeß der Internalisierung der sozialen Welt im Laufe der Sozialisation, sondern auch zur Einordnung der biographischen Erfahrungen in den Wissensvorrat und damit zur Konstitution von Erfahrungsmustern, die zur gegenwärtigen und zukünftigen Orientierung in der Sozialwelt dienen. Diese Einordnung, die die Erfahrungen als sinnhafte konstituiert ..., kann keinesfalls als zufällige, individuelle Leistung verstanden werden. Auch sie ist vielmehr sozial konstituiert. Sie vollzieht sich in der Interaktion mit anderen und orientiert sich an sozialen Vorgaben, an Rezepten dafür, wie was wo (Schütz/Luckmann 1979) einzuordnen ist. Aber ebensowenig wie diese Einordnung in den Intentionen der Subjekte aufgeht, geht sie in den gesellschaftlichen Vorgaben auf. Eine Biographieforschung, die nur angebotene Muster und nicht deren sich in der biogaphischen Handlungspraxis vollziehende Ausbuchstabierung durch die Biographen ... analysiert, bleibt bei einer Konzeption des Subjekts als passiver Projektionsfläche gesellschaftlicher Prozesse stehen." (Rosenthal, 1995 : 13)

Gabriele Rosenthal hat jüngst eine methodologische Verbindung von phänomenologischer und gestalttheoretischer Betrachtung autobiographischer Erzählungen vorgestellt, die ich meiner Untersuchung zu Grunde lege. Dabei lasse ich mich von folgenden Prämissen leiten:

1. Ereignisse sind nicht wahrnehmbar, wie sie sind, sondern nur im Wie ihrer Darbietung. Die Ereignissituation enthält eine organisierende Struktur, an der sie sich entfaltet, und ebenso bedarf die Form ihrer Wahrnehmung strukturierender Mittel, um etwas erkennen zu können. Ereignis und Erleben konstituieren sich wechselseitig.

2. Das Verhältnis zwischen Erinnerung und Erzählung wird bestimmt vom Erleben der Gegenwart und den sich wandelnden Bedeutungsystemen, die dem jeweiligen Leben Sinn und Zusammenhalt verleihen. Die Erweiterung und Verlagerung von Bedeutungsschwerpunkten stehen in einem dynamischen Verhältnis, sodaß Entwicklungsformen als Realität und Möglichkeit abgebildet werden.

"Die Erinnerung ist in einem beständigem Fluß, weil das Bewußtseinsleben in beständigem Fluß ist, und nicht nur Glied an Glied in der Kette sich fügt. Vielmehr wirkt jedes Neue zurück auf das Alte, seine vorwärtsgehende Intention erfüllt sich und bestimmt sich dabei, und das gibt der Reproduktion eine bestimmte Färbung." (Husserl zitiert nach Rosenthal, 1995 : 70)

Im Interview werden also diejenigen Situationen erinnert, die anhand eines Impulses (einer Frage, eines Hinweises) gegenwärtige Gefühle und Lebenshaltungen mit assoziierten Erinnerungseinheiten vernetzen. Die Erzählung ist somit geprägt von der Zuwendung an das Erinnerte.

3. Die Präsentation der Lebensgeschichte (bzw. eines Ausschnitts daraus) produziert eine Geordnetheit, und ebenso gibt die erlebte Lebensgeschichte eine Strukturiertheit vor. Der Zusammenhang zwischen Erzählung, Argumentation und Reflexion innerhalb einer biographischen Selbstpräsentation ist ein gestalthafter. Der bzw. die Erzählende ist bemüht, Erzählverläufe abzuschließen und Einzelereignisse in einen Gesamtzusammenhang zu setzen. Er/sie versucht innerhalb dieses Prozesses, sich selbst zu erkennen, die zurückliegenden Motive, Konflikte und Entwicklungen erneut zu verstehen und sie durch das fragende Gegenüber der Interviewerin in einem neuen Licht zu betrachten. Eine Ausbreitung lebensgeschichtlicher Erfahrung enthält - sofern das Kriterium beidseitiger Authentizität zum Tragen kommt - sowohl das Wagnis der Verunsicherung als auch die Chance neu entstehender Einsichten.[1]

Bei aller Neugier auf bislang unentdecktes Terrain und dem Respekt vor der Individualität der InterviewpartnerInnen existiert das Problem der blinden Flecken. Dies betrifft verbales und nonverbales Wegsteuern von Themen und Aussagebetonungen während des Gesprächs als auch Assoziationen, an denen sich Befragte und Interviewerin verhaken, und schließlich Abwehrformen bei der Bearbeitung des Materials. Um Verzerrungen meinerseits weitgehend aufzuhellen, habe ich während des Forschungsverlaufs zwei Kontrollebenen beachtet:
1. die kontinunierliche Diskussion mit der Betreuerin und weiteren Fachkollegen und
2. die Transparenz zum Entstehungsprozeß der vorgestellten Erkenntnisse, und zwar von der Gewinnung und Bearbeitung der Interviewtexte bis zur Ergebnisbildung.

3. 2. 2   Das Interviewkonzept

Meinem Untersuchungsansatz habe ich das Konzept des narrativen Interviews (Schütze 1977) zu Grunde gelegt, und um Elemente des problemzentrierten Interviews (Witzel 1985) ergänzt.[2] Im narrativen Interview bestimmen die Befragten Verlauf und Schwerpunkte des Gesprächs. So werden nicht bestimmte Topoi abgefragt und beantwortet, um daraus eine möglichst vergleichbare Interpretationsbasis zu erzielen, sondern es entstehen Gruppierungen in sich eigenständiger Erzählungen und retro-

---

[1] Vgl. Rosenthal (1995)

[2] In der Anlage meiner Untersuchung beziehe ich mich auf die weiterentwickelten Formen zur Konzeption und Durchführung narrativer sowie problemzentrierter Interviews. Vgl. Burow (1992) Flick (1991) und Lamnek (1988)

spektiver Reflexionen, die hinsichtlich ihrer gemeinsamen und differieren-
den Entwicklungsformen untersucht werden können. Durch den offenen
Verlauf der Gespräche wird der Herausforderung Rechnung getragen, die
je individuellen Ausprägungen eines "geschichtlichen Milieus, das uns ...
zu dem gemacht hat, was und wer wir heute sind," (Habermas, 1987 :
140) anzuerkennen und im Kontext ihrer sozialen Organisiertheit zu er-
forschen.
Die Form des narrativen Interviews produziert erzählende, argumentie-
rende und reflektierende Aussagen eines lebensgeschichtlich orientierten
Textes und basiert auf den Prämissen, daß
a) im Erzählverlauf die Orientierungsmuster der Handelnden wiederge-
spiegelt werden und
b) das Erzählte einen retrospektiven Deutungsansatz enthält und damit
die Relevanzstrukturen der Handelnden zum Ausgangspunkt der interpretativen Bearbeitung werden. [1]

Das narrative Interview entfaltet sich in drei Phasen, die sich spiralförmig
wiederholen, wenn nach Abschluß eines Themenbereichs ein neuer To-
pus angesprochen wird, den die Interviewerin erneut mit einer erzählge-
nerierenden Frage einleitet. Zu Beginn des Interviews wird geklärt, unter
welchen Aspekten die Ereignisse eines bestimmten Lebensabschnitts erzählt werden sollen, damit das Gespräch weder ausufert, noch den Gegenstand verfehlt. Dann setzt die **erste Phase** als Quellpunkt ein, an dem
sich der/die Befragte mit Hilfe einer Eröffnungsfrage in eine bestimmte
Ausgangssituation zurückversetzen kann. Die **zweite Phase** ist die eigentliche Erzählphase, in der die bzw. der Befragte in einen Erzählfluß
kommt, den sie/er selbst steuert und beendet. Die **dritte Phase** dient
dem Nachfragen nicht hinreichend verständlich gewordener Zusammenhängen. Ergänzend zur Nachfragephase habe ich aus dem Konzept des
problemzentrierten Interviews hinzugenommen:

Spiegelungen - hier wurde ein Interpretationsangebot bezüglich einer Erzählpassage oder Erzählform gemacht, wodurch der/die Betreffende die
Möglichkeit erhielt, die Deutungsrichtung zu kontrollieren und zu korri-
gieren, indem er bzw. sie die Aussage noch einmal im Sinne der eigenen
Intentionen formulierte oder betonte.

Ad hoc Fragen - kurze Unterbrechungen des Erzählflusses wurden dazu
genutzt, die Aufmerksamkeit auf Aspekte zu lenken, die von der/dem Befragten noch nicht angesprochen waren, um diesen Themenschwerpunkt
zu intensivieren.

---

[1] Vgl. Flick (1991), Fuchs (1984) und Lamnek (1988)

Konfrontationen - in moderater Form konnten dazu eingesetzt werden, einen festgefahrenen Gesprächteil besser zu pointieren oder eine argumentative Sequenz erneut auf eine szenische, erzählende Ebene zu führen. [1]

3. 2. 3   Die Durchführung der Interviews

Im Zeitraum März bis Dezember 1994 habe ich Interviews mit insgesamt vierzehn ehemaligen USA-Freiwilligen der ASF durchgeführt. Davon wählte ich für die Auswertung je vier Gespräche mit Frauen und Männern, die im Erzählverlauf die drei Themenschwerpunkte: Interesse an der ASF - Thema NS-Zeit in der Familie - Bedeutung dieser Auseinandersetzung für das berufliche und politische Engagement, relativ gleichmäßig gewichtet und dabei eine Erzähldichte und Aussageintensität hinterlassen hatten, die zu den übrigen sechs Interviews erheblich differierte.
Eine Datenübersicht meiner InterviewpartnerInnen zeigt, daß das Sample eine Streuung der Geburtsjahrgänge und des Zeitpunkts der Zusammenarbeit mit der ASF enthält. Dies entsprach meinem Interesse unterschiedliche zeitgeschichtliche Erfahrungen innerhalb der dritten Generation, als auch inhaltliche und methodische Veränderungen[2] in der politischen Bildungsarbeit einzubeziehen.

Name	Freiwillige-r	geboren	Mutter	Vater
Tanja	1979/81	1957	1925	1918
Lisa	1985/86	1963	1939	1937
Anne	1983/84	1956	1929	1927
Frauke	1974/76	1957	1927	1928

---

[1] Vgl. Fuchs (1984) und Lamnek (1988)

[2] Für die Freiwilligenjahrgänge bis 1980 (Tanja, Frauke, Paul und Jonas) war die Gedenkstättenfahrt nach Auschwitz oder Stutthof nicht Teil ihres Vorbereitungsseminars. Die Interviews zeigen aber, daß die Vier bereits vor ihrem Freiwilligendienst bzw. im Anschluß daran, an Gedenkstättenseminaren teilgenommen haben.

Name	Freiwillige-r	geboren	Mutter	Vater
Nils	1985/87	1958	1924	1925
Paul	1974/76	1954	1930	1927
Jonas	1979/81	1958	1929	1926
Jakob	1986/87	1960	1928	1920

Zu diesen Aspekten zeigten sich bei der Bearbeitung der Interviewtexte jedoch keine signifikanten Unterschiede. Die entscheidende Variable bestand vielmehr im Alter und lebensgeschichtlichen Hintergrund von Mutter und Vater. Dieser Zusammenhang konnte aber in der Anlage der Interviews nicht konzeptionalisiert werden, sondern blieb einer Zufallsstreuung überlassen. So sind nur über den Einzelfall unterschiedliche intergenerative Konstellationen, und damit verbunden, divergierende Themen und Beziehungsmuster in der Auseinandersetzung zwischen den Befragten und ihren Eltern festzustellen.

Die Kontakte zu den InterviewpartnerInnen entstanden auf Empfehlung Dritter sowie aus dem mir bekannten Mitgliederumfeld der ASF. Nils und Jakob lernte ich erst in der Kontaktaufnahme für das Interview kennen. Jonas, Paul, Frauke und Tanja traf ich auf den jährlichen Mitgliederversammlungen der ASF, und so war bereits ein gewisser Grad an Vertrautheit vorhanden. Lisa war ich zweimal in persönlichen Zusammenhängen begegnet, und Anne hatte ihr Vorbereitungsseminar mit mir als Teamerin gemacht.

Alle InterviewpartnerInnen erklärten sich bei meiner telefonischen Anfrage relativ schnell bereit, ein Interview zu geben, und freuten sich über die Wertschätzung, die mein Interesse an ihren Erfahrungen in den USA und ihrer intensiven Auseinandersetzung mit dem Thema Nationalsozialismus zum Ausdruck brachte. Ebenso war motivierend, daß ich das Gespräch nicht nur unter ernsten Gesichtspunkten ankündigte, sondern auch auf die abenteuerlichen Aspekte dieses Lebensabschnitt hinwies.

Alle GesprächpartnerInnen baten um Auskünfte über den Ablauf und die Fragen des Interviews sowie die Zusicherung einer Anonymisierung der Texte. Daraufhin erläuterte ich kurz das Verfahren des Interviews und benannte die drei Themenschwerpunkte:

1. Wie kam es damals zur Entscheidung für den Friedensdienst mit der ASF, was war dabei verlockend und motivierend ? Wie waren die Erfahrungen mit den Arbeitsformen der ASF, wie verlief die Mitarbeit im USA-Programm und im Projekt ?

2. Welche Reaktion zeigten die Eltern auf die Zusammenarbeit mit der ASF ? Wie waren die Gespräche in der Familie über die NS-Zeit und wie hat sich die Auseinandersetzung durch die ASF-Erfahrung verändert ?

3. Welche Bedeutung hatten diese Impulse für die persönliche Lebensgestaltung, berufliche Entscheidungen und politisches Engagement ? Gab es Abgrenzungsprozesse von dieser Form politischer Bildungsarbeit, bzw. warum wurde eine Weiterarbeit in diesem politischen Zusammenhang gewählt ?

Mit diesen Fragen traf ich auf ein positives Echo. Alle angefragten Frauen und Männer betrachteten es als vorteilhaft, sich noch einmal mit ihrer ASF-Zeit zu beschäftigen. Allerdings wurden auch Vorbehalte geäußert, ob es vielleicht einen heimlichen Lehrplan, verdeckte Fragen o. ä. in alledem gäbe. An dieser Stelle war wichtig zu erläutern, daß die Auswertung der Interviews auf die individuellen Entwicklungsverläufe, den Zugewinn durch die Freiwilligenzeit und die offen gebliebenen Fragen abziele. Das Stichwort, den vielschichtigen Aspekten der eigenen Entwicklung eine verständnisvolle Aufmerksamkeit zu widmen, gab offensichlich konstruktive Impulse. So trat auch während der Interviewsituation keine Furcht vor Wertungen auf, vielmehr war jede/jeder in ihre/seine Geschichte unter dem Motto verschiedener Entwicklungsfäden vertieft. Die Intensität und Erzähldichte der vorliegenden Interviewtexte dokumentiert dies.

Tanja, Anne, Frauke und Nils wünschten sich die Gespräche in ihrer Wohnung, Paul, Jonas und Lisa kamen zu mir, und Jakob bat mich in sein Büro. Das Gesprächsklima in allen Interviews war freundschaftlich, vertraulich und sehr engagiert. Vor dem Einschalten des Aufnahmegeräts gab es eine Anwärmphase, in der wir uns erzählten, an welchen Themen und in welchem Rahmen wir momentan arbeiteten. Dann kamen wir bereits auf die ASF zu sprechen, wobei ich auf Fragen zu meiner Freiwilligenzeit einging. Dadurch waren wir auf einer gleichwertigen Gesprächsebene, und es entstand kein Autoritätsgefälle zwischen Forscherin und Befragten.[1] An-

---

1 Lamnek (1988) betont den Aufbau eines vertraulichen Kontaktes für die Gesprächssituation, zum Gelingen eines narrativen Interviews, und Klewitz (1987) die Bedeutung der sozialen, kognitiven und emotionalen Gemeinsamkeiten zwischen Interviewerin und

hand der dialogischen Gesprächsführung entfaltete sich ein produktives
Verhältnis von Nähe und Distanz zueinander, was insbesondere in den
Gesprächsabschnitten deutlich wird, in denen die InterviewpartnerInnen
unmißverständlich bei sich blieben und meinen Provokationen oder Inter-
pretationsangeboten widersprachen.
Fuchs (1984) und Rosenthal (1995) heben hervor, daß die biographische
Erzählung vom Interesse einer Absicherung zurückliegender Entscheidungen und Erfolge strukturiert wird. Im Verlauf der von mir geführten
Interviews trat hingegen das Interesse des Sich-selber-neu-erkennen-
wollens in den Vordergrund, da sich die Betreffenden neben der Kontu-
rierung ihrer Persönlichkeit gleichsam auf das Wagnis einer Wiederannäherung an konfliktreiche Themen und offen gebliebene Fragen eingelassen haben.

3. 3   Die Strukturierung der Interviews

Zur Geltungsbegründung des interpretativen Vorgehens schlägt Flick die
Verknüpfung zwischen einem kreativen, am spezifischen Forschungspro-
jekt entwickelten Umgang mit dem gewonnenen Textmaterial und der
Anwendung eines bereits etablierten Verfahrens vor, um den Forschungsprozeß durch eine ausgereifte methodische Grundlage abzusichern.[1] Jaeggi/Faas haben mit dem Konzept des zirkulären Dekonstruierens[2] eine Form der interpretativen Bearbeitung narrativer Interviews
vorgestellt, in der die Strukturierung des Textmaterials eine Erschließung
von Bedeutungszusammenhängen vorbereitet und dabei ein variabler
Rahmen zur Berücksichtigung mehrdimensionaler, auch gegenläufiger
Sichtweisen entsteht.
Das Verfahren basiert auf der zirkulären Aufschlüsselung eines Gesamttextes anhand der eingrenzbaren Dekonstruierungen einzelner Sinnele-
mente. Der Begriff des Dekonstruierens reicht über die deutende Rekonstruktion von Erlebnisfiguren hinaus, da er die Gleichzeitigkeit unterschiedlicher Beweggründe mehrerer Personen in einem Bild genauso mit-
einbezieht, wie das suchende Zusammenfügen des Erinnerten durch die
erzählende Person im Interview.
Analog der drei Phasen des narrativen Interviews habe ich auch hier einen
spiralförmigen Aufbau des dekonstruierenden Prinzips vorgenommen, sodaß bei fortlaufender Betrachtung unterschiedlicher Textsequenzen je-

---

Interviewten, um zu einer offenen Gesprächsbasis und einem guten Erzählfluß zu gelangen.

[1] Vgl. Flick (1991)

[2] Vgl. Jaeggi/Faas (1993)

weils eine neue - in Beziehung zum Gesamten entstehende - Erkenntnisebene erreicht wird. Diese mehrstufige Perspektive ermöglichte das Nachzeichnen von Entwicklungsverläufen, die aus den Relevanzstrukturen der biographischen Selbstpräsentationen hervorgehen. Eine orientierende und korrigierende Instanz dieses schrittweise entstehenden Prozesses ist eingangs des Verfahrens mit einer komprimierenden und einer auffächernden Bearbeitung des Gesamttextes angelegt. Im Folgenden werde ich die einzelnen Arbeitsschritte zusammenfassen:

1. Schritt: Transkription und Dokumentation der Texte
Die Abschrift der Tonbandprotokolle erfolgte wörtlich, mit Berücksichtigung von Pausen, Zögerungen, Dehnungen sowie besonderen Betonungen der Interviewten als auch der Interviewerin. Halbsätze bzw. abgeholperte Sätze wurde im Interesse der fließenden Erzählsprache zusammenfügend ergänzt. Die so dokumentierte Form der Interviewtexte bildete die Grundlage für meine interpretative Bearbeitung.

2. Schritt: Zusammenfassende Nacherzählung
Zunächst wurde jeder Interviewtext auf eine zusammenfassende Nacherzählung komprimiert (drei bis vier Seiten). Mit diesem Arbeitsschritt straffte sich das sehr umfangreiche Material von insgesamt über hundertvierzig Seiten, und es entstand eine erste Übersicht zu den zentralen Bedeutungsebenen der acht Texte.
Die Zusammenfassungen wurden mit der Betreuerin reflektiert, wobei sich subjektive Gewichtungen, Sympathien und Abwehrformen meinerseits zu bestimmten Aussagen der GesprächpartnerInnen aufklärten.

3. Schritt: Stichwortkatalog
Auf die Komprimierung des Materials folgte nun eine Auffächerung der einzelnen Interviewtexte, und zwar durch die Auflistung von Schlüsselbegriffen, Mehrfachbezeichnungen, suchenden, agressiven, provozierenden und fragenden Benennungen. Dieser Verfahrensschritt machte deutlich, wo eine emotionale Signifikanz vorhanden war und welche Passagen einen mehr abgrenzenden oder orientierenden Charakter der Handlungen ausdrückten.
Hier erfolgte eine Art Gegendrehung zu der vorangegangen Verdichtung des Materials, indem sich das zuvor gestraffte Feld nun wiederum in seinen einzelnen Elementen öffnete und dabei die Streuung vielschichtiger, auch gegenläufiger Akzente deutlich wurde.

4. Schritt: Motto
Aus der Vielzahl von Schlüsselbegriffen und auffallenden Benennungen wurden im nächsten Arbeitsschritt Muster zur Selbstbeschreibung her-

ausgefiltert. Durch die Auflistung einzelner Begriffe war das Augenmerk für Pointierungen geschärft worden, die das Bedürfnis nach einer Wiedererkennung der eigenen Person und zugleich auch das Interesse nach Veränderung und Erweiterung widerspiegelten. Aus diesen Aussagen bildete sich ein Motto der biographischen Erzählung und gleichzeitig auch ein Leitmotiv für die interpretative Bearbeitung. Meiner Ausarbeitung der Interviews (Kapitel 4. 2) habe ich beide Aspekte, die direkte Ich-Aussage (Zitat) und die Form der Wiedererkennung (Textmotto) vorangestellt, da sich im Zusammenspiel beider Ebenen das Spannungsverhältnis zwischen einer befürwortenden Akzeptanz zum Erlebten und einem gleichzeitig darüber hinausweisenden Veränderungswunsch widerspiegelt.

5. Schritt: Themenkatalog
Auf der Basis konzentrierender als auch auffächernder Betrachtungsebenen erfolgte nun die Strukturierung von Erzählpassagen nach Bedeutungsschwerpunkten. Im Konzept von Jaeggi/Faas wird dies als Katalogisierung einzelner Themen bezeichnet, in denen sich sowohl inhaltlich überschneidende als auch voneinander abgegrenzte Textsequenzen versammeln. Am Beispiel von Annes Interview zeige ich die thematische Schichtung eines Interviewtextes nach Bedeutungsgruppen auf, aus der schließlich die spiralförmig angelegte Dekonstruierung einzelner Textabschnitte entstand.

Themenkatalog Anne:
- das Fremde, das Andere, das Eigene
- Entscheidung für die ASF
- Reaktion des Vaters auf ASF
- Reaktion der Mutter auf ASF
- Thema Nationalsozialismus in der Beziehung zum Vater
- Thema Nationalsozialismus in der Beziehung zur Mutter
- eigene Auseinandersetzung mit dem Thema Nationalsozialismus
- Vergangenheit als Ort: Auschwitz
- Veränderungsprozesse durch ASF
- weggehen / ankommen
- Erfahrungen mit jüdischer Kultur / Beziehung zu Jüdinnen und Juden
- Ungerechtigkeiten / Privilegien
- sexuelle Gewalt / Projektarbeit
- wer bin ich
- Empathie / Solidarität
- ein eigener Ort
- weitergehen

Die spiralförmig zirkulierende Verbindung der so gruppierten Erzählpassagen erlaubte dann die mehrstufige Betrachtung eines Entwicklungsverlaufs, dessen Charakteristik auf einer jeweils neuen Ebene unter einem anderen Akzent hervortrat und sich dabei gleichsam veränderte. Daraus wiederum kristallisierte sich in der Gesamtsicht der unterschiedlichen Themen und Auseinandersetzungsformen, die die acht Interviewtexte widerspiegeln, ein gemeinsames Prinzip ergebnisorientierter Prozesse heraus: Das Wechselverhältnis einer differenzierenden und integrierenden Bearbeitung familialer Konflikte in ihrer zeitgeschichtlichen Bezogenheit, welche die Betreffenden versuchten im Interesse ihrer psychischen Erweiterung produktiv zu lösen bzw. für die sie situationsadäquate Lösungsansätze finden konnten. Dabei war in allen Interviews die Dynamik nachzuzeichnen, anhand derer sich die/der Befragte zunächst von einem Problemzusammenhang distanzierte, um sich auf neue, konstruktive Erfahrungen einlassen zu können oder solche zu suchen. Nach einer Phase . der Abgrenzung, Differenzierung und Neuerschließung öffnete sich den Einzelnen der Weg dahin, die eigenen Aufgaben im Generationengefüge zu klären und die damit verbundenen Konflikte durch die Erkenntnis eines Bezogen, doch nicht Festgelegt-seins auf die eigenen Herkünfte entsprechend integrieren zu können.

Dieser forschungsmethodisch erzielte Erkenntniszusammenhang erweitert die bisherigen Analysen einer von Abwehrformen dominierten Auseinandersetzung der nachgeborenen Generationen mit dem Nationalsozialismus, um den Blick auf einen zeitgeschichtlich und generationsspezifisch angelegten Veränderungsprozeß, der meiner Untersuchung zu Folge aus der dualen Konzeptionalisierung von "Abwehr und Aneignung" (Knigge, Koppert) herausgetritt, und Einlaß in dialogische Verständigungsmöglichkeiten zwischen nunmehr vier Generationen gefunden hat. Diese Entwicklung entfaltet sich in Interaktion mit der gesellschaftlich intensivierten Aufarbeitung der NS-Zeit unter Beachtung der intergenerativen Folgewirkungen.[1] Indem ein kritisches soziales Gedächtnis vielfältige Zugänge zum Umgang mit dem schwierigen Erbe geschaffen hat, entstand auch eine fragend-differenzierende Gesprächsebene zwischen den Generationen.

---

[1] "Der Nationalsozialismus ist nicht nur Kontext und Hintergrund, sondern selbst psychische Realität und Teil interpersonaler Beziehungen. Die Erfahrungswelt des Dritten Reiches mit ihren damaligen Selbstverständlichkeiten hinterläßt Wirkungen, die sich durchaus gegenläufig zu bewußten ideologischen Positionen entfalten können, zumal ... sie ihr Eigenleben abseits der offiziellen Standards politischer Bildung *führen* (J. P.)." (Heimannsberg, 1992 : 13)

Differenzierung und Integration generationsspezifischer Aufgaben

4. 1 Ablösungsprozeß und Verknüpfung der Generationen

Da sich bereits bei der Strukturierung der Interviewtexte eine Veränderung des dichotomen Musters von Abwehr und Aneignung, hin zur Interaktion differenzierender und integrierender Prozesse konturierte, gehe ich im nächsten Forschungsschritt der Frage nach, wodurch im Untersuchungsfeld ASF eine anders gelagerte Auseinandersetzung mit der Selbstwert- und Delegationsproblematik, die nach den bisherigen Analysen[1] dem Spannungsverhältnis eines abwehrenden oder bearbeitenden Umgangs mit dem Thema Nationalsozialismus zu Grunde liegt, hervortritt.

Das Verhältnis von Frauen und Männern der dritten Generation zur NS-Zeit ist davon geprägt, die Ebene emotionaler Erfahrung - und hier sind an erster Stelle die angst- und verlustbesetzten Erzählungen der Eltern über ihre Kriegerlebnisse zu sehen, die in der Widerspiegelung der Interviews tiefgehend auf die Eltern-Kind-Beziehung einwirkten - mit der Ebene des Wissens in Kommunikation zu bringen. Die konfligierende Verbindung beider Ebenen zeigt sich darin, daß die InterviewpartnerInnen einerseits die nachhaltige Präsenz von Kriegsgeschehnissen im familiären Gespräch beschreiben, doch andererseits formulieren, sich erst als Jugendliche bzw. junge Erwachsene mit dem Thema Nationalsozialismus beschäftigt zu haben.

Die in den 70er und 80er Jahren etablierte Aufklärung über die gesellschaftlichen sowie geostrategischen Interessen und Wirkungsweisen der NS-Politik konfrontierte die Enkelgeneration mit dem Handeln und den nachfolgenden Konsequenzen ihrer Eltern und Großeltern im Zusammenhang der Kriegs- und Völkermordverbrechen, und noch dringlicher, mit deren Beteiligung an der Alltagspraxis von Entrechtung und Existenzminderung gegenüber den ausgegrenzten Bevölkerungsgruppen. Die psychische Bedeutung dieser Kenntnisse war vor allem mit der Frage verbunden, welche Vorteile sich die eigenen Familienangehörigen unter Preisgabe damals wie heute gültiger moralischer Maßstäbe zu eigen gemacht hatten, denn diese Beunruhigung rührte grundlegend am Vertrauensverhältnis zwischen den Generationen.

---

[1] Vgl. Bohleber (1989), Brede/Krovorza (1992), Fetscher (1989), Hardtmann (1989), Heimannsberg/Schmidt (1992), Knigge (1992 a und b), Koppert (1991), Krondorfer (1991), Mitscherlich-Nielson (1992 und 1993), Moser (1992 und 1993), Müller-Hohagen (1988 und 1992), Rommelspacher (1995 a und b), Schreier/Heyl (1992)

"Es war für die Kinder nicht leicht, sich ein *inneres* Bild von den Eltern zu machen. Sobald sie die Spur aufnahmen, ... fanden sie in ihren Eltern keinen zuverlässigen Weg- und Ratgeber. ... Was diese Elterngeneration der nachfolgenden überliefert hat, das sind weitgehend unbearbeitete und *fragmentierte Teile*, ... Jahrelang bemühten sich die Kinder, dieses Bild zu vervollständigen, unter Druck wurden ihnen diese oder jene Teile nachgereicht, dennoch wußten sie nicht, ob sich die Mühe des Zusammensetzens ... lohnen würde ..., um sich ein zuverlässiges Bild zu machen. (Hervorhebungen Hardtmann, 1989 : 234 f)[1]

In der Auseinandersetzung mit der jüngeren deutschen Geschichte erfahren die Kinder einerseits zunächst eine hilflos machende Enttäuschung dadurch, daß die Eltern und Großeltern - in je unterschiedlichen Ausmaßen und variiert durch ihre politische Haltung zum Nationalsozialismus - ihrer Aufgabe, eine vertrauensbildende moralische Integrität vorzuleben, nicht bzw. nur in eingeschränkter Weise gerecht wurden. Doch parallel dazu aktiviert sich auch eine Distanz gegenüber den elterlichen Vorgaben, da eine zunehmend selbständige Orientierung an vorgefundenen *und* neuen Wertmaßstäben als vorantreibende Dynamik psychischer Entwicklung erlebt wird. Indem beide Ebenen zusammentreffen, steht der Themenzusammenhang NS-Vergangenheit und politische Verantwortung heute in einem Ambivalenzverhältnis. Einerseits wollen die Kinder "nicht zu tief an allem rühren", um eine Gefährdung ihrer wichtigsten Beziehungen zu vermeiden, doch gleichzeitig bildet sich auch die Kompetenz heraus, gesellschaftliche Mitverantwortung zu übernehmen und damit den Erfolg des Erwachsenwerdens bestätigen zu können. Dabei stehen sie angesichts des historischen Erbes in einer bislang unvergleichlichen Notwendigkeit von Abgrenzung und Erneuerungswillen, der sich konstruktiv durch das Wissen um die historische Gegenerfahrung, nämlich der Aufrechterhaltung eines respektvollen sozialen Handelns, bis hin zum aktiven Widerstand, gestützt weiß.
Die Fähigkeit, Identifikationsmuster zu reflektieren und eine kritische Sichtweise zu den unterschiedlichen Akteuren der historischen Ereignisse einzunehmen, ist also sowohl Ergebnis als auch Antriebskraft einer Entwicklung, in der die Kinder ihre im Familienleben erworbenen Werte mit der gesellschaftlichen Pluralität sozialer Ordnungsprinzipien in Beziehung setzen. Die erweiterte Wahrnehmung gegenüber der Diversität gesellschaftlicher Handlungsbereiche, mitsamt den darin erfahrbaren Erlebniswelten, koinzidiert also auf der psychodynamischen Ebene mit einer Aus-

---

[1] Gertrud Hardtmann untersuchte die Folgewirkungen des Nationalsozialismus in der zweiten Generation, deren Strukturen sich hinsichtlich des Vertrauensverlustes zu den Eltern und den damit zusammenhängenden Abspaltungsmechanismen auch innerhalb der dritten Generation fortsetzten. Vgl. hierzu auch Stierlin (1992) und Rommelspacher (1995 a)

differenzierung moralischer Instanzen und einer zunehmend selbst-
gesteuerten Aneignung und Anwendung bestimmter Prämissen, die eine
sinngerichtete Ausübung sozialer Rollen erlauben, innerhalb derer die
Betreffenden eine Bereicherung durch gleichberechtigte Beziehungsformen und eine Befürwortung ihrer gesellschaftlichen Gestaltungskraft
realisieren können.[1]
Eben diese Interessen konnten die von mir befragten Frauen und Männer
über ihr Engagement für den sozialen Friedensdienst verwirklichen und
erhielten dabei von Familienangehörigen und Freunden auch eine entsprechende Anerkennung.
Der "qualitative Sprung" zu ihrer bisherigen Auseinandersetzung mit dem
Thema Nationalsozialismus, bestand vor allem in zwei neuen Erfahrungen:
Dem Gespräch mit Frauen und Männern, die die NS-Verfolgung überlebt
hatten, und mit Frauen und Männern der ASF-Gründergeneration, die
Versagen und Versäumnisse ihres gesellschaftlichen Handelns vor 1945
nicht relativierten, sondern ihre persönlichen Konsequenzen hieraus mit
den Anforderungen politischer Mitverantwortung heute verbanden.
In der Begegnung mit den NS-Verfolgten kamen die Enkel der Mit-Täter-
Innen nun in Kontakt mit den bislang auf der Wissensebene verobjek-
tivierten Erlebnissen der Opfer, und konfrontierten sich dabei mit den abgespalteten und an sie deligierten Konflikten ihrer Eltern.[2] Durch die Ver-

---

[1] Vgl. Erikson (1977 und 1997), Stierlin (1980 und 1992), Rommelspacher (1995 a)

[2] "Rührten die Kinder ... zufällig oder nicht zufällig an die narzistischen Wunden der
Eltern, dann lösten sie ... eine Kettenreaktion aus. Sie konfrontierten, ohne es zu wissen,
die Eltern mit den abgespalteten Anteilen ihres Selbst, stellten die Selbstidealisierung in
Frage, ... Wie während der NS-Zeit auf die Juden, so wurden jetzt die negativen Anteile
auf die Kinder projiziert, diese als die Angreifer und das personifizierte Böse erlebt und
entsprechend verfolgt. In ihren Träumen erlebten sich deshalb mitunter die Kinder als
>die Juden< ihrer Eltern. ... Eine Chance, aus dem Sumpf von Spurenverwischen, Ver-
heimlichen, Projektion und Introjektion herauszukommen, hat die zweite Generation nur
dann, wenn sie ... die Spaltung der Eltern rückgängig macht. Das beginnt damit, daß die
Kinder sich selbst und ihre Eltern in ihrer Ganzheit, mit ihren Fehlern, ihren Schwächen,
Verstrickungen und ihrer Verantwortung für ihre Taten sehen, ohne sie zu fragmen-
tieren; daß sie einen Blick bekommen für die moralische Niederlage der moralisch am Boden Liegenden, aber auch eine Sensibilität dafür, wann Eltern eine Bereitschaft zeigen,
sich mit ihrer Schuld und den Leiden der Opfer auseinanderzusetzen. ... Die Spaltung,
die die Eltern an ihrem Selbstbild vollzogen haben, hat auch ... eine doppelte Moral und
doppelte Buchführung für die nachfolgende Generation (zu Folge J. P.). Für die nachfolgende Generation ist ... die Voraussetzung für die Ablösung von den Eltern, diese
Spaltung der Ich-Ideal-Bildung aufzuheben, sich der Scham und der Schuld zu stellen
und ihre eigenen Wertvorstellungen an dieser moralischen Niederlage zu messen. Damit
wird ein Sensibilisierungsprozeß eingeleitet, der die andere Seite, die Opfer ... innerlich
präsent macht, den Opfern ... eine Stimme gibt, die nicht mehr unter dem projektiv ver-
zerrten Blickwinkel des moralisch gefürchteten und verhaßten Verfolgers wahrgenommen wird. " (Hardtmann, 1989 : 238 f)

bundenheit zwischen den ehemals Verfolgten und den ASF-Vertreter-
Innen partizipierten viele der jüngeren Generation erstmals an der Kommunikation beider Seiten eines gemeinsamen Lebenszusammenhangs,
der sich bislang in zwei Welten aufteilte, da die Opfer in den Augen der
Eltern nicht auf einer gleichberechtigten Beziehungsebene, sondern ne-
gativ verzerrt wahrgenommen wurden. Die Gespräche mit den NS-Verfolgten ermöglichten den Frauen und Männern der dritten Generation
nun einen zusammenhängenden - zumindest weniger fragmentierten -
Zugang zur gesellschaftlichen Kontinuität, innerhalb derer sie ihren eigenen Ort suchten und wozu sie den Dialog dreier Generationen im Rahmen der ASF nutzten. Der Ansatz des Friedensdienstes vermittelte den
Freiwilligen also ein Zutrauen darin, sich innerhalb der konstruktiven
Potentiale gesellschaftlicher Mitgestaltung engagieren zu können, und die
konfliktreiche Erbschaft dieses besonderen Generationenverhältnisses
somit nicht abwehren zu müssen, sondern die unbewußt erworbenen Ansprüche *an sich und* andere,[1] und vor allem die implizit eingeflochtenen
Aufträge,[2] zum Thema einer gemeinsamen Auseinandersetzung zu machen. Durch die doppelte Gesandtschaft, in der sie sich als Kinder ihrer Eltern und als Freiwillige der ASF befanden, gelang es ihnen - wie ich am
Beispiel der Diskussionen um den Sühnebegriff und das politische Selbst-

---

[1] "Das Ich bildet sich in und durch ein Wir - in seiner Einzigartigkeit wie in den Gemeinsamkeiten mit anderen. Im Austausch materieller Ressourcen, im Wechselspiel psychischer Empfindungen, Gedanken, Einstellungen, Bedeutungen und Phantasien bildet sich
das Ich als Produkt des Wir und zugleich im Gegensatz zu ihm. ... Der Bezug zu der sozialen Gruppierung, die sich Nation nennt, wird oft gar nicht bemerkt. Denn selten tritt
das Individuum in direkte Interaktion mit ihr - wie etwa im Krieg ... . Normalerweise stellt
sich die Verbundenheit mit ihr durch die verschiedenen Sozialisationsinstanzen her, in
der Regel zunächst durch die Familie ... . In der Familie lernen wir die Grundlagen des
Umgangs mit anderen, und wir lernen, uns selbst in der Beziehung zu anderen wahrzunehmen. So tradieren sich Beziehungsmuster fort, und es findet psychische >Ver-
erbung< statt. Die Familie stellt auch die Grundlagen für das Selbstwertempfinden bereit. Sie spiegelt dem Kind zurück, was es anderen Menschen wert ist. Den Maßstab
hierfür bezieht die Familie wiederum nicht allein aus sich selbst, sondern aus dem
größeren sozialen Verband, dem sie wiederum ihre materiellen Ressourcen und die Mittel ihrer sozialen, geistigen und kulturellen Reproduktion verdankt, das heißt, aus dem
auch sie ihren Selbstwert bezieht. ... der Zugang zu materiellen und sozialen Ressourcen
... (wie auch J. P) Privilegien ... werden als Anspruch tradiert. (Diese J. P.) Ansprüche werden zu einem Element des Selbstbildes, (und J. P.) von Generation zu Generation weiter-
gegeben, um den Status der eigenen Gruppe abzusichern." (Rommelspacher, 1995 b :
191 f)

[2] " ... Eltern, Großeltern geben Themen ihres Lebens, vor allem die unbewältigten, an die
nachfolgenden Generationen weiter - mit dem unausgesprochenen Auftrag, sie zu bearbeiten ... . Ihnen wurde dadurch die Abwehr der Eltern aufgenötigt, mit der diese sich
selbst der eigenen Schuld, den eigenen Erinnerungen, dem eigenen Scheitern entzogen." (Koppert, 1991 : 223)

verständnis des sozialen Friedensdienstes herausgearbeitet habe - ihre eigenen Interessen zu erkennen und auch entsprechend auszuhandeln. Das Handlungsfeld ASF veranschaulicht somit, daß die Frauen und Männer der nachgeborenen Generationen ihren schwierigen Aufträgen nicht hilflos ausgeliefert sind, sondern das Generationenverhältnis mitgestalten und dabei entwicklungsfördernde Zusammenhänge für die Bearbeitung ihrer familialen und generationsspezifischen Konfliktkonstellationen suchen.

"Kinder, die ihren Eltern als Delegierte dienen, gewinnen ein Gefühl der Selbstachtung, Wichtigkeit und Integrität, indem sie loyal die Aufträge ausführen, die ihnen von den Eltern aufgetragen wurden. Im für die Kinder günstigen Falle entsprechen solche Aufträge deren altersangemessenen ... Bedürfnissen und lassen sich - mehr oder weniger offen - aushandeln und verändern. Die Kinder finden auch Anerkennung für das, was sie für ihre Eltern tun. Im für die Kinder ungünstigen Fall werden sie durch ihre Aufträge überfordert und/oder massiven Konflikten ausgesetzt. Es besteht dann auch kaum die Möglichkeit, die Aufträge auszuhandeln, zu modifizieren und die Konflikte zu lösen." (Stierlin, 1992 : 258)

Meine Bearbeitung der Interviews zeigt nun den Prozeß eines differenzierenden und integrierenden Umgangs mit der Verwobenheit familiendynamischer und zeitgeschichtlicher Anforderungen seitens der Enkel auf, indem sie die Verknüpfung der Generationen als aktives Verhältnis von Vor- und Rückgabe begreifen und dabei ihre eigene Beziehung zu den Geschehnissen und den unterschiedlich Betroffenen und Handelnden der NS- Zeit aufbauen.

4. 2   Entwicklungsstrukturen familialer und politischer Auseinander setzung mit dem Nationalsozialismus

4. 2. 1   Die Chance nutzen, zum Subjekt der eigenen Geschichte zu werden

Paul: *"Es war für mich ein schwieriger Weg, mich zu emanzipieren ohne Verräter zu sein."*

Paul kommt aus einem Familienzusammenhang, von dem seine Bildungschancen durch Abitur und Studium mit ängstlicher Skepsis begleitet wurden. Die Eltern befürchteten eine Distanzierung vom Elternhaus, und dieses Spannungsverhältnis war über einen längeren Zeitraum hinweg ein grundlegendes Konfliktthema für Paul.

"... mein Vater ist Arbeiter gewesen, meine Mutter hat keine Berufsausbildung, ... Das war alles auf einer sehr einfachen Ebene. Es gab keine großen politischen Auseinandersetzungen. Mehr so über Stereotype hat man sich ein bisserl gefetzt. Was ich eher einordnen würde heute rückblickend in die Kategorie Emanzipation von zu hause. ... Und die war bei uns nie intellektuell geprägt, sondern eher emotional. ... Meine Eltern hatten immer sehr die Sorge, daß ich mich allzusehr entfremde, ich selber hatte auch diese Sorge. Das ist auch später in der ... psychotherapeutischen Ausbildung ... sehr deutlich geworden, daß es für mich auch ein ganz schwieriger Weg war, ... aus dem Arbeiterkreis mich zu emanzipieren, ... ohne Verräter zu sein. ... Ich habe einen sehr guten Kontakt mit meinen Eltern, und das ist gut gelungen."

Obgleich sich Paul als Oberstufenschüler keinem enger definierten politischen Spektrum zuordnen wollte, bezog er sich auf linke Aussagen, und verhielt sich damit in Abgrenzung zu den rechtskonservativen Haltungen seiner Familie. Über seine christlichen Aktivitäten setzte er zugleich eine familiäre Tradition fort, da bereits der Großvater als frommer Mann beschrieben wird und auch der Vater im Gemeindekirchenrat mitwirkte.
Ein Schlüsselerlebnis hatte Paul kurz vor dem Abitur in einer Diskussionsveranstaltung mit einem ehemaligem Auschwitz-Häftling.

"Ja und dann fuhren wir eigentlich mehr dem Gerd zu liebe nach Wolfsburg zu dieser Veranstaltung. Und da war der Mann: Tadeusz Szymanski, und da waren auch noch so ein paar Rechtsaußenleute in der Veranstaltung, NPD-Leute oder irgendsowas. Und die haben versucht, den fertig zu machen. Und der hat so wahnsinnig gut darauf reagiert. So souverän und ich weiß, ich war damals ganz berauscht, ich war so fasziniert von dem Menschen. Ja, und wir sind dann ein bißchen länger geblieben noch. Waren dann noch in der Kneipe mit Leuten, die was mit Sühnezeichen zu tun hatten. Und da habe ich zwei Dinge erfahren: Ich wollte den Kriegsdienst verweigern und habe erfahren, daß es über ASF Möglichkeiten gibt, und das Angebot einer Fahrt nach Majdanek kam auf uns zu. Und dann habe ich gedacht: Probieren wir das mal ! Und ich bin dann im Mai '73 mit der Gruppe nach Majdanek gefahren. Und da ging dann diese Form von politischer Arbeit und Vergangenheitsauseinandersetzung erst los für mich. Ja, das waren Zufälle, ich hätte das sonst vom Lande kommend nie mitgekriegt. Und da waren zwei Stränge. Einmal, daß mich dieser Szymanski fasziniert hat, das ist ja ganz klar eine andere Form von Auseinandersetzung mit der Vergangenheit, bis in die Familie heinein spielte das eine Rolle. Und dann natürlich auch die Idee, Mensch ins Ausland, weit weg und so. Das hat mich natürlich dann gleich gepackt."

Aus der hier geschilderten Begegnung wurde für Paul der Aufbruch in neue soziale Zusammenhänge, denn die Situation enthielt eine unerwartete Entscheidungshilfe für die Gestaltung des kommenden Lebensabschnitts nach der Schulzeit.
Im Gegenüber mit Tadeusz Szymanski erlebte er einen Umgang mit Erinnerung, der ihn faszinierte, und so war er bereit, diese existenziell anderen Erfahrungen anzuerkennen und sich mit neuen Perspektiven zur Vergangenheit zu beschäftigen. Hatten seine Eltern und Familienangehörigen sich stets in der Rolle von "Opfern des Vertreibungsschicksals" vermittelt, so hörte Paul in Tadeusz Szymanski einen ehemaligen Verfolgten des Naziterrors, der nach 1945 nicht in einer Opferidentität verblieb. Vielmehr zeigte er die politisch organisierte Gewalt des Täter-Opfer-Gefälles in ihrem Beziehungscharakter und damit auch ihrer Begrenztheit auf. Jahrzehnte nach seinen entwürdigenden und leidvollen Erlebnissen konnte der ehemalige Auschwitz-Häftling über seinen Teil der Geschichte verfügen und war den in aggressiver Verharrung agierenden NPD-Anhängern überlegen. Diese Situation begriff Paul als Chance für sich, um aus dem familiären Muster des geschädigt und im Leben-zu-kurz-gekommen-seins aufzubrechen, und selber mehr Subjekt der eigenen Geschichte zu werden:

"Und dann habe ich gedacht: probieren wir das mal !"

Er fuhr nach Polen und ließ zu

" ... diesen anderen Blickwinkel, als ich das aus dem Blickwinkel meiner Eltern kannte, Flucht und Vertreibung und so. Es war aber mehr so, es hat mich interessiert, aber politisch neutral so."

Womit deutlich wird, daß er eine innere Distanz zu diesem neuen Wissen aufrecht halten und sich nicht in Festlegungen begeben wollte.
Pauls Reise nach Polen trug eine neue Dynamik in die Familie. Auch seine Eltern und eine Schwester fuhren einige Zeit später dorthin. Die Beschäftigung seiner Eltern mit der jüngeren Vergangenheit beschreibt Paul als neue Annäherung an die eigene Lebensgeschichte.

" Und sie sind dann später drei, vier Jahre später selber nach Auschwitz gefahren. Und auch zu den Leuten, wo sie waren, und haben sich mit denen richtig versöhnt. Auf deren Hof sie waren, früher, da sind sie hingefahren und der damalige Knecht, jetzt wieder Besitzer, im Alter von meinem Vater, hat sie sehr herzlich aufgenommen. Und das war ein Stück deutsch-polnische Begegnung oder Versöhnung auf einer ganz anderen Ebene. ...
Die haben da nochmal ganz neue Schritte gemacht. Der Kontakt ist dann verloren gegangen, der Freund von meinem Vater ist dann ein Jahr später gestorben. Aber meine Schwester war nochmal in Polen. Aber es war, glaube ich, schon so ein Stück Versöhnung mit der Vergangenheit. Das war natürlich auch geprägt von diesen Sachen - sie fuhren da mit dem eigenen Auto hin und stellten dann fest, ja immer noch die Straßen alle kaputt ... . Aber es war auch die Begegnung mit dieser Familie und zu sehen und dahin zu fahren und akzeptiert zu sein. Und daß die sagen: ihr seid gute Leute, die Faschisten sind Faschisten, ihr hattet damit nichts zu tun. Das war für die natürlich wichtig. Das heißt, danach war auch nie mehr so eine Diskussion bei uns, wie sie vorher schon oft da war. Ob nun Hitler was taugte oder nicht, ob das mit den Autobahnen was war. Also die Stereotype, die waren bei uns früher da, und danach nicht mehr, ja - danach nicht mehr. Insofern war das also für die gesamte Familie ein tiefer Einschnitt. Ja, es war irgendwie schön, auch. "

Pauls Freude über die neuen Erfahrungen der Eltern, die durch seine zunächst unwillkommene, eigenständige politische Orientierung angeregt wurden, zeigt, daß ihm große Bestätigung in der Familie zu Teil wurde. Indem es ihm gelang, die christliche Tradition mit einer kritisch-politischen Auseinandersetzung innerhalb seiner Familie zusammenzuführen, konnte er sich selbst positiv in der Generationenkette verankern. Sein Aufbruch ins eigene Lebensgeschick, mit dem Wunsch mehr Subjekt seiner Geschichte sein zu können, als er dies im Vorbild seiner Familie sah, führte ihn an dieser Stelle in ein positiv gefügtes Zusammenspiel von Differenzierung und Integration. Kontinuität und Diskontinuität in der Familiengeschichte konnten erkannt und besser angenommen werden als zuvor. Bei aller kritischen Reflexion, die Paul zum Thema Nationalsozialismus und Familie äußert, gab ihm diese konstruktive Dynamik der Auseinandersetzungen viel Befriedigung.
Dennoch blieb das Thema NS-Vergangenheit weiterhin konflikthaft, wie die Berichte über seine Verwandten und die Begegnung mit der jüdischen Baglady in Montreal zeigen.

"Mein Vater war ein verbal Rechter mal. So mit den üblichen Kraftsprüchen. Und diese Sprüche höre ich überhaupt nicht mehr. *Und ich glaube auch nicht, daß er sie noch äußert.* Er hat sich dann die letzten Jahre wählen lassen als Kirchenvorstand und hat da rumgemacht. Und hat da viele Sachen noch so mitbekommen, *hat das alles mitgemacht,* ohne sich da so abgrenzen zu müssen. Und wir haben ja noch so bekloppte Verwandte, *und ich denke, er hält sich da auch zurück und tut das nicht immer so in dieses rechte Horn. So aus diesem Vertreibungsschicksal.* Der ältere Bruder meines Vater war ja sogar auch in der SS aktiv, und *wo das heute auch schon mal erwähnt wird* und meine Eltern das schlecht finden. *Das wird nicht mehr bemäntelt jetzt. Aber das bezieht sich jetzt wirklich nur auf unsere Familie.* Sobald jetzt eine Familienfeier ist, da sind Brüder oder Cousins, dann ist das kein Thema, ja. Da sind sie so verhärtet und verknöchert, und meine Eltern fallen da schon ein bißchen raus. ... Und ich habe dann auch mit den Verwandten nochmal die Auseinandersetzung geführt, am Anfang ja, und es war dann sowas von bescheuert, die waren so verhärtet und so von Vorurteilen beladen. Da ging es denn damals meistens um die Gastarbeiter und was weiß ich, heute würde es um die Asylanten gehen. Das sind völlig unsinnige, sinnlose Diskussionen, weil sie auch unter aller Sau sind, vom Niveau. Und es ist wirklich übelstes Stammtischniveau und da halte ich mich halt raus, weil es weiß, es bringt überhaupt nichts. ... Nee, also daß die subjektiv Opfer waren, das ist klar. Und das war mir auch ziemlich bald klar. Im Anfang habe ich sie sowieso immer als Opfer gesehen, weil sie sich so dargestellt haben. Und dann später, also für mich, meine Eltern waren keine Täter in dem Sinne. Das kann ich klar sagen. Und selbst meine Großeltern warens eigentlich nicht."

Paul hofft sehr, daß sein Vater nicht mehr rechtslastig argumentiert, was auf weiterhin bestehende Vertrauensunsicherheit zum Vater verweist, und zeigt, daß eine Anlehnung an ihn lange Zeit gefährdet war, da sich in die Empfindung von Intimität und Verbundenheit gleichsam starke Enttäuschungen mischen konnten.

Auch die scharfe Abgrenzung zu den Verwandten macht deutlich, daß das Thema Nationalsozialismus und Familiengeschichte Pauls Kräfte weitmehr beanspruchten, als er sich zumuten wollte.

Die Abgrenzung zu den Mit-TäterInnen oder den mitwissend Tatbeteiligten wurde für Paul - und dies setzt sich bei den weiteren InterviewpartnerInnen jeweils unterschiedlich akzentuiert fort - zum notwendigen und auf der politischen Ebene bewußt vollzogenem Schritt, nämlich aus dem Interesse heraus, mit einem positiven Selbstwertgefühl und im Vertrauen auf die Gültigkeit der zu Eigen gemachten moralischen Prämissen handeln zu können. Daß dies mit größeren psychischen Spannungen verbunden war, zeigen die vielfältig geschilderten Konflikte in herausfordernden Begegnungen und moralische Entscheidungsfragen. Die - je nach Familiengeschichte mehr oder weniger belastende - Zugehörigkeit zu den Tätern, doch das nicht mit ihnen Identisch-sein, ist ein wiederkehrendes Thema für die InterviewpartnerInnen bei der Einordnung ihres gesellschaftlichen Handelns und insbesondere bei der Aufnahme von Beziehungen, die vom Erfahrungsbereich der eigenen Herkünfte abgetrennt waren und so im Annäherungsprozeß ein erhöhtes Maß an Selbst- und Fremdvertrauen erforderten.

Pauls starkes Bemühen um eine reflektierte Distanz zur Beteiligung seiner Großeltern an der deutschen Besatzungspolitik in Polen und zu der über lange Jahre währenden "politischen Unverbesserlichkeit" der Eltern wurde im Prozeß seiner politischen Orientierung erfolgreich realisiert. Dennoch stand der Umgang mit dem "negativen Eigentum" (Amery 1988) der eige-

nen Familie immer wieder vor neuen Belastungsproben und führte zu
Sprachlosigkeit oder zum Ausweichen, wie eine Begegnung an unerwarteter Stelle in Montreal zeigt:

"Ich habe in Montreal in einem Viertel gewohnt, was eigentlich das jüdische Viertel
war. ... Und es gab eine Frau, die da immer rumlief, eine baglady mit langen grauen
Haaren, die mir aufgefallen war und die mir auch Angst gemacht hatte, aber mit der
ich nie etwas zu tun hatte Und irgendwann, ich weiß gar nicht mehr wie das gekommen ist, habe ich mit ihr doch mal geredet. Und es stellt sich heraus, sie war eine Überlebende aus Auschwitz ... Und da hat mich das dann alles wieder eingeholt.
Und da hatte ich dann den Impuls, du mußt mehr mit dieser Frau machen. Aber das
hat sich dann irgendwie zerschlagen, ich weiß es heute nicht mehr. ... Jetzt begreife
ich das gar nicht mehr. Aber ich war wahrscheinlich auch zu ängstlich und zu un-
sensibel, zu allein auch, mal genauer nachzufragen und zu gucken."

Obwohl Paul in dieser Begegnung den unterstützenden Rahmen der ASF
für sich hätte in Anspruch nehmen können, fühlte er sich zu unsicher, um
den Kontakt zu intensivieren. In einer Berührung durch die geschilderte
Frau wurde er eingeholt und blieb in der Verwirrung, anstatt eine Klärung
seiner Empfindungen voranbringen zu können.
In den folgenden Lebensabschnitten, dem Pädagogikstudium und der ersten Berufsphase, beschäftigte er sich kontinuierlich weiter mit dem Thema Nationalsozialismus und wählte dafür ein intensives Engagement in
den ASF-Zusammenhängen, zu denen er während seines Freiwilligen-
dienstes einen mehr verhalten-interessierten Abstand gewahrt hatte. Die
langjährige Verknüpfung mit den Ideen und Aktivitäten der ASF macht
deutlich, daß er seine Entwicklungsrichtung seit der Ablösung vom Elternhaus fortsetzen wollte, und zwar innerhalb eines Rahmens, der ein poli-
tisch-moralisches Orientierungsangebot mit flexiblen sozialen Verbindlichkeiten bereit hielt. Im Laufe seines über zehnjährigen Engagements übernahm er verantwortliche Aufgaben und setzte eigene Akzente in der Leitung des Friedenszentrums als auch durch seine Vorstandtätigkeit für die
ASF. Hier grenzte er sich allerdings gegen autoritäre Muster ab und betont ein vermittelndes, arbeitsteiliges Politikverständnis, in dem es nicht
auf Positionierungen, sondern das Realisieren gemeinsamer Gestaltungs-
möglichkeiten ankommt.

" ... ich habe mich immer eher als jemanden verstanden, der in den ganzen Schleifen und Querelen so ein grundsolidarisches Gefühl behielt. Ich denke, es gibt so
viele kritische Leute, die nicht nur kritisch sind, weil sie da ihren narzistischen Krän-
kungen entgegenwirken, solche gab es auch zuhauf, aber dann gab es immer solche, die wirklich Ahnung hatten, und eben mit Herz und Intellekt daran gegangen
sind. Und das hat mir gereicht."

" ... war ich sehr skeptisch gegenüber den ideologischen Machtformen, ob es nun
eine fromme Ideologie ist oder eine politische Ideologie, und das ist auch etwas,

was ich meinen Kindern weiterzuvermitteln versuche. Ich bin sehr skeptisch nach
dem, was so nach Linie riecht und die Welt so zurecht pappt, damit es hinein-
passt."

Auch in diesen Zusammenhängen wird - wie bereits zuvor in seiner
Auseinandersetzung mit den Eltern - ein Prozeß von differenzierenden
und integrierenden Schritten deutlich, und zwar innerhalb eines kontinuierlichen Beziehungszusammenhangs, der ihm emotionalen Rückhalt und
Chancen zur Selbsterprobung ermöglichte. So konnte er kreative Formen
politischer Mitverantwortung realisieren, die seinen Begabungen und persönlichen Entwicklungsbedürfnissen entsprochen haben.
Eine neue Interessensgewichtung nahm Paul durch die Verlagerung seiner
pädagogischen Tätigkeit hin zu therapeutischen Aufgaben in der Jugendpsychiatrie vor. Diese Entscheidung brachte ihn zunächst in Konflikt mit
seinem politischen Ansatz, intensiv für eine gesellschaftliche Humanisierung zu arbeiten, und führte, auch durch eine Schwerpunktverlagerung
auf familiäre Aufgaben, in Ablösungen aus den ASF-Zusammenhängen.

"Und eben wegen dieser Ideologiefeindschaft wollte ich mich nie festlegen. Mich
hat dann das Politische doch weniger als mehr das Sozialpädagogische interessiert.
Vielleicht hat es mit dem Helfersyndrom zu tun, ja sicherlich auch. Was Soziales
wieder mehr zu machen, das war eigentlich so der Auslöser. Und das aufkeimende
Interesse an einer therapeutischen Arbeit, die ich vorher immer verteufelt hab. Das
war ja das schlimmste Systemerhaltende, was man sich denken konnte !
Aber ich hatte die Begegnung mit Schulspiel, mit Psychodrama, das hat mich so
fasziniert. Ich hab gemerkt, das tut mir gut und ich kann das gut. Und dann habe
ich irgendwann mal angefangen, und gedacht Scheiße nochmal, du rennst da irgendwelchen politischen Ansprüchen hinterher ... . Und ich habe dann die Chance
wahrgenommen, in die Kinder- und Jugendpsychiatrie einzusteigen ... Da habe ich
dann auch einfach Blut geleckt. Ja - wenn, dann möchte ich mich da qualifizieren.
Und das gab dann sehr viele innerfamiliäre Auseinandersetzungen, weil das zeit-
aufwendig ist, und da hatten wir schon den Jungen. ...
Und diese ganzen Querelen bei Sühnezeichen, da habe ich gemerkt, mir reicht auch
die Kraft nicht, mich damit weiter auseinanderzusetzen. ... Wir werden immer wieder auch auftauchen und vielleicht wieder einsteigen, aber es ist vom Engagement
her sehr stark von der Familie geprägt."

Im Rückblick auf die zurückliegenden Lebensabschnitte sucht Paul nach
einem Kompromiß zwischen dem bleibendem Interesse an einer basisde-
mokratischen Kultur, in der ein sozial fürsorgliches Verantwortungsver-
ständnisses positiv bestätigt wird, und den nunmehr beobachteten funk-
tional ausgerichteten gesellschaftlichen Antriebsformen, die eher ver-
kaufswertbezogene Erfolgsmerkmale an sich binden.

"Ja, ich habe früher immer gesagt, Karriere ist etwas Kleinbürgerliches. Hab dann
alles mögliche gemacht, mich nicht um berufliches Fortkommen gekümmert. Dann

habe ich mitgekriegt, viele Leute machen aber Karriere auf eine andere Art und Weise, und da habe ich sehr drunter gelitten, daß andere vorankommen, die tollsten Sachen machen und damit auch Geld verdienen und ich krepel rum. Ne halbe Stelle da, und dann ... wieder arbeitslos und dann die zunehmende Kinderschar. Und dann hatte ich auch Existenzangst, mit psychosomatischen Symptomen. Und ich hatte schon gedacht, jetzt bin ich irgendwie weg vom Fenster. Und dann habe ich gemerkt, daß es eine Sache ist, beruflich was zu machen, sich da zu qualifizieren und daß es aber auch viele andere Möglichkeiten gibt. Und diese Familie ist sowas."

Im Ausblick auf das Erreichte betont Paul, daß der damalige "Sprung nach draußen" mit dem ASF-USA-Programm grundlegend für seine soziale Offenheit wurde und zur Distanz gegenüber einengenden Lebenshaltungen führte:

"... bei uns ist noch ein bißchen Durcheinander, wir haben nicht alles, was man so hat."

Auch wenn die Enttäuschung über das geringe Maß an gesellschaftlicher Bestätigung für seine politische und berufliche Biographie deutlich erkennbar wird, bleibt Paul selbstkritisch bei einem Begriff von politischer Mitverantwortung, in dem die Aspekte emotionaler Fürsorge und dialogischer Erfahrungsbezogenheit einen hohen Stellenwert haben.

"... und wenn man älter wird, macht man eben auch die Feststellung, daß so ein Sockel im luftleeren Raum steht, und wenn man glücklich ist, dann steht man selber bereits neben ihm, aber wehe wenn nicht. Dann geht es doch an die Substanz. Natürlich, ich denke, wir haben uns viel vorgemacht. Wenn ich mein Alltagsleben ansehe, ... was da zählt und was nicht, was Substanz hat, was den Kindern hilft, dann stellen sich die Dinge viel, viel unverschleierter."

4. 2. 2   Den eigenen Ort der Geschichte nicht fliehen können.

Frauke: " *Ich habe eine direktere Auseinandersetzung gesucht. ...*
und da war Sühnezeichen ein Baustein. "

Fraukes Beschäftigung mit der NS-Zeit entsprach dem betonten Interesse
ihrer Eltern, und damit war eine Aufgabe bereits ausgesprochen, als sie
ihre eigene Orientierung zum Thema aufnahm:

"Meine Eltern hätten sich gewünscht, alle Kinder machen das."

Obgleich der Vater ihre Entscheidung für die ASF sehr unterstützte, blieben zentrale emotionale Aspekte in der Auseinandersetzung unberück-
sichtigt. In der folgenden Textpassage wird deutlich, daß eine Differenzierung der generationsspezifischen Ebenen für Frauke besonders
schwierig war, da ihr Großvater zum Kreis der Hauptfunktionsträger des
NS-Staates gehörte, und das Familiengefüge dadurch eine Belastung enthielt, für die keine vergleichbaren Bearbeitungsformen existierten.
Der Vater versuchte die überwältigend negative Qualität des Konfliktes
über eine starke moralische Integrität nach innen abzuschirmen, um seinen Töchtern den notwendigen Freiraum für ihr eigenes Leben zu schaffen. Dieses Verhalten erlebte Frauke zwar als moralisch eindeutige, emotional jedoch nicht ausreichende Antwort, da der Dialog über die vielschichtigen Zusammenhänge der familiären Tradition blockiert blieb. So
betonte sie ihr Interesse, die Verdrängungen innerhalb des Generationenverhältnisses aufzuhellen, da die exponierte Rolle des Großvaters bei der
Planung und Durchführung des Zweiten Weltkrieges auch eine Resonanz
in den psychischen Strukturen der Familie gehabt haben muß, die ihn als
Familienoberhaupt getragen und gestärkt hat. Über ihren Vater berichtet
sie:

"Der ist Jahrgang 1928, mit sechzehn, siebzehn ist der eingezogen worden und
war auch nicht lange unterwegs dann, relativ spät - hat von diesen Erlebnissen immer relativ wenig erzählt, wie üblich, erst später als er älter war. Aber natürlich war
immer die Diskussion: Was hat denn dein Vater gemacht ? Und da hatte er für sich
selber, glaube ich, schon solch einen Schnitt gemacht, so daß wir nicht mehr einbezogen waren in die Auseinandersetzung. Er hat das irgendwie abgeblockt, und hat
eigentlich immer betont, *daß sein Vater, also in seinem Beruf, auch noch viel Gutes
gemacht hat.* Und hat sehr viel Wert darauf gelegt, daß er auch entnazifiziert
wurde oder daß er *auch freigesprochen wurde und sowas alles.* Und das waren alles Dinge für mich, die nicht nachvollziehbar waren. Und ich glaube ich hab eine
direktere Auseinandersetzung gesucht darüber. Auch um mich abzugrenzen. Mein
Vater bot mir keine Möglichkeit, mich ihm gegenüber abzugrenzen ! Weil er selber
das schon gemacht hatte, so gut ja. Sich schon so klar entschlossen, ich werde
Lehrer, ich setze mich für die Schüler ein ! War in der Umweltbewegung und ich

weiß nicht was, war ganz klar politisch auch einzuordnen, war ganz klar ein Frie-
densbewegter, hat dann in der Kirche irgendwie viel gemacht. Und ich hab die
Auseinandersetzung nochmal gesucht, ja. Fast auf so einer persönlichen Ebene wär
es mir manchmal lieber gewesen, er wäre konträrer gewesen. Und - Sühnezeichen
war eine Alternative dazu."

Fraukes Engagement für die ASF kennzeichnet ihre starke Bemühung,
vom Vater in die Beschäftigung mit den familiaren Strukturen einbezogen
zu werden, um die weitere Abkapselung des nicht-vermeidbaren Konflikts
zu überwinden. Die Ambivalenz zwischen der Abgrenzung vom Vater
und dem Bedürfnis nach einer direkteren Auseinandersetzung beschreibt
den Wunsch nach einer gemeinsamen Bearbeitung des Themas, das sie
im folgenden Verlauf des Interviews nur in umschreibender Form vermitteln kann.

"Was mich im nachhinein immer fasziniert hat, ist, daß mein Vater aus einer Familie
kommt, wo also - sein Vater war bei der Wehmacht, war *General höchsten Ranges*.
Und darüber gab es immer so Auseinandersetzungen zu hause, inwiefern sein
Vater auch *beteiligt war* an *nicht gesetzlich abgesicherten Dingen*. Oder *beteiligt
war* am Nationalsozialismus und so weiter. Und ich glaube - und das sind
Gedanken, die im nachhinein entstanden sind - daß es auch so ein Versuch war,
darauf Antworten zu finden. Weil mein Vater hat für sich selber so einen ganz kla-
ren Schritt gemacht, nachdem er selber aus Kriegsgefangenschaft zurückkam, damit
total zu brechen und keine Diskussion mehr darüber zu führen, was war gut oder
schlecht."

Die Rolle des Großvaters in Hitlers militärischem Führungsstab wird gerade angedeutet und damit für Frauke auf Distanz gehalten. Obwohl er in
leitender Funktion benannt wird, ist seine Verantwortung reduziert auf
ein "Mitbeteiligt-sein", wodurch seine exponierte Rolle verleugnet wird.
Hier zeigt sich, welche enorme psychische Herausforderung es auch in
der dritten Generation noch bedeutet, die eigene Herkunft mit dem Bereich der NS-Täter verwoben zu wissen. Jene nur annäherungsweise zu-
gängigen Gewaltdimensionen, die damit ein existentieller Teil der Familiengeschichte sind, verformen sich zu einer banalen Handlungsvariante:
"auch beteiligt war an nicht gesetzlich abgesicherten Dingen".
Wie sehr die Notwendigkeit einer Distanzierung vom Großvater über-
wiegt, wird vor allem darin deutlich, daß die einzig geschilderte Erinnerung an ihn kein lebendiges Ereignis betrifft, sondern seinen Tod und die
Rahmengeschehnisse dazu.

"Den kenne ich als ganz kleines Kind nur. Ich kann mich noch gut an das Begräbnis
erinnern. Er ist mit militärischen Ehren begraben worden, daran kann ich mich erinnern, da war ich sieben. Ja, mit Militärkapelle und hochrangigen Politikern und ich
weiß nicht was. Für mich war das, glaube ich, auch so eine Suche nach Ordnung, so

das einordnen zu können, was ist Recht, was ist Unrecht. Denn irgendwas war auch Unrecht daran, und mein Vater konnte mir darauf keine Antwort geben."

Frauke identifizierte sich nicht mit der pompösen Dominanz einer starren Ordnungsmacht, sondern suchte nach einem authentischen Verhalten. In diesem Interesse wurde sie zwar erkannt, traf jedoch zugleich auf eine verobjektivierende Betrachtung ihrer besonderen Familiengeschichte, und wehrte sich gegen Eingriffe in ihre emotionale Bezogenheit zum Thema. So wollte sie ihr Handeln nicht auf den Widerstand gegen etwas eingeschränkt wissen, sondern vielmehr in ihrer positiven Haltung angenommen werden. Und sie wehrte sich gegen die Verschiebung des Großvaters in die Fiktion. An dieser Stelle wird durch den ASF-Vertreter die aktiv ausgeübte Befehlsgewalt des Großvaters über die tausendfache Tötung von Soldaten und Zivilbevölkerung ein zweites mal entwirklicht, nämlich in Form einer Geschichtenfigur, die so hätte sein können, aber vielleicht auch noch ganz anders.

"Zum Beispiel Nevermann, der sprach mich immer darauf an und wollte eine Story daraus machen. Der wußte diese Geschichte mit meinem Großvater und wollte immer eine Story daraus machen, daß eine in der zweiten Generation danach zu Sühnezeichen gegangen ist. Und ich konnte immer das nicht nachvollziehen, weil für mich war das keine Story, für mich war das kein großartiges Ding, für mich war das keine - ja Mühe, zu dieser Situation zu kommen, zu Sühnezeichen zu gehen. Für mich war es eher etwas ... Erwünschtes, Gewolltes ... ."

Im Anschluß an die Freiwilligenzeit entstand für Frauke ein neuer Dialog mit der Mutter, die sich ihrerseits dem Thema wiederannäherte:

"Obwohl meine Mutter - wir haben später mal so eine Fahrt nach Minsk zusammengemacht mit Sühnezeichen. Und da war das erste Mal, daß ich bei meiner Mutter erlebt habe, *wie mühevoll das eigentlich innerlich ist*, sich damit auseinanderzusetzen. Wir hatten da ganz viele Gespräche, mit dem Schriftstellerverband beispielsweise, na wie diese Reisen dann immer so organisiert sind. Und da wurde auch viel von Befreiung gesprochen, von Befreiungsarmee und daß das Land befreit wurde von dem schrecklichen Hitlerfaschismus. Und meine Mutter brach regelmäßig bei all diesen Themen in Tränen aus, weil sie das eben persönlich als Verlust erlebt hatte und nicht als Befreiung. Und das als einen großen Affrond empfand, wie dort gesprochen wurde. Und dann waren wir in der Gedenkstätte Chatyn, und das rechne ich meiner Mutter hoch an, daß sie das gemacht hat. Daß sie das durchgehalten hat ! Sie hat ganz klar gesagt, daß sie das als Verlust erlebt hat, für sich persönlich, aber daß ihr das auf einer politischen Ebene klar ist, daß man das nicht rückgängig machen soll."

Konfrontiert mit politisch-moralischen Wertungen zu den Geschehnissen, die sie als junge Frau anders erlebt hatte, brachte Fraukes Mutter die Jüngeren in Berührung mit ihrer Perspektive und den lange Zeit überla-

gerten Schichten von Trennungs- und Verlustgefühlen. In der Verwobenheit von wiederbelebter Vergangenheit, ihrer individuellen psychischen
Verarbeitung und dem gemeinsamen Gespräch über die Brüche kollektiver Erfahrung, erlebte Frauke die Auseinandersetzung mit Geschichte als
Beziehungszusammenhang, und damit zugleich als emotionalen Bestandteil politischer Verantwortungsprämissen. Wie wichtig für sie die Öffnung
der emotionalen Ebene war, verdeutlicht die folgende Interviewpassage.

> " ... ich war ja stolz darauf, daß meine Mutter mitfuhr, zu so einer Reise. Also das
> waren ja sonst alles nur junge Leute. Und das fand ich natürlich toll von ihr, und
> auch in der ganzen Gruppe war da viel Raum. Alle anderen hatten irgendwie was
> davon, daß so jemand wie sie mitfuhr und eben nicht nur die Generation, für die
> das viel einfacher ist, damit umzugehen, als genau in diesem Dilemma drinzu-
> stecken, wie sie da drin steckte. Und dafür war eigentlich immer auch Raum. "

Ihre Mitarbeit bei der ASF hebt Frauke unter dem Gesichtspunkt der Ablösung vom Elternhaus hervor. Die Chance, sich neu auszuprobieren, mit
Rollenerwartungen zu experimentieren und dabei innere Muster verändern zu können, setzten neue Aufbruchskräfte in ihr frei.

> " ... das Vorbereitungsseminar hab ich ganz stark auch so erlebt als ein Abschied-
> nehmen von zu hause. Wobei Sühnezeichen ja eine sehr legitime Form ist, weg zu
> gehen von zu hause. Das ist ja auch sehr geschickt, das so zu machen. Also alleine
> in die USA zu fahren, das hätten meine Eltern sicher mehr sanktioniert.
> Ja, und dieses Ankommen in diesem gottverlassenen Sievershausen auf dem Bahn-
> hof, das war schon - weiß ich auch nicht - ein ziemlicher Schnitt. Also ich habe das
> auch als einen großen Bruch erlebt, aber auch einen ganz wohltuenden, weil ich
> auch ganz stark so ein Empfinden hatte, ich verabschiede mich von vielen Iden-
> titäten, die ich bislang hatte. Und komme hier an wie ein unbeschriebenes Blatt.
> Und das fand ich auch sehr wohltuend ! Und habe auch gemerkt, wieviel ich mich
> in Situationen anders verhalten kann, wenn ich nicht schon so wie vorher erwartet
> sein soll. Beide Seiten waren ganz intensiv. Also traurig darüber sein, wen man alles
> zurückläßt, und ganz spannend, was da alles passiert so ! "

Im Rückblick auf ihre Freiwilligenzeit betont sie die Erweiterung, unterschiedliche soziale Welten und Lebensformen innerhalb eines Alltags-
zusammenhangs aufeinander beziehen zu können, und dabei selber an
einer offenen Auseinandersetzung zu partizipieren.

> "Die Anstrengungen spielten gar keine Rolle *(lacht)*. Also im nachhinein denke ich
> natürlich war das eine Höllenzeit. Aber da drin zu stecken, das war auch ein totales
> Mitgerissensein, von irgendwie ganz viel. Da vermischt sich ja politisches mit be-
> freundet sein mit vielen, das ist ja wie in einer festen Clique sein. ... Ich weiß noch,
> wir haben zum Beispiel riesen Fundraisings gemacht. Wir machten ein Fundraising
> als dieser Film "Grapes of rasps" gerade raus kam, und diese Welturaufführung
> war in Washington. Und diese eine Frau, die das Boykottbüro in Washington lei-
> tete, hatte dafür gesorgt, daß das eine donation für die Farmworkers wird. Und das

war natürlich Klasse. Eintrittskarten für 200 $ verkauft, an irgendwelche hochgradigen Gewerkschaftsbosse und mit denen irgendwelche Kontakte gemacht, und Arlow Guthrie zum Singen gekriegt, und das hatte schon was, das war schon toll. Ja, selber von 5 $ die Woche zu leben, aber dann auch diese andere Welt, die der Stars der Filmbranche und der anderen so zu erleben. Das war schon Klasse !...
In Washington war eine große Unterstützergemeinschaft aus der jüdischen Gemeinde, und die haben viel für die Farmworkers gemacht. Und speziell war auch, daß einer im Verteidigungsministerium gearbeitet hat. Und das war auch eine der Figuren, wo ich das nie nachvollziehen konnte. Der arbeitete im Verteidigungsministerium und setzte sich für die Farmworkers ein. Und hatte auch immer Verbindung mit Leuten von der Community for Creative Non-Violence, und da hat er auch viel gemacht. Und die sind ja ins Pentagon gegangen und haben dort den B-1 Bomber mit Blut bespritzt, und da war der auch dabei. Und das fand ich auch, ja: Jüdisch zu sein, sich in dieser Gemeinde zu engagieren, in dieser non-violence Bewegung, und dann im Verteidigungsministerium zu arbeiten. Das fand ich - das hat mich beeindruckt irgendwie, wie dieser Mann das macht."

Der jüdische Mann, von dem Frauke berichtet, bleibt namenlos ohne persönliche Identität und wird so auf Distanz gehalten. Im Ausdruck eines von-ihm-beeindruckt-seins, zeigt sich erneut die Suche nach einer Verbindung von Realität und Fiktion, nämlich ihr großes Bemühen darin, dieses positive Erlebnis zu bewahren, das gleichzeitig wiederum auf den überdimensional negativen familiären Kontext prallt. Hier deutet sich im Zulassen von Zwischenräumen jedoch gleichfalls die Chance weiterer produktiver Erfahrungen an.
Obwohl Frauke einen kohärenten Prozeß für sich schildert, in dem es ihr gelungen ist, Getrenntes zugleich in seiner Zusammengehörigkeit betrachten zu können, wird dennoch ihre Abneigung gegen eine verpflichtende historische Bindung erkennbar, da der zwingende Charakter ihres Engagements deutlich als Einschränkung empfunden wird. In Übereinstimmung mit den politisch-moralischen Anliegen der ASF wehrt sie sich ebenso gegen die Dominanz einer unausweichlichen Bedeutung historischer Auseinandersetzung.

"Also ich glaube eher, daß Sühnezeichen eingereiht ist in eine Entwicklung. Also, daß das eine zum anderen gehört, aber nicht daß Sühnezeichen das Ausschlaggebende war. ... kann schon sein, daß Sühnezeichen auch mir die Augen geöffnet hat. Also, daß man in größeren Zusammenhängen *einfach denken muß*. Also einmal *in historischen Zusammenhängen, das ist ja das, was Sühnezeichen so sehr eingepflanzt hat*. Und auch sehr plausibel gemacht hat, sehr nachvollziehbar, nicht nur als einen intellektuellen Akt, sondern auch, daß es was sehr alltägliches bekommt, *in historischen Dimensionen immer wieder zu denken.* "

Im Anschluß an die Freiwilligenzeit suchte Frauke weiterhin eine Auseinandersetzung mit den ASF-Inhalten und fand dabei auch einen emotionalen Rückhalt, der ihren sozialen und beruflichen Interessen Bestärkung und Anregung gab.

"Und da war Sühnezeichen sicher auch ein Baustein, dann im Studium sich wie selbstverständlich damit auseinanderzusetzen. Es war dann schlicht keine Frage mehr.
Und ich habe immer auch weiter bei Sühnezeichen gearbeitet, habe mir ja das halbe Studium damit finanziert. Immer schön Pakete gepackt und dies und das, Versand gemacht und das. Und gewohnt habe ich damals auch mit ehemaligen USA-Freiwilligen, da war ja auch nochmal ein ganz starker Zusammenhalt. Das war ja Familie, und eine Mischung aus irgendwie mit Menschen eng verbunden zu sein, ohne dabei das Gleiche zu machen. Weil alle etwas sehr unterschiedliches nach der USA-Zeit gemacht haben und alle in ihren Bereichen sehr engagiert waren."

Zum Abschluß des Interviews akzentuiert Frauke das Prinzip "durchlaufener" Phasen, die sie während des Gesprächs gewichtet und reflektiert hat, und betont ihr Bedürfnis nach Schwerpunktverlagerungen im Identitätsgefühl. Ihren Entwicklungsverlauf hat sie über das Öffnen abgekapselter Konflikte in der Familie vermittelt, wofür sie in den aufarbeitenden Zusammenhängen der ASF und des Psychologiestudiums Unterstützung erhielt. Doch darüber hinaus beschreibt Frauke den Wunsch, aus der Unfreiwilligkeit des eigenen Ortes innerhalb der sozialen Kontinuität heraustreten zu können. Hier zeigt sich das Problem einer lebensgeschichtlichen Bezogenheit auf die Ausgangspunkte familialer und gesellschaftsgeschichtlicher Bedingungen, die im Sinne eines authentischen Wachstums weder abzuarbeiten noch zu überformen sind, doch in jede Lebensphase so integriert werden können, daß ihre stärkenden und lebensbejahenden Kräfte zu fördernder Wirkung kommen.

"Sühnezeichen, ist ein Verein, der eine ganz bestimmt Altergruppe anspricht. ... ich finde das ist dann auch ein Durchlauf, da muß man sich auch von verabschieden. Das ist jedenfalls nicht meine Identität, die bis ins hohe Alter hinein bleibt. ...
Es ist witzig, ich habe die alle in diesem Jahr ... nochmal eingeladen, die alten Wohngemeinschaftsleute. ...
Im nachhinein ergibt sich ... ein roter Faden. Natürlich kann ich von Brüchen, von Konflikten sagen, die mir sehr zugesetzt haben, aber vielleicht bin ich auch eher so, daß ich im nachhinein das anders ordnen kann, ... Dadurch kriegt man ja auch wieder Power, was Neues zu machen."

4. 2. 3   Die Bindung an das Verhinderte begrenzt die Möglichkeit
           neuer Erfahrungen.

Nils: *"Ich habe in den USA die ersten Juden kennengelernt."*

Nils suchte im Anschluß an sein Psychologiestudium nach einer längeren
Auslandserfahrung und konnte diesen Wunsch mit der Ableistung seines
Zivildienstes über die ASF verbinden. Zunächst grenzt er sich besonders
von der christlichen Tradition der Organisation ab, findet dann aber im
Laufe des Interviews zahlreiche Verbindungen zu Konflikten und offenen
Fragen seines Lebens.

" ... ich zwar gesagt habe, es war ein ganz pragmatisches Motiv, ins Ausland zu
wollen, aber ich andererseits schon denke, daß das einen Zusammenhang hat. Und
ich wahnsinnig früh irgendwie anfing, dieses Land zu fliehen. ... Und das hatte für
mich was zu tun mit irgendwie deutschem Mief oder sowas, oder irgendwie sowas
dunkles hier."

Die Reaktion der Eltern auf seinen Entschluß, den Zivildienst mit der ASF
zu machen, kennzeichnet Nils als ambivalent. Weder erhielt er für diesen
Schritt eine positive Anerkennung, noch eine ausgesprochene Ableh-
nung, was ihn weithin auf sich selbst gestellt sein, und ihn bereits während des Studiums Orientierung in theoretischen Bezügen zum Thema
Nationalsozialismus suchen ließ.
Der Beginn seiner Mitarbeit bei der ASF war getragen von einem starken
Bedürfnis nach positiver Dynamik. Nils beschreibt sich als erfahrungshung-
rig und öffnete sich für neue Beziehungen. So hat er sich während des
Vorbereitungseminars verliebt und neue Freundschaften aufgebaut. In
seinen Erinnerungen an die Gedenkstätte Stutthof überschneiden sich
drei Wahrnehmungsebenen:

" ... da erinnere ich irgendwie am intensivsten die Lektüre, das Wissen, das ich da in
mich aufgesogen habe. Von dem Konzentrationslager selbst, also wir haben da halt
diese Pritschen geschrubbt und sowas - - *(Pause, denkt nach)*-- Ja das hat mich
natürlich alles schon berührt, aber es war letztendlich für mich nicht so bleibend. ....
klar hat mich berührt, teilweise. Aber es hat mich zum Beispiel weniger berührt
als ich dachte - weil es dazu zu ordentlich war.
Also von daher hat mich wirklich glaube ich die Lektüre mehr berührt. Dieser
Kogon, ich fand das war ein Horrorroman. Also da so dieses Bild zu verdichten,
durch Lektüre aus der Zeit. Ja, auch durch Diskussion und die Auseinandersetzung
kam mir das eigentlich sehr viel näher als durch dieses Tatsächliche.
Ja - und etwas ganz anderes war halt nochmal in den USA. Da gabs wirklich nochmal Initialzündungen. Da wurd mir halt wirklich klar, wie judenrein Deutschland ist.
Ich hab in USA die ersten Juden kennengelernt."

Der Ort des nationalsozialistischen Völkermords, der das monströse Zerr-
bild auf die gegenständliche Ausstattung damaligen Handelns zurückführt,
wurde zunächst zur Verunsicherung für Nils. Jedoch wehrte er das "Tatsächliche" keineswegs ab, sondern fand für sich einen adäquaten Zugang
über den Bericht Eugen Kogons und intensivierte den Kontakt mit der
Freiwilligengruppe. Dann zieht Nils eine direkte Verbindung zwischen
dem äußersten Maß an Destruktivität hin zur Begegnungen mit jüdischen
AmerikanerInnen. Sein Gebrauch des Terminus "judenrein" zeigt eine
nicht vorhandene Distanz zur Täterperspektive. An dieser Stelle wird das
konfliktreiche Zusammentreffen zwischen blockierenden Negatividenti-
fikationen und dem gleichzeitig vorhandenen Interesse nach neuen Erfahrungen ausgedrückt. Im Kontakt mit amerikanischen Juden realisierte
Nils die Leerstellen innerhalb seiner eigenen Gesellschaft als Verlusterfah-
rung "... mein Gott, was uns da herausgerissen wurde ...", und empfand
Schuldgefühle gegenüber den Enkeln der NS-Verfolgten, mit denen er
nun zusammenkam.

"Und da erinnere ich auch wirklich ganz viel Schwierigkeiten. ... mit ... zwei Juden
mit denen ich da befreundet war. Und wenn ich so über die was mitgekriegt habe,
also ich das Gefühl hatte, ... irgendwie kamen sie mir immer viel vertrauter vor, als
die anderen Amerikaner. ... Und dann waren das so verquere Freundschaften. Ich
weiß also - meine Mitbewohnerin war dann auch Jüdin, und ich habe mich mit ihrem Freund irgendwie auch gut verstanden. Und wir saßen dann zu dritt im Cafe
und ich habe dann irgendwie einen Weinanfall gekriegt, weil - und die haben das
dann aber irgendwie gar nicht nachvollziehen können. Weil sie meinen, du hast
doch gar nix damit zu tun, ... aber ich da schon gemerkt habe, ich habe den amerikanischen Juden gegenüber einfach ein wahnsinnig schlechtes Gewissen. Und die
Gelegenheit hatte ich in Deutschland ja gar nicht. ...
Ich meinte das zunächstmal auf einer ganz persönlichen Ebene, daß ich hier halt
noch nie einen Juden kennengelernt hatte und ich da dann Leute kennengelernt
habe, ... die Angehörige in Deutschland verloren hatten, und ich stand da als
Deutscher. Oder: Ich war dann mit beim Passahfest und dann wird dieses obligato-
rische Gebet gesprochen, im Andenken an alle, die umgekommen sind, und ich war
der einzige Deutsche und klar waren dann alle Blicke auf mir geheftet und ich wär
vor Scham halt schier in den Boden versunken.   ...
Und in den persönlichen Bekanntschaften war es halt mehr so, daß ich viel mehr
schlechtes Gewissen mitbrachte, als mir von der Gegenseite zugebilligt wurde. Weil
die von sich aus sehr viel mehr differenziert haben ! Was ich nie gewagt hätte, sowas wie die Gnade der späten Geburt - aber gerade diese second generation mir
ohnehin zugebilligt wurde. Und dann haben sie gemeint, ja du bist doch sowieso
Linker. Also irgendwie haben die es gar nicht nachvollziehen können oft, warum es
für mich so schwierig war.
... Ja und ich da auch dachte, mein Gott, wie schade, wieviel wurde uns da genommen, so rausgerissen aus uns, was die verkörpert haben. Da wurde mir auch klar,
von Leuten, die ich gelesen hatte, wieviele eigentlich Juden waren, Frankfurter
Schule und weiß ich was. Und das da einfach so ein Loch aufgerissen wurde. Und

dann begegnest du dann in der Fremde nochmal ... was eigentlich aus unserer Heimat stammt. "

In diesen Interviewpassagen wird deutlich, wie belastet der Versuch freundschaftlicher Beziehungen mit amerikanischen Juden für Nils war, wieviel Einsamkeit er dabei erlebte und welche Beklommenheit die Treffen überlagert haben. Obgleich er viel Engagement in das Zusammensein einbrachte, konnte er sich kaum auf die Individualität der Gesprächspartner beziehen, da eine offene Situationswahrnehmung durch seine Identifikation mit der Täter-Opfer-Rollenstruktur blockiert blieb. Seine Gesprächspartner begegneten ihm jedoch nicht, wie er annahm, als einem Stellvertreter der Täterseite und interagierten ebensowenig mit den Schuldthemen, von denen Nils sich bedrängt fühlte. Die jüdischen Gesprächspartner betonten vielmehr Nils demokratische Haltung und seine geschichtliche Einordnung in die nachgeborene Generation. Dieses Verhalten resümiert er rückblickend: "Und dann waren das so verquere Freundschaften." Hier kommt nicht nur Enttäuschung über ihn selbst zum Ausdruck, sondern auch Ärger darüber, die Entlastung verfehlt zu haben, die er im Zusammensein mit den Kindern der Verfolgten unausgesprochen suchte. In der Scham über seine Herkunft war er selbstverantwortlich gefordert, da seine Gesprächspartner nicht die Rolle einer moralischen Instanz übernahmen. So faßt Nils seine Erlebnisse mit einem Verlustgefühl zusammen: In der Fremde traf er das, was er zu hause vermißt, was sich aber weder einholen, noch durch eine neue Qualität des Miteinanders weiterentwickeln ließ.

Hervorheben möchte ich, daß Nils Schilderungen viel Schmerzliches offenbaren - er auch während dieser Interviewpassagen längere Zeit weinte. Er hatte sich ganz andere Erfahrungen gewünscht, was vor allem darin deutlich wird, daß er weitere Begegnungen suchte und dem Spannungsverhältnis mit jüdischen Gesprächspartnern nicht ausgewichen ist.

In Nils Bemühungen, die jüngere deutsche Vergangenheit in sein soziales Verhalten einzubeziehen, wird der Zusammenhang zwischen einer Differenzierung generationsspezifischer Ebenen und dem Ablösungsprozeß von den Eltern beispielhaft deutlich, wie im folgenden zu sehen ist.

"Also meine Mutter wollte schonmal nichts damit zu tun haben. Die kümmert sich halt schlicht nicht um Politik. Und bei meinem Vater war das eher ambivalent. ... das Dritte Reich fand er bestimmt furchtbar ... . auch speziell das mit den Juden, damit konnte er nichts anfangen. Also da würde er eher auf so einem Standpunkt stehen - also er würde das nie leugnen ... , aber eher auf dem Standpunkt stehen, anderen Völkern ist auch Schreckliches passiert und so weiter. ... Ja, du merkst ja auch so, wie ich drauf abfahre, wenn ich sage: er mit seiner Ethik und so ... andererseits ist es was, was bei uns wahnsinnig lebendig war (!!), wo ich immer so gemerkt habe, ... daß ich mich davon nicht distanzieren kann. Also ich es nie fertiggebracht habe, so richtig leichtfertig zu sein."

Mit ihrer Ausgrenzung des Politischen ließ die Mutter den Sohn in seinen Fragen alleine, der dennoch seine Beziehung zum geschichtlichen Erbe erkennen und die Bindung an verhindernde Strukturen überwinden wollte. Das Beispiel der Relativierungen des Vaters gegenüber den national-sozialistischen Verbrechen, zeigt, daß die emotionale Einengung, durch die väterliche Verlagerung des Themas auf moralische Aspekte, im Vordergrund des Erlebens stand. Im nächsten Erzählschritt beginnt Nils mit einer rückblickenden Einordnung seiner Familie in die Geschehnisse während der NS-Zeit:

> "... da weiß ich nur aus Erzählungen meines Vaters, daß die Mutter eher so eine Art stille Solidarität geübt hat. Also da kam ein junger Mann aus der Nachbarschaft in den Knast, weil er irgendwie Witze erzählt hat gegen die Nazis. Und die hatten ja ein Geschäft (Molkerei) und dann hatten sie den da irgendwie arbeiten lassen und zu Essen gegeben und so weiter und so fort. Ja das Geschäft hatte dann noch das Nachspiel, daß mein Vater, der es als Kopfmensch nie wollte, es übernehmen muß-te, weil sein kleiner Bruder mit sechzehn noch im Krieg verheizt wurde. Und seine Eltern wollten das Geschäft nach dem Kriege abgeben an die Nachkommen. Und es ging ihm dann viel schief und war alles so entsetzlich und er hat sich soviel gequält mit dem Geschäft, alles wegen dieser einen Entscheidung durch den Krieg."

Obgleich der väterliche Familienhintergrund in positiven Verhaltensweisen geschildert wird, bleibt die Lebensgeschichte des Vaters von einer unglücklichen Verstrickung durchzogen. Durch den frühen Tod seines jugendlichen Bruders im Krieg, und dem daraus folgenden Auftrag der Großeltern, den Familienbetrieb fortzuführen, gelang dem Vater kein eigenständiger Lebensentwurf. Vielmehr wurde er darauf festgelegt, eine soziale Kontinuität aufrecht zu erhalten, die mit seiner persönlichen Entwicklung nicht übereinstimmte, und so war er gegen seine eigenen Interessen an einen Teil der familialen Tradition gebunden, die ihm zur quälenden Aufgabe wurde, wie der Sohn zusammenfaßt.
Nils hingegen wollte nicht kleben bleiben, er "floh schon früh dies Land" und suchte im linkspolitischen Bereich nach anderen Akzenten einer Tradition, mit der er sich positiv identifizieren konnte. Doch bleibt er trotz alledem entäuscht vom Vorbild des Vaters:

> "Und als ich dann zurückkam, da war ich ja dann mehr so auf der Schiene, und jetzt wolln wir aber mal bohren und so. Da habe ich dann gemerkt, daß Widerstand kommt. Und da war ich dann ganz erstaunt, weil ich mit dem so gar nicht gerechnet hätte. Weil ich eben mit so einem Vater, der einem Borchert in die Hand gibt, da in dem Punkt vielmehr Aufgeschlossenheit erwartet hätte. Und da eben doch merkte, da ist der Druck der eigenen Geschichte und was es mit ihnen angestellt hat, doch irgendwie viel zu groß, um das andere zuzulassen. Es liefen dann nicht mehr so viele Auseinandersetzungen."

Die enttäuscht-resignierten Erzählungen schlüsseln Nils Neigung auf, sich während seiner Freiwilligenzeit mehr in komplizierten Strukturen und weniger in offenen Möglichkeiten wahrnehmen zu können. Die Ablösung vom Vater, insbesondere dessen Tendenz, die Dinge schief laufen zu lassen, bleibt in der Widerspiegelung des Interviews eine schwierige Aufgabe für den Sohn. Einerseits erhielt Nils kritische Impulse wie die Borchert-Lektüre, doch insgesamt entstand nur ein zäher Dialog, dem der Vater eine ethische Ebene vorgab, der Sohn hingegen eine direkte emotionale Auseinandersetzung suchte, was jedoch erfolglos blieb. Obgleich Nils viel Energie für eine konstruktive Beziehungsklärung einsetzte, wurde die öffnende Erfahrung von Differenzierung und Erneuerung zwischen Vater und Sohn verfehlt.

In der Beziehung zur Mutter entfalteten sich jedoch weiterführende Möglichkeiten. Die Mutter hatte häufig und intensiv über ihre Kriegserlebnisse gesprochen, und Nils macht deutlich, daß er sich bis heute von den starken emotionalen Eindrücken ihrer Kriegsschilderungen distanzieren muß, die ihn als Kind ungeschützt erreicht hatten.

"Ich wurde im Nachhinein stutzig, wenn ich meine Kindheit bedenke oder das Familienalbum durchblättere, dann fiel mir auf, wie oft meine Mutter uns als Kindern vom Krieg erzählt hat. Das war uns wahnsinnig gegenwärtig ! Aber: Das war für mich das Dritte Reich, der Krieg ! Aber diese andere Dimension, daß da Irre Nachbarn abgeholt wurden, und was da kulturell zunichte gemacht und gleichgeschaltet wurde, das ist mir echt erst danach aufgegangen."

Hier zeigt sich, daß Nils durch seine ASF-Erfahrungen neu motiviert war, mit der Mutter ins Gespräch zu kommen und ihre Perspektive kritisch zu hinterfragen. So betrachtete er nicht nur ihre Betroffenheit in der Bedrängnis des Krieges, sondern gleichzeitig die tödliche Reduzierung sozialer und kultureller Pluralität durch den Nationalsozialismus. Seine Einfühlung in die existentielle Gefährdung der ausgegrenzten Gruppen bewirkte zumindest eine defensive, doch direkte emotionale Reaktion. Denn in der Wiederannäherung an ihre Schulzeit findet die Mutter auch dahin, ihre Verunsicherung und Angst angesichts von Deportationsszenen mitzuteilen, wobei sich ihr Rückblick nun durch die damalige gesellschaftliche als auch intrapsychische Spaltung hindurchwagen muß, indem sie ihren Erinnerungen daran mehr Raum gibt als zuvor.

"... weil meine Mutter sich dann schnell auf der Anklagebank fühlte, und andererseits auch immer wieder beteuerte, daß sie das ja auch gar nicht mitbekommen hätte, und dabei immer wieder auf meinen Unglauben stieß. Deshalb sicher sich auch so auf der Anklagebank gefühlt hat. Weil ich mir gar nicht vorstellen kann - ich sagte: mein Gott du hast doch irgendwie Mitschüler gehabt und so ... . Ich mir das heute irgendwie sehr viel besser vorstellen kann ! Daß es sich in so einer Art Normalität weiterschleicht und du es gar nicht mitkriegst. Sie hat mir dann so ein paar außerordentliche Vorfälle erzählt, die sie dann sehr erschüttert hätten. Also zum Beispiel, wo sie an einem Haus vorbeigekommen ist, wo die Gestapo die Möbel von den Leuten auf die Straße geworfen hätte, sowas hat sie mitgekriegt und das hätte sie auch ganz schrecklich gefunden. "

Dennoch gelangt Nils durch die Erfahrung einer in der Gesamttendenz auf die eigene Betroffenheit eingeengten Erinnerungsbereitschaft seiner Mutter auch hier zu einem eher resignierten Resümee.

"... In den Berichten meiner Mutter war das ja praktisch wie eine Naturkatastrophe, die über die Familie hereinbrach. Und dann gibt es einmal die Schreckensopfergeschichten in der Familie und zum anderen die Heldentaten in der Familie. Also wenn du dann es fertig bringst, eine Brandbombe mit der Dreckschüppe noch aus dem Fenster zu werfen und Ähnliches. Aber das war auf jeden Fall das Vordergründige. Und die anderen Opfer, die kamen nicht in den Blick. Auch als ich später dann nachfragte, bzw. dann auch nur sehr schwer."

Ein weiterer Textausschnitt gibt Aufschluß über diesen Zusammenhang, wenngleich das Gespräch mit der Mutter auch von einer konstruktiven Entwicklung geprägt war, in deren Verlauf sie die Impulse ihres Sohnes aufnahm und damit seine Einfühlung in die NS-Opfer zumindest ansatzweise bestätigte. Dennoch fordert es bis heute viel Anstrengung von Nils, die emotionale Bedeutung der Kriegserlebnisse seiner Mutter für sich zu klären:

"Na weils für sie einfach schrecklich war. Sie war ein kleines Kind im Bett und dann ist der Fliegeralarm gekommen, und sie muß in den Keller rennen. Dann ist eine Brandbombe im Dachgeschoß eingeschlagen. ... Sie hat vor allem erzählt, als wir noch klein waren, von daher erinnere ich vielleicht ein Kind, weil ich eins war bei der Geschichte, als sie mir erzählt wurde. Das waren alles Sachen, wo ich Kleinkind war, und später erinnere ich das gar nicht so, daß sie das erzählt hat, und die Sachen, die mir so in Erinnerung sind, daß sind so diese Katastrophendinger."

Die hier geschilderten Bilder zweier Kinder, die szenisch zu einer gemeinsamen Bedrängnis werden, veranschaulichen die psychischen Belastungen, die auch auf Frauen und Männer der dritten Generation noch übertragen werden. Das Bild zeigt weiterhin, daß die intergenerative Verständigung an der Stelle gefährdet ist, wo der Dialog zwischen den Generationen beginnen kann, nämlich aus der Position zweier Erwachsener, die ihre je eigenen Fragen und Gefühle zur Vergangenheit einbringen. Zum konstruktiv verstehenden Gespräch gehört demnach die Überwindung des psychischen (und auch materiellen) Abhängigkeitsverhältnisses, das die Kinder dazu nötigt, die angstbesetzten Erlebnisse ihrer Eltern ungefiltert aufzunehmen.
Die in der Beziehung zu den Eltern erlebte Reduzierung des Themas NS-Vergangenheit auf die Gefühle eigener Bedrohung und Existenzsicher-

ung, führten Nils in seinem Interesse nach einer differenzierten, kritischen Auseinandersetzung in das Spektrum politischer Diskussionen, wobei er jedoch ohne die Unterstützung seiner tiefen emotionalen Bindungen das Gefühl von Heimatlosigkeit erlebte.

Das Interview mit Nils spiegelt einen konfliktreichen doch kontinuierlich weiterverfolgten Prozeß seiner familiären und politischen Auseinandersetzung mit dem Thema Nationalsozialismus. Durch die Mitarbeit in der ASF gelangte er zwar nicht zu der politischen und sozialen Aufgehobenheit, die er sich gewünscht hatte, doch fand er über die interkulturellen Impulse zu mehr Gelassenheit, und einer insgesamt weiträumigeren Betrachtung.

"Und zum andern, wollen wir das alles bewältigen ? Ich habe den Anspruch, glaube ich, gar nicht. Also, ich allein schonmal gar nicht, und so missionarisch war ich irgendwo auch nie drauf. Also ich hab nie gesagt, ich gründe jetzt ein zweites Sühnezeichen, um zu bewältigen. Sondern ich weiß nicht - ich fühl mich dann immer eher so als Teil von was. Da merke ich schon, daß ich mich in den 90ern sehr viel wohler fühle als in den 70ern in Deutschland. Daß ich da merke, daß sich sehr wohl viel geändert hat. Diese politische Überdeterminiertheit. ... Es ist jetzt schon sehr viel mehr experimentierfreudiger."

Abschließend betont Nils sein Interesse an einem selbstverantwortlichen Umgang mit der jüngeren deutschen Geschichte. An der Hand seines Großvaters bleibt er im Bild eigener Erinnerungen an Zerstörung und Wiederaufbau. Allerdings hebt er nun eine dem Generationswechsel zugeordnete Ablösung von schuldhaften Verpflichtungen hervor und bezieht sich auf ein positiv motiviertes Verantwortungsverständnis. Mit dem Utopiebegriff sucht er gleichsam nach einer konstruktiven Aussicht, anhand derer das Bewußtsein der äußerst verletzten Humanität durch die NS-Epoche in die Übergänge sozialer Kontinuität einbezogen wird, und dadurch wachgehalten bleibt.

"Also im Utopischen denke ich, der Zusammenhang zu einer Verantwortung zu dem, was in Deutschland geschehen ist, der könnte oder müßte durchaus bestehen bleiben ! Aber daß diese Verantwortung unter dem Zeichen Sühne steht, das wird mit größerem historischen Abstand irgendwann absurd. ... Und da könnte, ... ein anderes Vorzeichen zum Beispiel "Utopie" sein.
Der Zusammenhang zur Familie, Auseinandersetzung usw., der wird ja immer dünner, und wenn man das macht in Zukunft, ist es eine abstraktere Entscheidung, als es in den 50er Jahren war. Ich denke für mich war es schon abstrakter als für die Leute Ende der 50er Jahre. Daß also dieser Faden da immer dünner wird. Es ist eben etwas anderes, ob es die Kinder der 70er Jahre sind, die in einem Wohlstandsboom aufgewachsenen sind, ich kann mich z. B. noch erinnern, wie ich als Kind mit meinem Großvater durch Mannheim gegangen bin, und wieviel kaputte Häuser da noch gestanden haben."

4. 2. 4 Eine entwicklungsfreudige Orientierung führt zum Abbau konfrontativer Muster

Lisa: *"Das da welche sind, die mir einen Vertrauensvorschuß geben !"*

Lisas Entscheidung für den Friedensdienst mit der ASF ging ein frühzeitiger Aufbruch aus dem Elternhaus voran. Im unversöhnlichen Verlauf der Auseinandersetzung wird eine konfrontative Beziehungsebene zwischen ihr und den Eltern geschildert:

> " ... ich war da gerade zwei Jahre in Berlin. Ich war noch recht jung, neunzehn, ich bin mit siebzehn nach Berlin gekommen. ... mit siebzehn bin ich dann weg und habe die Fliege gemacht. ... Ich bin in der elften Klasse von der Schule runter, also habe das Abitur nicht gemacht. Ich habe es nicht gemacht ! ... und hab` dann meine Eltern angerufen, um ihnen zu sagen, daß ich nach Berlin gehe. Naja: komm du erstmal heim. Ich weiß nicht, ob ich eh meinen Kopf durchgesetzt hätte ... Ich bin dann nach Berlin, das hat also geklappt."

In den folgenden zwei Jahren arbeitete Lisa in einem Selbsthilfeprojekt der Behindertenbewegung. Aus ihren Erzählungen wird ein starker Verantwortungsbezug und gleichzeitig eine enorme Erschöpfung durch das Engagement, das sie den Betroffenen widmete, deutlich.

> "Und habe dabei eineinhalb Jahre eine Frau betreut, die eine ganz schlimme Imunsystemerkrankung hatte, die daran auch gestorben ist, ... und das war so eine teilweise rund um die Uhr Betreuung. Wir haben das nur zu zweit gemacht, und nach dieser Zeit war ich ziemlich ausgepowert."

Nach dieser großen Anstrengung strebte sie zunächst noch keine Fortsetzung ihrer Ausbildung an, sondern suchte nach einem Zwischenschritt. Im Bewerbungsgespräch mit der ASF-Mitarbeiterin erlebte sie eine akzeptierende Beachtung ihres coming-out als homosexuelle Frau, und machte angesichts der aufnehmenden Haltung die ihr entgegengebracht wurde, die Erfahrung einer souveränen Vermittlung ihrer Interessen.

> "Naja, und ich hatte das auch von Anfang so gesagt, also in den Bewerbungsunterlagen hatte ich es nicht reingeschrieben, aber in dem Gespräch mit Ulla Gorges hatte ich es auch als ein Kriterium angegeben für meine Länderwahl. Und zwar, daß ich nicht völlig isoliert in irgendein Kaff gehen wollte. Das wurde so akzeptiert ... Ulla war nett, sie hatte keine Abwehr gegen mich."

Lisas Eltern haben ihre Entscheidung für die Zusammenarbeit mit der ASF zwar nicht unterstützt, den Schritt ihrer Tochter jedoch respektiert und weiterhin eine Verbindung gesucht.

"Ja, die fanden es ganz furchtbar, daß ich es gemacht habe, aber haben auch gesagt: Es ist dann dein Ding, das zu machen. Sie haben auch geschrieben. Und wir haben insgesamt den Kontakt gehalten, ganz klar."

Im Rückblick auf ihre Freiwilligenzeit reflektiert Lisa einen sich ergänzenden Prozeß, der sowohl auf das Thema Nationalsozialismus als auch auf wichtige Aspekte ihrer persönlichen Entwicklung bezogen war, da sie in der Verbindung beider Ebenen dahin fand, konfrontative Muster zu überwinden und reduzierte Kommunikationsformen erneut zu öffnen.

"Also die stärkste Erinnerung an das, was wirklich innerhalb des Seminars gelaufen ist, das war, als wir in Polen waren. Da war auch viel Verdrängung, wir haben uns zum Teil nachts total mit Wodka zugesoffen. Aber das habe ich als Reaktion darauf gesehen, was wir da gemacht haben. Also das war schon ein Schock für viele von uns, denke ich. Für mich war es das erste mal, daß ich in einer Gedenkstätte war. Also allein - dahin zu fahren und über das Gelände zu gehen, diese Führung zu bekommen. Aber wir haben dann da auch gearbeitet. Wir haben aus einer Baracke Bettgestelle rausgeholt und die mit so einem giftigen Zeugs eingestrichen, konserviert sozusagen. Und das mußte halt draußen geschehen, weil du es drinnen gar nicht hättest machen können, und es war halt so März und ziemlich kalt, es lag noch ein bißchen Schnee. Und das war halt ein Teil der Arbeit, und das andere war so in dem Archiv, daß wir da uns zu unterschiedlichen Gruppen zusammengeschlossen haben. Und da haben Martin und ich halt eine Gruppe gemacht zu Homosexuellen im K Z. Das weiß ich noch, daß ich das auch gut fand, daß wir da Zugang hatten zu den Archiven. Auch teilweise Sachen mitnehmen konnten ... . Ich glaube, es war mir schon wichtig, mit dem Thema einen Bezug herzustellen zu welchen in der Gruppe, aber nicht zu allen. Ich hatte mich da schon auch isoliert gefühlt mit dem Thema, und weiß auch, daß ich es als ein politisches Ding gesehen habe, das so jetzt zu machen, darüber zu reden. Aber es war mir nicht wichtig, das allen vorzustellen. Da hatten sich dann Beziehungen herausgebildet, bei denen war es mir wichtig, und da hatten sich durchaus auch Abgrenzungen herausgebildet zu anderen."

In der Dynamik zwischen Rückzug und Aufmerksamkeit während des Gedenkstättenaufenthalts suchte Lisa einen handelnden Bezug zum Ort. Die Orientierung an lebensbejahenden Interessen führte sie in den erforschenden Umgang mit den Spuren ungeahnter Identitätszerstörung, und gleichzeitig an die kommunikativen Grenzen einer strukturell zuwenig unterstützten Verständigung über die Akzeptanz nonkonformer Lebensweisen. An dieser Stelle war ihr Engagement für das Thema Homosexualität noch nicht mit der Erfahrung einer positiven Resonanz durch konstruktive Dialogformen verbunden. Doch mit Beginn ihrer Projektarbeit in Chicago trat sie in ein Beziehungsumfeld ein, das reduzierende Zuordnungen weitgehend entbehrte, und so konnte der Schritt in die USA zum Übergang in ein neues Lebensgefühl werden.

"Und dann das Ankommen in Chicago - daaas war dann ein Kulturschock. Das hat mich umgehauen, da anzukommen und quasi einen Liebesbrief vorzufinden von meinen zukünftigen Kolleginnen. Die dann irgendwie mit love soundso unterschreiben, und mir irgendwelche Sachen hinlegten. Das konnte ich gar nicht fassen! Ich war da halt zu der Zeit so relativ tough. Wenn ich mir die Photos angucke, wirklich so mit schwarzer Lederjacke, die' noch die Farbflecken von der letzten Demo drauf hatte. Und schwarzgefärbte rappelkurze Haare ! So wie ich det jetzt auch bei ganz vielen wieder sehe, in Kreuzberg, wenn ich da arbeite. Naja, es ist nicht mehr mein Ding, aber das wars halt zu der Zeit. Und da hatte ich wirklich erstmal Schwierigkeiten, mit dieser netten, freundlichen Art umzugehen. Also eben nicht mehr dieses ganze Konfrontative zu haben, und daß da welche sind, die mir einen wahnsinnigen Vertrauensvorschuß geben. Das hat mich umgehauen ! Das war gut !'"

Die Erfahrung, keine konfrontativen Vorgaben, sondern vielmehr vertrauensvoll motivierte Erwartungen an sie vorzufinden, bahnten grundlegende emotionale Veränderungen an. So ging Lisa verbindliche Beziehungen künftig auch ohne einseitige Vorleistungen ihrerseits ein, und konnte in komplizierten Situationen eine flexiblere Haltung einnehmen. Den schrittweisen Charakter dieses Prozesses schildern die beiden folgenden Textpassagen.

"Ja die Korrespondenz ging eben auch über einschneidende Erlebnisse, die für mich dann insofern was mit ASF zu tun haben, als ich über ASF überhaupt an sowas rangekommen bin. ... Also jüdische Kultur inklusive der Feiertage, das auf einmal wahrzunehmen, und darüber dann auch andere - mit denen ich gearbeitet habe, oder die ich irgendwie traf - sie als Jüdinnen wahrzunehmen und mich dann auch darauf beziehen zu können. Das waren Sachen, über die ich dann auch mehr geschrieben habe. Die dann wirklich auch in meinem Alltag waren. Davon wollte ich gerne erzählen.
... also es war eben auch ein großes Ding für mich, da hinzugehen, und da eben auch als deutsche Frau zu sein. Als solche sofort identifiziert zu werden, eben ganz bewußt als deutsche Frau dazusein. Ich wußte nicht, wie ich mich verhalten sollte. Also ich war wirklich voller Schamgefühle, hab` mir alles so angezogen, also die ganze deutsche Schuld quasi auf mich geladen, und saß dann da."

Auch für Lisa war die kontinuierliche Begegnung mit jüdischen Frauen und Männern eine unerwartete Erfahrung, und in der geläufigen Präsenz jüdischen Lebens im amerikanischen Alltag wurden ihr die Verdrängungen der eigenen gesellschaftlichen Realität bewußt. Durch die Möglichkeit, ihre Gefühlsunsicherheiten mit den anderen ASF-Freiwilligen zu thematisieren, fand sie aus der Diffusität negativ-abhängiger Beziehungsmuster heraus, und berichtet in der folgenden Erzählung über den beidseitig verantworteten Aufbau einer neuen Beziehungsebene:

"Und ich habe die angerufen, und sie hat sofort am Akzent erkannt, daß ich deutsch bin. Und sie fragte dann: biste Deutsche und da sagte ich ja, und da sagt sie, I`m jewish. Also sofort eine Konfrontation. Ich weiß nicht mehr, was ich darauf gesagt habe, ich weiß nur noch, daß ich schweißgebadet war deswegen, aber wir sind dann doch losgefahren, Also es war nicht so, daß sie von ihrer Seite aus sagte, ich will mit dir nichts zu tun haben. ... wir haben da auch während der Fahrt noch drüber geredet, ich weiß nicht mehr wie, es war so eine vorsichtige Annäherung. Und ich weiß auf jeden Fall, daß ich ihr auch deutlich gemacht hab, daß ich mich sehr darüber freue, daß sie mir auch dieses Vertrauen entgegenbringt, daß wir da zusammen hinfahren. Und wir haben dann richtig auch Zeit miteinander verbracht, also wir haben so unsere Zelte nebeneinander aufgeschlagen, und haben dann immer wieder uns so getroffen, zu verschiedenen Dings. Also das war ganz gut. Aber das war auch erstmal eine Herausforderung. ... Ich glaube, daß es durchaus einen Einfluß hatte, für sie zu wissen, in welchem Rahmen ich da bin ! Auch daß sie wußte, in welchem Projekt ich da bin, daß ich da nicht bloß als Touristin bin. ... Ich denke schon, daß Sühnezeichen da einen sehr großen Vertrauensvorschuß hat."

Aus der Annäherung einer gemeinsamen Fahrt entwickelten sich weitere Erlebnisse, in denen Lisa nicht mehr passiv an Furcht- und Schamgefühle gebunden blieb, sondern sich für ein Kennenlernen engagieren konnte, das beiden Frauen gelungen ist. Den erfolgreichen Verlauf dieses öffnenden Prozesses differenziert sie rückblickend auf zwei Ebenen: Nämlich zum einen, dem wechselseitigen Interesse an neuen Erfahrungen, und zum anderen, den für beide Seiten hilfreichen Orientierungsmerkmalen der ASF, deren Aktivitäten eine vertrauensfördernde Grundlage bildeten, und damit den Umgang des ausprobieren und gestalten könnens, sehr erleichtert haben.

Doch auch beim harmonischen Ausklang der Erzählung bleibt die emotionale Verunsicherung, aus der Lisa sich im Verlauf der Ereignisse herausgetastet hat, erkennbar. Im nachfolgenden Themenschwerpunkt des Interviews schlüsselt sich über die Geschichte ihrer Eltern ein generationsimmanenter Erklärungsansatz auf.

"Meine Eltern sind relativ jung, die sind '37 und '39 geboren. Ich weiß nur von den Eltern meines Vaters mehr, von den anderen Großeltern nicht, die sind relativ früh gestorben. Meine Großeltern väterlicherseits, die haben in Ostpreußen gelebt, und meine Oma hat sich da immer sehr bedeckt gehalten. Was ich über ihre Schwester, also meine Großtante mitbekommen habe, haben sie die Ideologie immer sehr stark vertreten. Also da keinerlei Distanz gehabt und jetzt im Nachhinein wohl eher, aber eben aus diesem allgemeinen Schuldgefühl heraus, aber nicht, daß sie wirklich etwas da erkannt hat, glaube ich. Die Gespräche mit ihr gingen dann ganz schnell immer darin auf, wie schrecklich der Krieg war. Eben der Krieg allgemein, da war keine Differenzierung. ... das hat sich eben immer alles so ganz diffus gehalten. Was sie eher und mit Verhemenz dargestellt hat, waren die schrecklichen Bombenangriffe, wie sie da persönlich darunter gelitten hat. Aber einer wirklichen Auseinandersetzung, der hat sie sich eigentlich immer entzogen."

Da beide Eltern über ihre Erlebnisse als Kriegs- und Flüchtlingskinder schweigen, überspringt das Gespräch zur NS-Zeit eine Generation. So rufen herausfordernde Begegnungen, wie sie oben beschrieben wurden, Fragen zum eigenen Ort in der Geschichte hervor, zumal Lisas Versuche, durch die Verwandtschaft mehr über den Familienhintergrund zu erfahren, keine differenzierenden Einblicke erbrachten.

" ... also ich müßte das erstmal trennen, daß ich mit meiner Mutter ein schwieriges Verhältnis hab. Ich rede nicht über persönliche Sachen mit ihr, und auch nicht über politische Sachen. Wir reden relativ wenig - es ist nicht einfach. Und mit meinem Vater ist es schon eher, worüber wir mal reden, sind allgemein-politische Sachen. Da ist schon ein anderer Kontakt, wir machen regelmäßig im Jahr zusammen eine Bergtour und solche Sachen. Also zu zweit, wo dann auch einfach gut die Möglichkeit ist, solche Gespräche zu führen, aber so weitreichend habe ich die denn auch nicht genutzt. Wobei ich nicht weiß, wieweit er sich dem stellen würde. Aber wahrscheinlich habe ich da auch Angst davor, was denn so alles raus kommt. ...
Sie waren auf der Flucht dann. Die sind ja von Ostpreußen weg und denn in Ludwigstadt gelandet. Also da weiß ich - mein Vater hat da nicht drüber reden wollen - da weiß ich denn wieder mehr über meine Tante, die jüngere Schwester von ihm. Weniger über die Flucht direkt, als denn über die Zeit in Ludwigstadt, wie sie aufgenommen wurden und was da von den Leuten kam. Auch diese Ausgrenzung, die sie dann erfahren haben, als Flüchtlinge. Aber sie war halt auch zu jung wiederum."

Die stumme Existenz des Themas provoziert negative Phantasien und konfrontierte Lisa mit einer unbeweglichen Problemkonstellation, in der sie weithin auf sich selbst gestellt war. Da sie um die emotionalen Belastungen, denen der Vater als Kind und Jugendlicher ausgesetzt war, weiß, wird es umso schwieriger für sie, problematisierende Fragen zum Thema Nationalsozialismus anzusprechen.

Auf der aktiveren Gesprächsebene mit dem Vater über die politische Gegenwart, fließen dennoch bestärkende Impulse für ihre Beschäftigung mit der jüngeren deutschen Vergangenheit ein. Die Ambivalenz der Eltern, zwischen einer negativen Bewertung des Themas und einer akzeptierenden Beachtung für Lisas Engagement, wurde bereits im Zusammenhang ihrer Entscheidung für die ASF deutlich. Durch diese Form eines eingeschränkten, oftmals ungesicherten Rückhalts für ihr Handeln, verlangte eine integrierende Bearbeitung besondere Anstrengungen von ihr, die sie jedoch in einer kontinuierlichen Auseinandersetzung mit den Beteiligten mehrerer Generationen fortsetzte.

"Und auf einer anderen Ebene ist das gerade für mich wieder aktuell geworden, die Auseinandersetzung mit Nationalsozialismus als politische Erziehung, weil es ein Thema für mein Vordiplom ist, was ich gerade in Erziehungswissenschaften mache. Und ich habe mitgemacht bei einer Projektwoche von der Uni aus mit einer Schulklasse aus Halle zum Thema Rechtsextremismus. Ich hatte in Erziehungswissenschaften so ein Projekt gemacht, wo es um die Freundschaft zwischen Margarethe

Buber-Neumann und Milena Jesenska ging, die sich in Ravensbrück kennengelernt hatten. Und das haben wir halt als Auslöser genommen, über uns da mehr zu lernen, und haben das zum Thema genommen für diese Projektwoche, ... Wir sind nach Prag gefahren ..., weil ... wir dachten, daß es wegen Milena Jesenska gut ist, weil du da auch durch die Stadt gehen kannst und so Orte suchen. Und da war dann meine Frage für dieses Vordiplom, inwieweit so eine Art von Vermittlung, die eben direkt an Personen ansetzt und nicht an so einem Überding, geeignet ist, zu wissen, was passierte. ... Da merke ich schon, daß meine Sühnezeichengeschichte und -erfahrungen ganz viel dazu beigetragen haben, weil ich mich mit dem Thema weiterbefassen will. Auch mit dem Thema, was heißt das jetzt für Jugendliche, was heißt das für ihr Verhalten und inwieweit können sie beeinflußt werden."

Obgleich Lisas Zugang zum Thema Nationalsozialismus durch das Schweigen ihrer Eltern sehr erschwert war, überwog die Bedeutung der aufschlüsselnden Impulse in ihrer langjährigen Auseinandersetzung. Anhand der zurückliegenden wie auch der nachfolgenden Erzählpassage wird noch einmal ihre Ausrichtung auf einen integrativen Prozeß deutlich, in dem generationsspezifische Differenzierungen weitergedacht, und uneingelöste Erwartungen an sich selbst und ihr gesellschaftliches Umfeld in Form einer fragenden Haltung artikuliert werden.

"Also intellektuell würde ich das nicht als Schuld bezeichnen, als persönliche Schuld. Aber ich habe Schuldgefühle, ja ! Die sind da. Die sind in Momenten da, wenn ich so sprachlos werde, wenn ich mit einer Situation konfrontiert bin, die diese historische Schuld nochmal vor Augen führt zum Beispiel. Und ich sehe durchaus eine große Verantwortung, die wir jetzt haben, gerade jetzt in den letzten Jahren. ... wenn ich zum Beispiel mir meine Unfähigkeit angucke, das Thema nochmal genauer nachzuhaken bei meinen Eltern, ... Und da hakt es auch bei mir, wo ich das Gefühl habe, wie kann ich das schaffen, das zu integrieren, diese intellektuelle Auseinandersetzung was ich da an der Uni mache, zu überlegen, wie kann ich sowas vermitteln, und das auch mit mir wieder in Verbindung zu kriegen.
... da ist aber gleichzeitig auch dieses Gefühl der Überforderung mit drin, ... Und dadurch ist der Druck auch so groß, mit diesem Wissen: Wir schieben das jetzt nochmal weiter, und es wird noch schräger. Das wird immer schwieriger, je länger das dauert. Und es geht nicht weg. Also es ist ja nicht so, daß es möglich ist, das einfach zu vergessen ! "

In ihrer Schlußakzentuierung betrachtet Lisa Entwicklungssprünge generationsimmanenter Zeiterfahrung, in denen einerseits der Prozeß von Distanzbildung angelegt ist, doch andererseits die Verflechtung zwischen intellektuellen und emotionalen Aufgaben weiterhin beachtet bleibt. Ihre Betonung des Schwierigen, das nicht vergeht und Druck auferlegt, verweist noch einmal auf ihr Bedürfnis nach einer Öffnung angestauter Sprachlosigkeit. Aus der Wahrnehmung einer konfliktreichen und gleichzeitig positiven Gebundenheit sucht Lisa schließlich eine Balance zwischen Empathie, Verantwortungsbereitschaft und Achtsamkeit für die eigene Person. Ihr Schlußwort beschreibt die Annäherung dorthin:

" ... ich arbeite daraufhin, daß ich Begegnungen mit Betroffenen und Leidtragenden auch anders hinkriegen kann und ich mich weder meiner Verantwortung entziehe, noch mich ständig verkrieche, vor lauter huch, ich darf eigentlich gar nicht hier sein, ich habe gar keine Existenzberechtigung sozusagen."

4. 2. 5 Die Beschäftigung mit den Spätfolgen wird zur Versöhnungserfahrung auf beiden Seiten.

Jonas: *"Entscheidend war für mich der Schritt vom abstrakten Wissen zur persönlichen Erfahrung."*

Jonas kommt aus einer protestantisch geprägten Familie, sein Vater war Pfarrer, die Mutter Kirchenmusikerin und mit beiden Eltern gab es eine intensive Auseinandersetzung über den Nationalsozialismus.

"Es gab in unserer Familie das Bekenntnis, daß die Shoa auf der Täterseite eine moralische Katastrophe hinterlassen hat."

Nachdem er den Zivildienst bereits abgeleistet hatte, entschloß sich Jonas, auch noch einen Friedensdienst mit der ASF zu machen. Gegen die Erwartungshaltung des Vaters, sich nun zielgerichtet auf die Berufsausbildung zu orientieren, wählte der Sohn eine ihn faszinierende Form des eigenständigen Umgangs mit einem Lebensthema seines Vaters. Als erster ASF-Freiwilliger nahm er die Projektplazierung in einer jüdischen Organisation in New York City und damit eine besondere Herausforderung an. Wäre er gescheitert, hätte dies deutliche Konsequenzen für die gerade beginnende Kooperation der ASF mit ihren jüdischen Partnerorganisationen gehabt.

"... was das Theoretische, eben die Auseinandersetzung angeht, mit jüdischer Kultur und Geschichte, war das nichts für mich, was außerhalb des Alltäglichen lag. Mein Vater hat ja über viele Jahre hinweg Gemeindereisen nach Israel organisiert, sich dort sehr, sehr eng angefreundet mit einer jüdischen Emigrantin aus Holland, die seine Reisegruppen betreute. Das ergab sich dann so, mit jeder Reisegruppe kamen die sich näher und das ist eine richtige Freundschaft geworden. Und insofern war für mich das Thema, also christlich-jüdischer Dialog, auch das Thema Holocaust ein Begriff. Ich bin in einer Umgebung aufgewachsen, in Gestalt meiner Eltern, die das nie ausgeklammert haben. Ich hatte nie das Gefühl, da wird um den heißen Brei herumgeredet, bzw. sie wollen auch nichts sagen über ihre Eltern, im Gegenteil, das war relativ offen. Völlig neu (!) war für mich natürlich die Erfahrung, als erster, einziger und völlig unvorbereiteter Nicht-Jude, als Goy, in einem rein jüdischen professionellem Millieu zu leben. Das war völlig neu ! Und das war für mich, wenn ich zurückschaue, auch die einschneidenste Erfahrung. Ja, die Minderheit zu sein. Also ... die Verkehrung der Dominanzen. "

Bereits in dieser Textpassage wird - wie auch anhand späterer Interviewstellen die Aufschluß über die Familie während der NS-Zeit geben - deutlich, daß Jonas sehr früh einen konstruktiv vermittelten Zugang zum Thema NS-Bearbeitung hatte. Über den Ansatz einer kritisch nachvollziehenden Betrachtung des Handelns seiner Eltern und Großeltern hatte er Selbstvertrauen und inhaltliche Kompetenzen entwickelt, wodurch er sich in der Lage fühlte, die Zusammenarbeit mit der ADL (Anti Defamation League) eingehen zu können. Das Thema Nationalsozialismus war für ihn weder von Tabuisierungen noch von einer Kampfebene zwischen den Generationen durchzogen, sondern vom Wissen begleitet, daß die Beziehung zwischen Juden und deutschen Nichtjuden nach der Shoa weiterhin existent ist. Gerade in dieser Hinsicht suchte Jonas über seine Projektwahl gezielt nach eigenen Erfahrungen, und konnte seine Auseinandersetzung mit den Vorgaben des Vaters verknüpfen, als die Eltern ihn in New York besuchten.

"Als mein Vater hörte, daß ich nach dem Zivildienst nochmal ein Jahr ins Ausland gehen und immer noch nicht mit dem Studium anfangen wollte, war er leicht verschnupft. Als er dann hörte, daß ich in die USA gehe und bei einer jüdischen Organisation arbeiten würde, war er völlig Feuer und Flamme, fand das ganz toll. Und es dauerte dann auch kein halbes Jahr, da standen meine Eltern in New York auf der Matte. Und ich hatte im Vorfeld versucht, sie günstig unterzubringen, unter anderem meinen Chef bei der ADL gefragt, und der wollte sie kennenlernten und sagte: "Sie können bei mir wohnen". Und dann haben die bei dem auch gewohnt und waren natürlich ganz begeistert, daß das so unkompliziert klappte und haben sich dann viel mit ihm unterhalten. Insofern ist ... das Gespräch darüber nicht nur von mir aus gelaufen, sondern auch durch solche Erfahrungen. Ja, das Gespräch ist unmittelbar weitergegangen in die Umgebung, in der ich da nun lebte und in der sie dann haben selbst mitmischen können. Deswegen könnte ich jetzt gar nicht so sagen: da war die Zäsur; ... meine Eltern haben sich selbst nochmal in den Themenbereich hineinbegeben. "

Jonas ging sein Leben in New York und die Projektarbeit mit interessierter Offenheit an und wurde damit positiv aufgenommen, wie die Einladungen bei seinen KollegInnen zeigen. Dabei begegnete er sowohl den existenziell trennenden Übermittlungen der Spätfolgen auf Seiten der Opfer als auch dem Vertrauen seiner Gastgeber, ihn an ihrer Kultur teilhaben zu lassen.

" ... die Auseinandersetzung mit der traumatischen Erfahrung des Holocaust bekam für mich natürlich erst in New York, im Kontext der ADL, eine persönliche Dimension. ... Weil ich die unterschiedlichsten Leute kennenlernte, die mittelbar oder unmittelbar betroffen waren. ... Ich bin dann mal eingeladen gewesen bei ihr, am

Sabbath ... Also die rituelle Handwaschung, daß man an den Gebeten teilnahm und vor allem sich auch einließ auf dies wunderbare Laissez faire, das der Sabbath ja bedeutet. ... Und für mich war natürlich der Dreh- und Angelpunkt auch die Erfahrung, durch Leute wie Judith Mufth, die mir erzählt hat, daß sie nicht nach Deutschland fahren kann und daß es ihr einmal physisch schlecht geworden ist, als ihr Flugzeug plötzlich auf dem Weg von Israel zurück in die USA unvorhergesehenerweise in Frankfurt zwischenlandete, daß die mich einlud. Das war natürlich - alles was da so unausgesprochen mitschwang, das war eine sehr intensive Erfahrung. ... Dann gab es am Ende des Jahres, bevor ich dann nach Washington ging, eine kleine Feier. In ihrer Abschiedsrede, die Judith hielt, zeigte sie mir, daß sie mich im Grunde genommen als Freund jetzt betrachtet. Und dennoch auch keinen Hehl daraus machte - das habe ich sehr sehr gut in Erinnerung und das habe ich ihr aus meiner Sicht hoch angerechnet - wie mißtrauisch sie war. Da war sie ganz ehrlich. Und dieses Mißtrauen hatte natürlich mit den Erfahrungen zu tun, die ihre Familie gemacht hat. "

In der folgenden Textpassage wird deutlich, auf welcher Grundlage Jonas seinen Respekt vor dem Trennenden in die gleichzeitige Erfahrung emotionaler Berührung und freundschaftlicher Begegnung integrieren konnte:

"Ich war immer klar: Ich muß eine Trennlinie ziehen zwischen ethischer Verantwortung und persönlicher Schuldverstrickung, "

Indem er die Handlungsebenen zwischen den Generationen differenzierte, konnte er den Kontakt auch in spannungsgeladenen Situationen aufrechterhalten, da er weder durch eigene, noch von außen an ihn gerichtete Schuldempfindungen blockiert war. Dadurch gelang es ihm, konfrontative Begegnungen zu klären und gleichzeitig der generationsspezifischen Verwobenheit mit den Folgen des Nationalsozialismus weiter nachzugehen.

" ... das war für mich immer klar. ... das habe ich wohl durch mein Auftreten signalisiert, daß der Grund, warum ich überhaupt da bin, und warum es eine Organisation wie Aktion Sühnezeichen gibt, eben das klare Bekenntnis ist: Es gibt eine moralische Verantwortung, die generationenübergreifend ist. ... ich erinnere mich zum Beispiel an eine Situation in Connecticut - da stand ein junger Mann auf, nachdem ich geredet hatte, und sagte: Was mir eigentlich einfalle, hier in den USA zu sein. In Deutschland seien die rechtsextremen Kräfte gerade wieder im Kommen. Da gab es damals verschiedene Bombenanschläge rechtsextremer Terrorgruppen in Bologna und in München auf dem Oktoberfest, und er war da ganz erregt darüber, daß organisierte Neonazis wieder Menschen terrorisierten, und meinte, ich solle doch erstmal bei mir zu Hause die Dinge in Ordnung bringen. Und ... für mich war auch in solchen Situationen klar, das sind Positionen, die ich zu akzeptieren habe, aber die ich nicht als eine persönliche Schuld empfinden muß und als einen Angriff auf mich persönlich. "

Hier wird deutlich, daß Jonas sich weder in Schuldgefühle drängen ließ, noch seinen Gesprächspartnern die Aufgabe einer moralischen Instanz für sein Verhalten zuordnete. Dadurch konnte er authentisch bleiben und wurde zu einem "glaubwürdigen Gegenüber". Weiterhin war er in der Lage, sich sowohl zum politisch-theologischen Ansatz der ASF, als auch zum Verhalten seiner Familie eine eigene Position zu erarbeiten. Die Verknüpfung beider Ebenen zeigt ebenso seine Bereitschaft, sich selber - über die Öffnung der eigenen Geschichte - in Frage stellen zu lassen.

" ... das Interesse aneinander beruhte ja auf Gegenseitigkeit ! ... am Thema Israel habe ich mich sehr zurückgehalten. Da hatte ich immer das Gefühl, ich setze mich zwischen alle Stühle. Ich fühlte mich viel sicherer, wenn ich über Aktion Sühnezeichen oder ganz persönlich über meine Familie sprechen konnte. Und ... sie haben mir zugehört als einem glaubwürdigen Gegenüber. ... das war ja eine einmalige Chance. Ich bin mit Herzklopfen manchmal in eine Veranstaltung gegangen. Aber ... es war ja auch eine Anerkennung für mich, ... Natürlich, der rote Faden war die Auseinandersetzung ... mit der historisch-moralischen Hypothek der Naziära. ... das ist immer wieder das Hauptthema ... gewesen. "

Von der anfänglichen Orientierung an moralischen Fragen angesichts vieler leidvoller Erlebnisse, die ihm vermittelt wurden, und der komplizierten Auseinandersetzung in die er sich hineinbegeben hatte, gelangte Jonas im weiteren Verlauf zu einer Verbindung zwischen intellektueller und emotionaler Verarbeitung.

" ... die entscheidende Erfahrung für mich war der Schritt vom abstrakten Wissen zur persönlichen Erfahrung. Das Trauma des Holocaust hatte für mich erst in den USA viele Gestalten angenommen. ... Das hatte plötzlich für mich viele Gesichter und Konturen. Und das reichte von Überlebenden der Konzentrationslager, die noch die Gefangenennummern eintätoviert hatten - was ich auch in den USA zum ersten mal gesehen habe, und allein das war für mich ein Einschnitt, daß diese Kennzeichnungen deutscher Verbrechen im Alltagsleben mir auftauchten - bis hin zu den Kindern und Kindeskindern, die unter den Spätfolgen litten. Und überhaupt erstmal mitzubekommen, wie weit das Spektrum der Spätfolgen ist, ... auch im Versuch mit diesem Trauma umzugehen. Das war für mich von fundamentaler Bedeutung. Da habe ich begriffen, wie kurz eigentlich Ideologien, Systeme und fundamentale Erklärungen greifen. ... Das härteste Verhör, das ich erlebt habe, bevor das Eis taute, hatte ich in Minneapolis in einer jungen Familie, da hatte ich es gar nicht mit der Generation der Überlebenden zu tun, sondern eben mit den Kindern, die wesentlich mißtrauischer waren als Betroffene aus der älteren Generation. Da wurde ich wirklich - ich war zwar zum Essen eingeladen, doch es war eine eisige Atmosphäre. Und da hat es anderhalb Stunden gedauert, bis ich den Eindruck hatte, jetzt schmilzt das Eis, wir kommen in ein Gespräch. Aber auch das habe ich akzeptiert. ... Ich dachte nicht, was fällt denen ein, mich so zu behandeln. Es kam dann auch nach und nach heraus, mit welchen Problemen sie im Alltag ihrer Eltern konfrontiert wurden. Zum Beispiel mit den Alpträumen ihrer Eltern, ja Kinder, die nachts ihre Eltern furchtbar schreien hören. Das war dann wieder eine ganz andere

Ebene für mich, auch daß sie anfingen, mir das zu erzählen. Der Mann war Archi-
tekt und sagte so nach zwei Stunden, ich solle doch mal mit nach oben kommen, er
wolle mir etwas zeigen. Und er hatte da ein großes Modell stehen, für die Altstadt
von Jerusalem. Er hatte an einem Archtitekturwettbewerb teilgenommen, und es
ging um die Sanierung der Altstadt von Jerusalem. Und da habe ich in dieser Situation empfunden - also das war mir klar - wenn er mir das zeigt, ja, ein Projekt in das
sein Herzblut geflossen ist, dann ist jetzt der Dialog miteinander offenbar ent-
spannt."

Dieses Erlebnis zeigt, daß Jonas in der doppelten Atmosphäre zwischen
Einladung und Abweisung auf eine eigene Vertrauensbasis zurückgreifen
und damit eine Weiterentwicklung der äußerst belasteten Gesprächssituation erreichen konnte. Die Erkenntnis seiner Familie, daß "die Shoa
auf der Täterseite eine moralische Katastrophe hinterlassen hat", diente
hier als Handlungsorientierung, um die psychischen Spannungen dieser
Situation zunächst auszuhalten und den Gastgebern weiterhin sein Interesse an einer Verständigung vermitteln zu können. Da er sich nicht in einer inneren Abwehr zu seinen Eltern befand, konnte er den beidseitigen
Verunsicherungen, die sich in der Ambivalenz zwischen Konfrontation
und Annäherungsinteresse ausdrückten, konstruktiv begegnen.
Jonas` Rückblick auf seine Projektzeit macht deutlich, daß er über den
Prozeß generationsspezifischer Differenzierungen in der Lage war, den
konfliktbesetzten Wunsch seiner Gastgeber nach einer versöhnenden
Erfahrung zu erwiedern, indem er der Anerkennung folgte, ihn an ihrem
Leben Teil haben zu lassen. Dabei erlebte er ein Vertrauen in ihn, das seine Mitmenschlichkeit in besonderer Form bestätigte und ihm viel Anerkennung gab.
Während Jonas seine politische Entwicklung im Zusammenhang grundle-
gender Themen seines Vaters akzentuiert, widmet er den Großeltern väterlicherseits nur einen kurzen Bericht. Die Auseinandersetzung konzen-
trierte sich hier auf den Vater, seine Kriegs- und Nachkriegserfahrungen
sowie das Engagement im christlich-jüdischen Dialog. Den Großvater
mütterlicherseits schildert er hingegen als widersprüchliche Gestalt, mit
der er sich besonders hinsichtlich seiner zweideutigen Haltung zur nationalsozialistischen Ausgrenzungs- und Eroberungspolitik beschäftigt hat.

" ... und meine Mutter legt immer großen Wert darauf voranzustellen, daß er ein
überzeugtes Mitglied der Bekennenden Kirche gewesen sei. Und zwar vor allem
seit der sogenannten Kristallnacht. Das sei ein Ereignis gewesen, das er mit seiner
religiösen Überzeugung und der gemeinsamen biblischen Überlieferung, auf die
sich Juden und Christen berufen, nicht habe vereinbaren können. Und insofern sei
schon in ihrem Elternhaus, vermittelt durch ihren Vater, jüdische Kultur präsent gewesen. Gleichzeitig war er aber ein Deutschnationaler, wie er im Buche steht. Und
zwar schon seit dem Ersten Weltkrieg war er in einem gehobenen Rang, er gehörte
nämlich zur Luftwaffe. Er hat auch im Zweiten Weltkrieg am Rußlandfeldzug teil-

genommen, als Offizier. Und diese beiden Pole sind natürlich schwer zusammenzu-
kriegen. Wenn man überlegt, welche Konsequenzen dann die Reichspogromnacht
hatte. Also, er war nicht Mitglied der Partei. Auch die Mutter meiner Mutter nicht.
Die eigentliche Hemmschwelle war die Religion, war die religiöse Überzeugung. A-
ber diese Hemmschwelle bestand nicht, wenn es darum ging, das Vaterland im Feld
zu verteidigen. Ob das nun ein Krieg war, der von Kaiser Wilhelm oder von Adolf
Hitler entfesselt war. Das spielte dann keine große Rolle. Und Hitlers Krieg war ja
ein Vernichtungskrieg.
Aber wir haben es ja auch aus unserer Perspektive heute da leichter, diese Zusammenhänge in der Schärfe und Genauigkeit zu sehen. "

Indem Jonas seine eigene Perspektive, nämlich des nachträglich über
mehr Wissen Verfügens einbezieht, unterscheidet er wiederum die generationsspezifischen Zugänge zum historischen Erbe und gewinnt implizit
eine Distanz zu den familiären Überlieferungen, ohne sich von der Komplexität damaligen Handelns urteilend abzuheben oder die politisch-moralischen Konflikte von sich abzutrennen. In seiner Erzählform bleibt er als
kritisch Wahrnehmender mit im Bild. An dieser Stelle wird nochmals deutlich, daß für Jonas die Abgrenzung von den Tätern - hier personifiziert
durch den Großvater - nicht auf einen verhindernden Selbstwertkonflikt
traf, da die Bearbeitung durch die Eltern bereits schrittweise vorgeebnet
war. In einer konstruktiven Zugewandtheit konnte er mit ihnen über das
Thema Nationalsozialismus sprechen, und beschäftigte sich dabei gleichzeitig mit dem gesellschaftlichen Kontext ihrer Jugendzeit. So reflektiert
er, daß ihre Entfaltung als Jugendliche und junge Erwachsene durch die
Kriegs- und Nachkriegsbedingungen sehr eingeschränkt war, sie alters-
inadäquate Belastungen und Extremsituationen bewältigen mußten und
sich vor allem haben zuwenig ausprobieren können.
Hinsichtlich seines Erwachsenwerdens betont er, daß er sich durch die
ASF-Zeit in eine selbstverständliche soziale Gelassenheit habe einleben
können, da die jeweiligen Gruppenaktivitäten und Seminargestaltungen
einen fördernden, kooperativ-experimentellen Charakter für ihn hatten.
Darüber hinaus bewirkten seine neuen Erfahrungen in einem zunächst jüdischen (ADL) und dann wiederum protestantischen Millieu (ASF-Länderbüro) eine Lockerung seiner vorangegangenen Abgrenzung von den religiösen Vorgaben des Elternhauses.
Jonas` Schlußwort hat einen offenen Ausgang und pointiert noch einmal,
daß er Verunsicherungen als produktive Chance aufgreifen konnte und
insgesamt - trotz der von ihm beschriebenen Überforderungen - nicht die
Selbstwerterschütterung, sondern der Antrieb zur konstruktiven Veränderungen die treibende Kraft war. Seine Fähigkeit, sich in Frage zu stellen, beruht gleichsam auf den versöhnenden Erfahrungen, an denen er
Anteil hatte, und dem darin weiterentwickelten Vertrauen in offenen
Orientierungen aufgehoben zu sein.

" ... da sind wir dann wieder bei Aktion Sühnezeichen, das habe ich da wirklich gelernt, da bin ich bereit, zu dem, was ich gemacht habe, zu stehen, und mich dann in
die Auseinandersetzung zu begeben. Dabei kann auch herauskommen, daß ich
dann irgendwann erkennen muß, vielleicht war`s doch irgendwie Scheiße. Und das
nicht so sehr als ein Schuldig-werden empfinde, sondern als eine Verunsicherung.
... vielleicht auch an der Oberfläche zunächstmal kategorisch argumentierend, aber
die Verunsicherung, das Hinterfragen, haste vielleicht doch da Mist gebaut, ist
dann da. Ich hoffe sehr, daß ich mir nicht eines Tages mal sagen muß, was hast du
denn gemacht als ... ! Aber das weiß ich im Moment noch nicht."

4. 2. 6 Die Auseinandersetzung mit dem Täter-Opfer Verhältnis führt in die Verantwortung für die eigene Person

Anne: *"Die Möglichkeit zu haben, die zu sein, die ich bin."*

Anne beschreibt den Beginn ihrer Beschäftigung mit Ereignissen der NS-
Zeit als Jugendliche und betrachtet rückblickend ihre emotionale Situation, die sie damals mit dem Thema verband:

"Auf jeden Fall war es so, daß das Thema deutscher Faschismus mich schon begleitet hat - seit der Pubertät. Und ich habe mich schon immer, ja geradezu angezogen
gefühlt von dem Thema. Wobei sicherlich auch aus ganz persönlichen Gründen.
Also, ich sehe sie jetzt sehr kritisch. Aber jedenfalls damals war das für mich ein
sehr, sehr wichtiges Thema, und zwar immer definiert durch die Identifikation mit
den Opfern. Das war irgendwie die Schiene, auf der ich den Einstieg hatte, und habe halt sehr viel gelesen so in der Zeit zwischen vierzehn und zwanzig.

Ihre erste Begegnung mit jüdischem Leben in ihrem Alltag hatte Anne e-
benfalls als Jugendliche:

" ... mein Cousin war mit einem jüdischen Mitschüler sehr befreundet. Ich hatte
keine Ahnung, daß der Jude war oder die Familie jüdisch. Ich weiß nur, daß es ein
sehr einschneidendes Erlebnis war. Damals müssen wir so zwölf oder dreizehn gewesen sein, und damals war es jedenfalls bei ihm zu hause, daß seine Schwester
Bar Mizwa hatte. Ja, dieses Fest war versteckt im Nachbarzimmer - so habe ich es
erlebt - es war wahrscheinlich in Wirklichkeit ganz anders, aber meine Wahrnehmung war damals so, und das einzige, was ich verstanden habe, war, daß es
dem Peter ungeheuer peinlich war, uns erklären zu müssen, was sich da bei ihm zu
hause abspielte. Und daß ich da das erste mal begriffen habe, hier gehts irgendwie
um eine andere Religion. Und um eine Kultur, und mir ist da klar geworden, daß
das Ganze ein ganz belastetes, schwieriges, heikles Thema ist. Das ist eine Erinnerung, die ganz stark war."

Die feierliche Einführung in das weibliche Jugendalter traf mit der Erfahrung von etwas anderem, einem anderen Glauben, zusammen und wurde ihr als konflikthaftes Thema bewußt. Zu diesem Zeitpunkt fand sie nur wenig Gesprächsraum für Fragen, die sie über Vergangenheit, ihre weibliche Entwicklung und die Beziehung zwischen dem Eigenen und dem Anderen beschäftigten. Doch befaßte sie sich seither kontinuierlich mit Aspekten des Täter/Opfer-Verhältnisses und reflektiert rückblickend die Veränderung ihrer Perspektiven durch die Mitarbeit bei der ASF.

"Und habe dann viel gelesen, viel solche Berichte, Anne Frank und Exodus und sehr viel gelesen, und immer mich total identifiziert ! Den Schritt habe ich erst bei Sühnezeichen gemacht, und zwar auf dem Vorbereitungsseminar, den Schritt zu begreifen, daß ich in der Nachfolge der Täter stehe. Ja, und nicht in der - eben allein, was die Ahnenreihe angeht. Also für mich war das die ersten acht Jahre, die ich mich damit beschäftigt habe, ganz klar, ich wäre irgendwie Opfer gewesen. Oder ich hätte - ich habe mich so hundertfünfzigprozentig mit jüdischen Frauen oder Mädchen identifiziert, deren Schicksal ich eben gelesen hatte ... "

Die Wahrnehmung einer inneren Beziehung zu beiden Seiten, stand im Zuammenhang ihrer beruflichen Kompetenzentwicklung, anhand derer die von ihr antizipierten moralischen Orientierungen gleichzeitig auch zu mehr Achtsamkeit für die eigene Person führten. Dieser Prozeß wird später noch eingehend betrachtet.
In Annes Familiengeschichte trafen unterschiedliche Lebenseinstellungen und Milieus seitens der väterlichen und der mütterlichen Linie zusammen, wodurch sie bereits früh mit einer Integrationsproblematik konfrontiert wurde. Zunächst schildert sie ihre kritische Auseinandersetzung mit der vorbildhaften Gestalt des Großvaters mütterlicherseits, wo sie sich von den starren und autoritären Aspekten seiner Persönlichkeit distanzierte. Mit seinem überzeugenden Mut, sich der Enteignung jüdischen Vermögens zu widersetzen, hat sie sich hingegen positiv identifiziert, wie ihre Haltung zum Vater und ebenso ihr Engagement für politisch benachteiligte Gruppen deutlich machen.

" ... also meine Eltern sind geschieden, und ich bin bei meiner Mutter aufgewachsen. Und Familie als Hintergrund war für mich eigentlich immer nur die Familie meiner Mutter. Mein Großvater mütterlicherseits war im preußischen Wirtschaftsministerium ein ziemlich hohes Tier, und ist aus politischen Gründen da raus gegangen, weil er sich mit dieser Politik nicht einverstanden erklären konnte. Er ist in eine Privatbank gegangen, weil er eben nicht mehr für diesen Staat arbeiten wollte. Und war im Rahmen dieses Attentats '44 im Hintergrund insofern involviert, als er vorgesehen war für einen höheren Posten, wenn das Attentat glücken sollte. ... Und ist danach auch verhaftet worden, ein halbes Jahr später erst, im Januar '45, und war eine ganze Weile im Gefängnis. Und das wußte ich. Das wurde uns immer so erzählt, als der große Widerstandkämpfer.

124

Und heute weiß ich, ja, heute finde ich es irgendwie nicht mehr so toll. Ich kann jetzt auch gar nicht sagen, das war toll oder nicht, das steht mir ja auch irgendwie nicht mehr zu. Es ist mir jetzt klar, daß er nicht der große Antifaschist war, sondern er war, also bis auf die Knochen preußischer Beamter, mit einem ungeheuren Hang hin zu deutschen Qualitäten wie Gehorsam, Pünktlichkeit und Ordnung und Staatstreue, also deutschnational bis auf die Knochen ! ... Ja - und sein Freund ist auch umgekommen damals in der Haft, und es war das pure Glück, daß er überlebt hat, und er hatte ja sechs Kinder und hat sich dem ausgesetzt. Natürlich ist es irgendwie bewundernswert. Auf der anderen Seite - ich habe erst irgendwie so eine Phase gehabt, da fand ich ihn zehn Jahre ganz toll und hatte so das Gefühl, ich bewege mich in der Tradition des Widerstands, Kämpfertums, und heute sehe ich es eben differenzierter. Also ich glaube, ich hätte mich mit ihm politisch überhaupt nicht verstanden."

Das widersprüchliche familiäre Erbe und die frühe Trennung der Eltern hinterließen für Anne die Aufgabe, mit einer diskontinuierlichen Dynamik und der Abkapselung unbewältiger Probleme im Familienleben umzugehen. Bis zum Beginn ihrer ASF-Zeit äußerte sich dieser Konflikt in einer eingeschränkten Dialogbereitschaft der Mutter und einer tendenziell verweigerten Auseinandersetzung seitens des Vaters, der sich gegen die Wiederbelebung bedrohlicher Aspekte seiner Kindheit und Jugend sträubte.

"Naja ... wie auch immer, das war sozusagen die eine Seite, und die andere Seite ist eben mein Vater, mit dem ich sehr wenig zu tun hatte, der aber aus einer erzkatholischen Familie kommt und dessen Vater '39 bei einem Flugzeugunglück umkam. Also der hatte den Krieg gar nicht mehr mitgemacht.
Also mein Vater ist mit siebzehn gezogen worden und war ein Jahr tatsächlich im Krieg. Und hat mit seiner ganzen Schulklasse - sind sie also noch gezogen worden. Und das muß auch eine absolut traumatische Erfahrung für ihn beinhaltet haben. Jedenfalls erzählt er immer von vierzig, die sie damals losgezogen sind, sind sieben wieder nach hause gekommen. Und das war ja irgendwie ganz extrem.
Und meine Großmutter war also ... mit Sicherheit antisemitisch bis auf die Knochen. ... Die haben gewohnt in Moabit, ganz in der Nähe der Jeshiwa ... . Und das erzählt mein Vater auch, daß sie sowohl Deportationen mitbekommen haben als auch Jahre vorher, also massive Diskriminierung und Verfolgungen auf der Straße. Weil es auch eine sehr jüdische Wohngegend war. Und mein Vater ist auch offen Antisemit. Was jetzt nicht bedeutet, daß er richtig fand, was die Nazis gemacht haben mit den Juden, ... Und ganz offensichtlich fühlt er sich ganz massiv bedroht. Also immer wieder in so Diskussionen kommt das raus, daß er sich ganz bedroht fühlt, aus irgendwelchen Gründen, die ich aber irgendwie nicht erklären kann."

In Annes Erzählung über die Familiengeschichte väterlicherseits wird deutlich, daß die Biographie des Vaters von frühen Verlusterlebnissen und existentiellen Bedrohungen geprägt war, die sich gegen ihn, seine Freunde und die damals als Feinde deklarierte Mitwelt richteten. Die daraus entstandenen Ohnmachtserfahrungen und Lebenszweifel mündeten in eine Projektion auf die jüdischen Opfer, ein Zusammenhang, den Anne als widersprüchlich und ungelöst erlebte. Obwohl sie versuchte, seine Kindheits- und Jugenderlebnisse verstehend und zugleich zeitkritisch einordnend nachzuvollziehen, wehrte der Vater ihr Engagement ab. Trotz dieser Abwertung begriff Anne sich weiterhin in der Verantwortung, etwas "irgendwie erklären" zu sollen und hielt die Verbindung zu ihrem Vater aufrecht. Indem er drohend versuchte, ihre Entscheidung für die ASF zu verhindern, bekämpfte er ihren Mut, die vorhandenen Konfliktthemen selbständig und konstruktiv zu bearbeiten.

> "Naja, wie auch immer, es war niemand begeistert, als ich gesagt habe, daß ich ASF machen wollte. Mein Vater war ja mal in der Bonner Regierung relativ aktiv. ... er war lange Zeit Staatssekretär des innerdeutschen Ministeriums und dann zum Schluß ...
> Meine Eltern sind ja, wie gesagt, geschieden. Und ich war bei meiner Mutter. ...
> Also weder mein Vater noch meine deutlich liberalere Mutter waren angetan, daß ich eben mit Sühnezeichen ins Ausland gehen wollte.
> Mein Vater war entsetzt ! Er hat gesagt ..., das hätten wir nicht nötig, und seine Tochter schon gar nicht, und was ich denn da wollte, und was ich denn mit diesem Krieg zu tun hätte, und so ein Schwachsinn, und da heute noch drüber nachzudenken und wofür denn. Und heute noch Sühne zu tun, und er war total dagegen. Also wirklich massiv dagegen ! Hat mich ziemlich stark belatschert.
> Und seine letzten Worte, also in dem letzten Telefonat kurz bevor ich abgeflogen bin, da hat er zu mir gesagt: das eine sage ich dir ! komme mir nicht mit einem Juden oder einem Schwarzen nach hause ! Das waren seine letzten Worte. Es war wirklich herbe.
> ... Also ich war unheimlich wütend. Und ich denke auch, ich war ja denn in USA mit einer Jüdin zusammen längere Zeit. Und irgendwie habe ich denn öfters an ihn gedacht, wenn du wüßtest, nicht nur ein jüdischer Mann, nein, noch viel schlimmer, eine jüdische Frau ! *(lacht fröhlich)* Das war wirklich die Krönung. Wenn ich ihm das mitgeteilt hätte, dann wäre es endgültig aus gewesen ! Und irgendwie war das glaube ich auch eine Genugtuung für mich."

Anne löste sich an dieser Stelle von der väterlichen Autorität, durch die sie zu wenig Entwicklungsstärkung erfahren hatte, und ließ sich auf ihr eigenes Leben ein. Zur Mutter fand sie, trotz anfänglicher Barrieren einen neuen Zugang:

> "Meine Mutter war, wie gesagt, anfänglich auch dagegen. Bei ihr hat das auch immer so den Aspekt, hach, was tust du dir da an, das wird so schwierig und so schwer, und Sozialarbeit ist doch ohnehin schon so schwierig und belastend und nun mußt du dir noch sowas antun. Also das hatte auch immer so den fürsorglichen Aspekt. Aber es hatte auch immer ganz klar den verdrängenden Aspekt. Bitte nun nicht auch wieder noch damit auseinandersetzen zu müssen !
> Und meine Mutter hat aber dann ... sich drauf eingelassen. ... also das war ganz ganz wichtig für uns. Und gerade auch im Gegensatz zu dem, was mit meinem Vater gelaufen ist. Also zum Beispiel hat sie, als wir aus dem Vorbereitungsseminar

zurückkamen, und zwar aus Auschwitz zurückkamen, da hatten wir einen Tag frei. Und da bin ich zu ihr gefahren. Und da hat sie von sich aus gesagt, und das werde ich ihr auch nicht vergessen, was all ihre eigenen Ängste und eigentlich ihr Wunsch ist, sich auch nicht damit zu konfrontieren, hat sie dann gesagt: Erzähl mir ! Erzähl mir, wie das war, und erzähl mir, was du da gesehen hast. Und dann hab ich ihr den ganzen Nachmittag erzählt und habe ihr die Broschüren gezeigt, die ich über das Lager mitgebracht hatte. Und sie hat sich das ohne ständig aber, aber, aber die anderen haben doch auch, und das ist doch alles nicht so, wie mein Vater ständig bei solchen Gelegenheiten tut, hat sie sich das angehört und war ungeheuer betroffen ! Ja, sie war irgendwie offen dafür, sich dem nochmal zu stellen. Und das war für mich sehr wichtig, das war für mich ganz toll ! Und sie hat mich dann zum Schluß auch gehen lassen sozusagen, - es war sehr wichtig dieses Zusammensein. Und sie hat mich dann auch besucht später, in USA, ... Also insofern habe ich mit meiner Mutter sehr positive Erfahrungen gemacht. Das hat sehr viel ausgelöst."

Aus der starken Beunruhigung nach dem Gedenkstättenaufenthalt kam es zu einem Gespräch zwischen Tochter und Mutter, indem diese ihre Ängste und Vorbehalte dem Thema gegenüber zum Ausdruck bringen konnte, ohne dabei Annes Eindrücke und Fragen einzuschränken. So entstand eine gemeinsame Basis, auf der sowohl die besondere Geschichte der mütterlichen Familie weiterbearbeitet als auch Annes eigene Fragen thematisiert wurden. Diesen qualitativen Sprung beschreibt sie als frei werden für das eigene Lebensgeschick: "Und sie hat mich dann zum Schluß auch gehen lassen". Auf dieser neuen Beziehungsebene vermittelte die Mutter ihr Interesse an den Inhalten der Tochter und wurde bei ihrem Besuch in den USA auch freudig zugelassen, wie Annes Resümee verdeutlicht. Im Rückblick auf ihre Projektzeit beschreibt sie den weiteren Entwicklungsprozeß:

" ... ich habe in diesen anderthalb Jahren dort mehr gelernt als in meiner ganzen Ausbildung, methodisch und kulturell und alles. Da wurde ... Wissen und Technik und Handwerkszeug vermittelt, was mir unheimlich gut gefallen hat ! Ich fand das faszinierend, und ich hab da ganz ganz viel gelernt ! Eröffnungstechniken, Krisenberatung und Krisenmanagement, und dann natürlich auch die eigenen Grenzen. Sich selber reflektieren. ... Wir hatten auch Supervision, und viele Frauen waren sehr offen, mich teilhaben zu lassen an ihrer Art zu arbeiten, an ihren Ideen, an ihren Denkmustern, und die waren vielfach vollkommen neu für mich. Diese internen Strukturen, mit den Konflikten umzugehen. Ja, also die jüdischen Frauen, und die schwarzen Frauen und dann die Lateinamerikanerinnen, die trafen sich alle nochmal extra, und wir christlichen weißen Frauen, wir waren zahlenmäßig in der Überzahl und wir waren nicht die Bösen, das kann ich so nicht sagen, jedenfalls ist mir da klar geworden, wo ich mich einzuordnen hatte. Weil da eben das "support-group System" hatten, und wir hatten keine support-group. Und mich da auseinanderzusetzen mit meinen Privilegien, mit der Hautfarbe, der Klasse, der Religion. Aber auch wirklich dann auch in der Praxis, nicht so theoretisch, sondern im Verhalten tagtäglich. .... sondern mit dieser total gemischten Situation und mit Leuten, die mit diesem Faktor Herkunft im weitesten Sinne offensiv umgehen."

Aus der Fülle neuer Impulse hebt Anne ihren bewußten Umgang mit den eigenen Grenzen hervor, um über situationsadäquatere und zielorientierte Kommunikationsformen verfügen zu können. Im strukturell betrachteten Zusammenhang ethnischer und klassenspezifischer Differenz, konnte sie die Erfahrung machen, daß die Kennzeichen sozialer Privilegien nicht als schuldbesetzter Vorwurf diskutiert wurden, sondern im solidarisch antizipierten Kontext einer gruppenbezogenen Selbstwahrnehmung standen.

Die Möglichkeit, während ihrer Projektzeit ein konstruktiv kommunizierendes Spektrum von Verschiedenartigkeit und Gemeinsamkeit kennenzulernen, in das Anne mit freundschaftlicher Selbstverständlichkeit einbezogen wurde, haben dazu beigetragen, daß sie eine akzeptierende, positive Gewichtung ihrer sozialen Zugehörigkeit empfinden konnte. Die Erfahrung, daß mit dem "Faktor Herkunft im weitesten Sinne offensiv" umgegangen werden kann, ließ sie soziale Identität als variablen Zusammenhang verstehen, in dem die selbstkritische Auseinandersetzung mit übernommenen Rollenmustern und sozialen Wertvorgaben zu einer Veränderung bisheriger Orientierungen und der Entdeckung neuer Handlungsformen führt.

Die positive Aufbruchstimmung, der sich Anne in vielen Herausforderungen anvertrauen konnte - und auf die sie im Gesprächsverlauf mehrfach glücklich zurückblickt -, erhielt ihre wesentliche Voraussetzung in einer veränderten Selbstwahrnehmung wie sie zentral in der Auseinandersetzung mit dem Täter/Opfer-Verhältnis akzentuiert wird:

" ... ich fand die Seminare alle total gut ! Ich fands unheimlich wichtig. ... Mir war das Tatsache ein Anliegen ! ... und vieles habe ich auch hinterher erst kapiert, von dem was alles so diskutiert wurde, es war ja wahnsinnig viel alles. ... Und, ich meine abgesehen davon, daß wir in diesen SS-Unterkünften wohnen mußten, schlafen mußten, und das hat ja dann auch zu diesen Exzessen hinterher geführt, das hat wirklich keiner verkraftet. ... Aber doch - für mich auf den Punkt gebracht - war die wesentlichste Erfahrung, diese Erklärungstafeln in allen Sprachen, und das, was ich darüber hinaus überall lesen konnte, waren die alten Mördersprüche, die Befehle und das. Da hab ich begriffen, daß ich und meine Muttersprache und meine Herkunft und all das, daß ich nicht zu den Opfern gehört hätte, sondern daß ich bei den Tätern bzw. bei der schweigenden Mehrheit gewesen wäre. Und daß ich mich mit ganz anderen Fragen auseinanderzusetzen hatte, als mich nur ständig mitleidsvoll mit den Opfern zu identifizieren. Also für mich ist dort diese ganze Frage aufgebrochen: MittäterInnenschaft, und wo stehe ich eigentlich heute, und wie konfrontiere ich meine Eltern eigentlich mit dem Thema und mich selber, und was bedeutet das eigentlich. Und wie einfach mache ich mir das in meinem Alltag, wo stehe ich, auch wenns unbequem wird, für andere ein usw. usf. Und das habe ich da erst begriffen. Wer ich eigentlich bin. ... Und ich würde das überhaupt nie missen wollen, ich fand das total gut."

Die signalhafte Verbindung zur Muttersprache in der Gedenkstätte Auschwitz ließ Anne aufmerken, denn über die sprachliche Ebene der Gewaltausübung stand sie - wenngleich auch ungewollt - in Beziehung zur Täterseite, was offensichtlich erstmalig eine deutliche, bewußte Distanzierung von der Bezogenheit auf die Opfer bewirkte. In ihrer bislang beinah ausschließlichen Identifikation mit den Verfolgten, erkannte sie nun eine grundsätzliche Tendenz zur mitleidenden Haltung, in der die Frage ihrer Mitverantwortung für die Seite destruktiven Handelns abgetrennt blieb. Durch die Zuordnung zum gesellschaftlichen Bereich der Mit-TäterInnen konfrontierte sich Anne jetzt auch mit ihren Potentialen zur Machtausübung und einer Mitbeteiligung an destruktiven Mechanismen, die im Selbstbild der Opferrolle bislang nicht erkannt werden konnten. Indem sie sich dem unbequemen Spannungsverhältnis zwischen Einfühlung in die Situation des Geschwächt-seins und der Machtlosigkeit als auch ihrem Involviertsein in Prinzipien und Praxis der Machtverfügung stellte, gelangte sie zu einem integrierten Verständnis von sozialer Verantwortlichkeit und der Verantwortung für die eigene Person. Im Bewußtsein einer einengenden Betonung von Empathie nahm sie schließlich eine Neubewertung ihrer eigenen Interessen vor und konnte so in der experimentellen Situation der Freiwilligenzeit offensiver mit ihren Bedürfnissen umgehen.

> "Es war auch dieses Gefühl, einmal nur ich selber sein, nur die sein, die ich da eben bin ... . auch mich völlig neu ausprobieren können. Und das war auch genau so ! Das ist ein Element dieser Zeit, die ich ungeheuer genossen habe ! Ich habe Dinge getan, die ich hier nie gemacht habe, die ich mich nie getraut habe ... . Ob das jetzt die Beziehung zu Karen war, ich hatte vorher hier auch Verliebtheiten, aber ich hatte mich nie getraut, das zu leben. ... Das war auch eine Befreiung, ist gar keine Frage. ... Das war in meiner persönlichen Geschichte wirklich ein einschneidender, besonderer Abschnitt und ich war dann auch stolz darauf, daß ich das geschafft hatte und das ich das gemacht hatte."

In ihren Bemühungen, die Impulse aus der USA-Zeit in den beruflichen und persönlichen Alltag zu integrieren, traf Anne wiederum auf die Rekonstellation vorangegangener Konflikte, denen sie nun jedoch fragend und flexibler begegnen konnte.

> "Ja, es ist ja auch unglaublich, wie man sich da so verändert, das wäre auch interessant da mal näher hinzugucken, diese ganzen Auseinandersetzungen. Aber ich mache ja jetzt, wie gesagt, die ganze Zeit, also seit neun Jahren Flüchtlingsberatung. Nachdem ich aus den USA zurückkam habe ich angefangen in so einer allgemeinen sozialen Beratungsstelle in Neukölln, ... und eine Kollegin und ich haben dann dort die Beratung dafür aufgebaut. Und ich habe ganz viel Mädchenarbeit gemacht, mit arabischen Mädchen, Alphabetisierungskurse für Frauen und immer Bleiberechtskämpfe, also immer existenziell in diesen Jahren war das. ...
> Weiß auch nicht, die ganze Auseinandersetzung einmal mit diesen Opfern in einer main-stream Kultur und zum anderen auch mit diesen permanenten existenziellen

Problemen. Also auch sexueller Mißbrauch, das ist ja auch existenziell. Ja, das hat mich schon sehr geprägt, und manchmal frage ich mich, wie eigentlich ? ... Ich glaube der große Schritt den ich irgendwie gemacht habe, war der, daß ich nicht mehr denke, jeder Ausländer ist gut, sondern Menschen sehe, und zwar hier und da, und differenziere, und zwar hier und da. Denke, daß diese Gesellschaft auf Ungleichheit und Ungerechtigkeit basiert und daß das ein Skandal ist und daß ich mich dagegen zur Wehr setze, wo immer ich kann, ob jetzt beruflich oder privat. Aber daß es jetzt nicht so ist, daß jetzt jeder Betroffene meines persönlichen Mitleids bedarf."

Anne beschreibt hier inmitten ihrer Alltagsanforderungen die erneute Aufgabe, eine gute Balance zwischen sozialer Verantwortung und persönlicher Integrität zu wahren. Die positive Gewichtung einer Lebenspraxis, in der das Engagement für benachteiligte und ausgegrenzte Menschen mit der Achtsamkeit für die eigenen Bedürfnisse verknüpft wird, kündigt sich in der fragenden Haltung der vorangegangenen Interviewpassage als kontinuierlich antizipierter Prozeß an.
Im Schlußwort betont Anne noch einmal, daß ein souveräner Umgang mit den eigenen Grenzen die Grundlage dafür sei, sich den vielfältigen sozialen und kulturellen Herausforderungen zu stellen, die ein wichtiger Teil ihrer Geschichte und ihres Lebensgefühls geworden sind. Die Ablösung von allzu energiezehrenden Verständnisformen vermittelt gleichsam eine Bekräftigung eigener Interessen zugunsten dialogischer Beziehungsformen.

"Und wenns mich nervt, nervts mich. Und das habe ich jahrelang getan ! Philosemitisch an solcher Leute Lippen gehangen, obwohls mich genervt hat, und heute bin ich dazu nicht mehr bereit ! Ich bin auch irgendwo die, die ich bin, ... und hab auch irgendwo meine Grenzen und die fangen jetzt hier an.
... und ich kann mir etwas anderes gar nicht mehr vorstellen. Als wirklich mit Leuten verschiedenster Herkunft zu leben, und ich will es auch gar nicht mehr anders. Aber es ist auch nicht so, daß ich jetzt sage, die sind alle toll. Das ist eben auch vorbei, so sehe ich das nicht mehr, sondern manche eben ja und manche eben nein. Aber ich würde ohne dem nicht mehr sein wollen, also das ist für mich ganz klar."

4. 2. 7   Die Faszination der ungewöhnlichen Beziehung
          öffnet eine Verbindung zum Gesamten

Jakob: *"Ich habe Berührung zu diesem Lebensteil bekommen, und*
             vorher kannte ich nur die Mitläuferperspektive."

In Jakobs Initiative, einen Freiwilligendienst mit der ASF zu machen, trafen
mehrere Interessenslinien zusammen, die er zielorientiert kombinierte.
Von Beginn an sah er die Verbindung zwischen seinen professionellen
Perspektiven, Sozialarbeiter zu werden, und der Möglichkeit, im Zivildienst mit der ASF berufliche Auslandserfahrungen zu machen.

> "Und ich wollte gerne ins Ausland gehen, da gab es auch einen Bruch und da bot
> sich rein auf der praktischen Ebene Sühnezeichen an. Ich habe mich aber auch wäh-
> rend des Studiums schon intensiv mit Faschismusgeschichten beschäftigt, auch
> innerhalb der Theologie ... und insofern habe ich mich damit immer auseinanderge-
> setzt und ... fand natürlich sehr attraktiv dabei in die USA zu gehen. Da gab es auch
> viele Gründe, daß ich weit weg wollte, und es passte alles sehr gut für mich. Und
> dann dachte ich, daß es beruflich auch sehr sinnvoll für mich ist, weil mir klar war,
> daß ich in der Sozialarbeit dann arbeiten würde. Und ich dachte, es verkauft sich
> auch sehr gut an mir, wenn ich dann auch schon in den USA mal Sozialarbeit ge-
> macht habe."

Das Bedürfnis nach neuen Lebenserfahrungen und beruflichem Kompetenzzuwachs, verknüpft mit einer weiteren Auseinandersetzung über den
Nationalsozialismus, führten Jakob in der folgenden Zeit durch das Spannungsverhältnis zwischen den familiären Vorgaben zu sozialer Konformität und seinem Wunsch nach einer offenen, experimentierfreudigen
Lebensgestaltung.
Die Reaktion seiner Eltern auf die Zusammenarbeit mit der ASF verlief unterschiedlich. In der Beziehung zur Mutter trat zunächst mehr Distanz ein,
wodurch später jedoch auch eine neue Ebene miteinander möglich wurde.

> "Meine Mutter hat bis heute noch das Problem, daß ihr Vater in der Partei war,
> auch wenn er nichts Bedeutendes war, immerhin war er in der Partei, hat so eine
> Schule geleitet. Und sie hat immer so einen Rechtfertigungsdruck. Und dadurch,
> daß ich jetzt auch noch zu Sühnezeichen gegangen bin, fühlte sie sich noch mehr in
> so einem Rechtfertigungsdruck.
> ... Meine Mutter hat sich schwer getan, die wollte da wenig von wissen, auch von
> Sühnezeichen. Später hat sie mir mal gesagt, es hätte ihr sehr leid getan, daß sie
> mich nicht besucht hätten. Da merkte ich, daß wir doch noch was bearbeiten konn-
> ten. Sie hat das einfach verdrängen wollen und dann hat sie doch gemerkt, daß das
> ein Teil von mir geworden ist. ... Aber sie wollte eben nicht wahrhaben: Der Sohn
> geht weg, wir hatten ja eine enge Bindung, ich auch so als Jüngster."

Beim Vater hingegen traf Jakob auf eine bewundernde Bestätigung dafür, den großen Sprung nach draußen zu wagen.

"Mein Vater, also ich hab` bei uns in der Familie die Rolle übernommen, auf so einer politischen Ebene den Abgrenzungsprozess führen zu müssen. Er ist so ein strammer Konservativer und ich hab da auch ewig Kämpfe mit dem geführt, auf abstrakten Ebenen eben, habe ihn auch abgehängt, insofern fand er das alles nicht gut. Aber er fand das dann gut, daß ich ins Ausland ging, das imponierte ihm, und insofern ging das sehr gut mit ihm. Also eben unter dem Preis, da er jetzt schon Theologie und Sozialarbeit studieren muß, ist das schon gut, daß er jetzt ins Ausand geht und da was erlebt. Da hat er mich auch positiv drum beneidet. Daß ich eben die Möglichkeit habe, dahin zu gehen, das fand er schon irgendwie alles ganz toll !"

Die familiäre Auseinandersetzung über die NS-Zeit konzentriert Jakob in seinen Erzählungen auf den Vater, die Mutter erhält eine zurückgenommene Gestalt. Weitere wichtige Impulse zu einer intensiven Beschäftigung mit dem Nationalsozialismus erhielt er über sein Studium zum Schwerpunkt "Theologie nach Auschwitz".

"Und ich habe zu meinen anderen Themen immer wieder Verknüpfungen zu diesem Ausgangspunkt gefunden. ... Da hat mich bewegt die Geschichtsauffassung, daß eben Geschichte nicht mehr gesehen wird, als ob man vorne einen Anfang hat und dann läuft man irgendwie los und kommt hinten an, sondern, daß die politische Theologie eben davon ausgeht, daß sie nicht mehr ein segensreiches Ende, sondern ein offenes Ende hat, und man den Blickwinkel auf den Menschen setzt und nicht mehr einfach sagen kann: es ist irgendwie gut. Spätestens nach Auschwitz kann man eben nicht mehr sagen, alles läßt sich in einen Sinnzusammenhang einbinden. Sondern daß gerade auch Theologie heute die Aufgabe hat, das Sinnlose zu akzeptieren und zu erkennen und auch offenzuhalten, und eben die Fragen zu halten und nicht mehr die Antworten zu geben ... . Und dieser Ansatz des Fragen-habens und nicht des Antworten-habens, der ist mir sehr wichtig geworden."

In dieser Textpassage, sowie der folgenden über seine Erlebnisse in der Gedenkstätte Auschwitz, kristallisiert sich auf einer begrifflichen Ebene das noch ungeklärte Verhältnis zwischen dem zukunftsgerichtetem Bedürfnis nach einem lebensbejahendem Erfahrungshorizont einerseits, und der konfliktbesetzten Annäherung an die historischen Voraussetzungen äußerster Destruktivität andererseits. Jakob sucht die Öffnung nach vorn durch eine Überwindung einengender Festlegungen und stellt sich dabei der psychischen Herausforderung, das, was er als sinnlos kennzeichnet, in seine Erlebnisfähigkeit einzubeziehen.

"Und auch das Erleben von Auschwitz werde ich nie vergessen. ... das Gefühl absoluter Sinnlosigkeit, Sinnleere, wie ich es vorher nie empfunden habe. Ich hätte sehr gerne Drogen genommen damals, wir hatten aber nichts dabei. Aber dieses Gefühl der unvorstellbaren Sinnlosigkeit ist tief in mir drin und ich erinnere mich auch an anderen Stellen daran. Ich habe damals völlig zugemacht, ... Ich konnte dort nichts verabeiten und war so froh, als ich da wieder rauskam. ... ... Für mich war es eben auch ein ganz starkes Thema immer, wie meine Eltern mit dem Faschismus gelebt haben, und insofern war es für mich auch nochmal eine andere Betroffenheit, dann die Häftlinge zu sehen, die schon älter waren, aber auch aus der Zeit meiner Eltern kamen. "

In der Auseinandersetzung mit seinem Vater hat Jakob lange Zeit beschäftigt, warum etwas verschwiegen und Schuldgefühle verleugnet wurden. Bei Nachfragen zur NS-Zeit erhielt er anhand von Ereigniszusammenhängen auch differenzierte Antworten, doch die Gesprächsebene über eine Mitverantwortung an Tatsystemen wie der nationalsozialistischen Ausmerzepolitik blieb blockiert. Obgleich der Sohn die Verwobenheit seiner Eltern in die gesellschaftlichen Strukturen totalitärer Machtpolitik kritisch betrachtete, orientierte er sich gleichzeitig daran, seinen Vater vom Bereich verbrecherischer Handlungen abgrenzen zu können. Seine Mitläuferhaltung damals will Jakob retrospektiv nicht kritischer bewerten, als es ihm heute gelingt, den eigenen Maßstäben politischer Integrität gerecht zu werden.

"Naja, was immer klar war, mein Vater hat nicht im KZ gearbeitet, der war ein kleines Tier im Krieg, der hat zwar Krieg erlebt, aber die Verbrechen hat er nicht erlebt und das glaube ich ihm auch. Er war nicht an solchen Sachen beteiligt. Und ich habe mich lange Zeit gefragt, was wäre wohl, wenn es so gewesen wäre ? Aber ich konnte ihm das abnehmen und habe ihm auch deutlich gemacht, wenn ich in dem Alter in seiner Zeit gelebt hätte, wäre ich vermutlich nicht anders gewesen. ... Das hat mein Vater mir eben auch erzählt, daß sie viel begeistert waren, wahrscheinlich nicht viel anders wie wir heute in den Gegenbewegungen. Und ich kann mich da nicht mehr auf den moralisch besseren Standpunkt heben. Wir leben eben in einer anderen Zeit, mit anderen Vorzeichen und anderen Möglichkeiten. "

Indem er sich in die Passform seines Vaters stellt, relativiert Jakob gleichzeitig den Erfolgsanspruch seiner Mitgestaltung demokratischer Lebensräume.

"Ach, in meinem Verhalten bin ich, glaube ich, öfters auch nicht anders, als wenn ich woanders arbeiten würde, nicht in solchen Projekten. Ich passe eben nicht hinter einen formalen Schreibtisch und habe mir hier so eine moralische Unschuld aufgebaut, weil ich mich für die sozialen Belange dieser Welt einsetze. Aber (!) alles mit BAT IIa, und ich habe ein nettes Leben. Ich werde hier viel verehrt, bekomme sehr viel Bestätigung, das ist doch nicht widerständig ..."

In einer polarisierenden Betrachtung zwischen Anpassung und Widerstand findet er keine Orientierungshilfe für sein Handeln und artikuliert eine vorwurfsvolle Unzufriedenheit. Durch die Anlehnung an ein Entweder-

oder-Prinzip wertet er seine Leistungen politischer Mitverantwortung ab, und legitimiert damit indirekt die soziale Konformität seines Vaters, der ihn dennoch in eine eigene, oppositionsfähige Entwicklung hineinwachsen ließ und sich über Jakobs Aufbruch in die USA freuen konnte. An dieser Stelle sucht Jakob nach einer Ermutigung zum ausdauernden Umgang mit den strukturellen Begrenzungen gesellschaftlicher Veränderung und einer moralischen Integrität, die über das Bestehende hinausweisen will und sich dennoch darin verfängt. Durch die Begegnung mit einer jüdischen Frau der Überlebendengeneration in Boston fand er dahin, Übergänge wahrzunehmen, nämlich durch eine Verbindung zwischen Vergangenem und Gegenwärtigem, in der Trauer und Neubeginn gleichzeitig enthalten sind.

"Und da habe ich eine sehr tolle Frau kennengelernt. ... Sie ist mit achtzehn aus Berlin abgehauen und dann eben nach Boston hin. Und ich war sehr hin von ihr, so lebendig ist sie, und sie ist dann auch meine Freundin geworden. Wir haben bis heute Kontakt und haben uns nach meiner Freiwilligenzeit immer wieder besucht. Und im letzten Jahr war hier so eine Ausstellung vom Bezirksamt Wilmersdorf, mit so Lebensgeschichten von Leuten im Exil, und da war sie dann beteiligt, weil sie aus Wilmersdorf kommt. Eine ganz beeindruckende Frau. ... mit ihr hatte ich viel Gespräche natürlich über das Thema. ... Und was mich sehr berührte, als sie das erste mal in Berlin war, sie hat auch noch ein Grab auf dem jüdischen Friedhof, eben ihre Großeltern. Und das haben wir auch zusammen besucht, das hat mich total bewegt. Diese Verbindungslinien von Boston hierher, und sie geht wieder zurück, und doch bleiben wir auch zusammen, und ich habe Berührung zu diesem Lebensteil. Und sie fühlt sich auch jetzt wieder wohl in Berlin, sie kam jetzt wieder zurück, seit sie mich hier kennt, einmal vorher war sie auch schon da, doch jetzt kommt sie regelmäßiger."

Hier trat ein, wozu er bereits in seiner theologischen Arbeit eine Annäherung gesucht hatte: Geschichte wird erfahrbar als offener Prozeß, in dem gewaltsam Getrenntes wiederentdeckt und die verletzte Beziehung neu aufgenommen wird. Durch die Freundschaft mit Irene kam Jakob in eine positive "Berührung zu diesem Lebensteil", der für seine Eltern mit Schuldgefühlen behaftet ist und verleugnet bleibt. Mit Irene kehrte das Verschwiegene noch einmal zurück, und konnte im beidseitigen Interesse neu bearbeitet werden, da Jakob sich nicht auf die Rolle eines Nachkommens der Täter festgelegt sah, sondern ein vertrauenswürdiger Begleiter für Irene in der Wiederbegegnung mit ihrer Berliner Herkunft war. Durch die Beziehung zu Irene öffnete sich für Jakob die emotionale Auseinandersetzung mit der NS-Zeit auf einer neuen Ebene, da ihr Leben eine Gegenerfahrung zu seinen Eltern repräsentierte, er nun Zugang zu einem Gesamtbild erhielt, und selbst eine eigenständige, versöhnende Rolle einnehmen konnte.

"... die Auseinandersetzungen waren bei mir ja bereits vorher bereits da. Entscheidend war der Kontakt mit konkret Betroffenen, die das alles erlebt haben, wie jetzt Irene. Und eben diese Sicht, daß sie die Verfolgten waren oder ihre Familie verfolgt wurde, diese Berührung hatte ich vorher nicht. Ich kannte die Mitläuferperspektive, und die andere Sicht hat mir auch nochmal eine ganz andere Nähe zu dem Thema gebracht.

... Diejenige, mit der ich die intensiven Auseinandersetzungen hatte über viele Fragen zum Faschismus und zu heute, war Irene. Weil sie ja auch nochmal ein anderes Licht warf auf das, wie meine Eltern gelebt haben. Sie war genauso alt und eine Frau, die alles wußte und alles mitgekriegt hat und eine ganz andere Lebensgeschichte dadurch hatte. Und die aus dem, was meine Eltern mir immer so eingetrichtert hatten genau das Gegenteil spiegelte. Und die von ihrem Herzen her eben auch so jung geblieben ist, daß es für mich so überzeugend ist, wie man eigentlich auch alt werden kann. Das war für mich so ein erfrischender, gesundmachender Gegenpol zu meinen Eltern. Wobei ich nicht erleben möchte, daß sich Beide begegnen."

Im knapp gehaltenen Abschlußsatz der vorher eher freudigen Erzählung wird der nun entstandene Konflikt einer doppelten Loyalität markiert.

Der Spannungsbogen zwischen der mehr belastenden denn ermutigenden Herkunft einerseits, und den Möglichkeiten zur Teilhabe an nonkonformen, vielseitigen Lebensformen und ungewöhnlichen Beziehungen andererseits, kennzeichnet Jakobs Aufgabe, Ambivalenzen zu integrieren und die eigenen Ausgangspunkte jeweils neu zu klären, wie die folgende Textpassage noch einmal verdeutlicht.

"Und oft bei anderen jüdischen Leuten habe ich gedacht, ach Gott, was die jetzt alles von mir denken, aber ich merkte auch schnell, daß das ganz viel meine Beklemmungen waren. Und die anderen auch neugierig und interessiert sind, daß die nicht nur was dachten, sondern auch was kennenlernen wollten, so wie ich auch. Ich bin mal auf eine Sabbathfeier mitgenommen worden, und das war wohl nicht so gut. Da war dann eine komische Stimmung, weil ich da als Deutscher war. ... Eine intensive verbale Auseinandersetzung habe ich eigentlich nicht geführt mit Gleichaltrigen, das war eben mit Irene, bei den anderen war es ein Thema, daß immer so mitlief. Wir haben uns da eher gegenseitig versichert, daß unsere Eltern vermutlich ein Problem hätten mit unserem Kontakt, aber wir eben nicht. Natürlich stand die ganze Geschichte irgendwie dazwischen, aber wir wollten doch auch irgendwie etwas voneinander."

Die Projektarbeit und sein soziales Leben in den USA wurden für Jakob zu einer rundum gelungenen Erfahrung, was ihm viel Auftrieb für die weiteren beruflichen Aktivitäten gab. Im Projekt war er als Person willkommen und erlebte, daß seine Vorschläge umgesetzt wurden. Darüberhinaus lernte im Vergleich zur Bundesrepublik vielfältigere und weniger formalisierte Berufsbiographien kennen. Die darin implizite Risikobereitschaft, verbunden mit dem Prinzip lebenslangen Lernens hat ihn sehr inspiriert und dazu geführt, das herkunftsbedingte Eigene mit den Aufbruchschancen eines gemeinsamen Anderen zu verbinden.

"Ich konnte meine Erfahrungen aus den USA ganz viel anwenden und bekam auch viel Anerkennung für meine Ideen. Und ich konnte auch nochmal auf einer anderen Ebene die USA nacharbeiten. Das war alles ganz toll ! Und ich konnte mich beruflich bis heute ideal weiterverkaufen mit meinen USA-Erfahrungen, das hat bis heute seinen Wert, sowohl auf der inhaltlichen Ebene als auch in dem Respekt, den die Leute dann haben, ... Das war alles sehr vorteilhaft für mich. Zum Beispiel, daß ich daran glaube, daß meine Initiativen umgesetzt werden, das habe ich aus den USA. Daß du glaubst, was du machst, ist gut. Hier ist doch alles so kritisch und ach und zersetzend. ... Dieser positive Glaube an die eigenen Fähigkeiten, daß war toll für mich, drüben mitgenommen zu haben. Das habe ich hier sehr stark umgesetzt. "

4. 2. 8   Die Beschäftigung mit den Lebenswegen Einzelner wird zur Grundlage eines strukturellen Verständnisses.

Tanja: *"Da war schon der Grad an Betroffenheit, der etwas bei mir selber berührt hat. "*

Tanjas Entscheidung für einen Friedensdienst mit der ASF war motiviert durch die Aufbruchstimmung, ihre bisherigen Orientierungen zu erweitern. Die Möglichkeit, eine Lebensgestaltung einzugehen, die nicht von formalen Voraussetzungen eingegrenzt, sondern vielmehr von der eigenen Initiative getragen war, hat sie sehr fasziniert.

"Ich war damals neunzehn Jahre alt, kam mir sehr jung für den Beruf vor. Und dachte schon, also das kann jetzt nicht alles gewesen sein, ich möchte selber noch mehr Erfahrungen mit mir sammeln und gerne auch ins Ausland gehen. ... Und das, was mich bei Sühnezeichen angesprochen hat, war das mit dem Freiwilligenstatus. Ich brauchte eben keine besonderen Qualifikationen mitzubringen, sondern mehr so eine gute Portion Lernbereitschaft. Und außerdem war wohl für mich auch dieses Land USA, was da vorgestellt wurde als ein Einsatzort, ein Einsatzland, sehr verführerisch. "

Im Wagnis, den Schritt ins Unbekannte zu machen, hat sie Gewohntes verlassen, um neue soziale Ausdrucksformen kennenzulernen. So erlebte sie die Selbständigkeit seit dem Auszug von zu Hause nochmals bewußter und reflektierte ihr soziales Handeln nun im Kontext gesellschaftlicher Strukturmerkmale.

"Und das war für mich schon erst mal eine sehr große Überwindung. ... Und ich hatte so ein leicht mulmiges Gefühl, also was kommt da auf mich zu. ... Es war mehr das ganze Flair. Und ich habe schon gemerkt, also da gehöre ich noch nicht so dazu, ich bin anders. Ich kam mir ein bißchen schon auch wie ein Dorfmädchen vor. ... Ich hatte halt die Hauptschule und dann die Fachschule besucht, kein Abitur, und

ich war durch Landjugendherkunft schon - ja wegen Bildungssachen fühlte ich mich nicht so dazugehörig und war auch noch sehr scheu und zurückhaltend. Ich wußte so über die Themen Vergangenheit, Faschismus sehr wenig. Ich denke, ich wollte was Gutes tun, mit Randgruppen zusammenarbeiten, dafür hatte ich früher immer schon ein Herz. Aber daß ich das auch so theoretisch begründen konnte oder so eine Analyse gehabt hätte von den gesellschaftlichen Strukturen - und wie wichtig es ist, auch an den Strukturen zu arbeiten und nicht nur von Mensch zu Mensch karitativ gut zu sein, das hatte ich zu der Zeit nicht.. ... Das hat mich sehr neugierig gemacht. Ich denke, da habe ich nach und nach andere Dimensionen erkannt und mich erstmal selber als gesellschaftliches Wesen erfahren.
... Zeitzeugengespräche oder sich in Kleingruppen die eigene Lebensgeschichte erzählen und dann herausfiltern, was verbindet uns, trotz Unterschieden. Da fand ich für mich Wege, einen Zugang zu bekommen. Also, es war dann nicht nur so theoretisch, da erzählt jemand was in Vortragsart. Es war auch lebendig, durch eigenes Sich-interviewen in der Kleingruppe. "

Im Zusammentreffen mit Menschen unterschiedlicher sozialer Herkunft machte Tanja sich mit neuen Beziehungsformen vertraut und erfuhr in der Auseinandersetzung auch das Gefühl von Zugehörigkeit. Anhand der methodischen Struktur, nach der ihre Gruppe damals miteinander gearbeitet hat, fand sie für sich Orientierung und Raum zur eigenen Getaltung.
Tanja beschreibt ihre Projektarbeit in einem anthroposophischen Dorf von Behinderten und Nichtbehinderten in Pennsylvania als sehr konstruktiven, schönen Arbeits- und Lebenszusammenhang. Sie fühlte sich aufgenommen und genoß die interessierte Aufmerksamkeit, die ihr als junger deutscher Frau entgegengebracht wurde. Dabei kam sie auch an diesem recht entlegenen Winkel der USA mit Überlebenden der Shoa zusammen und traf damit auf die andere Seite historischer Erfahrungen, die in der Beziehungsdynamik mit ihren Eltern bereits einen wichtigen Stellenwert eingenommen hatten, wie sie später berichtet wird.

"Sie war vierzehn Jahre alt. Ihre Mutter wurde in Auschwitz umgebracht. Und diese Frau hatte, ja noch damals als ich in den USA war, sie hat niemals mehr Deutschland bereist. Die grauenvolle Zeit war eigentlich bei ihr sehr sehr vergegenwärtigt - noch gegenwärtig. Und sie konnte wirklich kaum ohne Tränen über diese Zeit sprechen. Da habe ich gemerkt, wie lebendig Geschichte ist. Ja, und daß das einfach nicht vergessen wird, von den Leuten, die sehr drunter gelitten und Angehörige auf greuelvolle Art und Weise verloren haben. (Pause) An die Frau erinnere ich mich sehr stark, mit der hatte ich mehr zu tun. Und ich hatte noch Antje getroffen. Bei ihr wars intensiver, da war ich auch an Wochenenden öfters zu Gast. ... Ich habe mich sehr wohl gefühlt mit ihr ! ... Ich hatte da jetzt keine Schuldgefühle bei mir selber festgestellt. Also da merkte ich schon, daß meine Distanz zu der Zeit, auch durch die spätere Geburt vorhanden ist. Daß ich da viel freier ihr begegnen konnte, als es vielleicht meine Mutter gekonnt hätte, ganz bestimmt. Und es hat mir sicherlich geholfen, diese Sachen vom Vorbereitungsseminar und den Gesprächen mit den anderen Freiwilligen. Schon durch das Gespräch mit der Zeitzeugin war ich auf solche

Momente vorbereitet. Also, daß ich das einordnen konnte in die Geschichte. ... es war nicht einseitig, daß ich mich nur auf sie eingelassen habe. Ich denke sonst wäre auch nicht dieses, schon tiefere freundschaftlichere Verhältnis entstanden. Sie interessierte sich sehr, auch von meiner Familie zu hören, ja was ich bisher gedacht und gemacht habe. Und da sie ja halt damals - ich war nie so gut in Englisch - und sie hatte den deutschen Hintergrund auch. Sie war für mich auch so eine Vermittlerin zwischen den Welten. ...

Sie hat mir an ihrer eigenen Lebensgeschichte einiges von dem Elend auch nochmal verdeutlicht, oder die Konsequenzen dieser Politik. Die Schäden, die ein Mensch abgekriegt hat, die wirklich irreparabel sind. Das ging mir nahe, sehr nahe sogar. Ich denke, so habe ich auch wirklich über Personen ansatzweise verstanden, was das ganze System anbelangte. Weil, so ganz fassen, diese Verbrechen, konnte ich immer nur über persönliche Begegnungen."

Indem Tanja sich emotional auf die Erinnerungen ihrer Gesprächspartnerin einließ, kam eine wechselseitig positive Bedeutung der beiden Frauen füreinander zum Tragen. So wurden für Antje ihre deutsche Herkunft und die damit zusammenhängenden Lebensgefühle wiederbelebt, und gleichzeitig war sie für Tanja eine "Vermittlerin zwischen den Welten", da sich ihre Themen sowohl auf die Bundesrepublik als auch den gemeinsamen amerikanischen Alltag bezogen. Im Kontext der positiven Herausforderungen ihrer neuen Umgebung sowie den vorangegangenen Auseinandersetzungen innerhalb der ASF, konnte Tanja in der gefühlsdichten Situation der Gespräche über die Shoa ein differenzierendes Einordnungsvermögen aufrechthalten, und den Lebensweg einer Einzelnen in den politischen Strukturzusammenhängen seiner zeitgeschichtlichen Bezogenheit betrachten. Gleichzeitig erkannte sie den Unterschied zwischen sich und ihrer Mutter, da sie Antjes Lebensgeschichte nicht aus der mütterlichen Perspektive heraus wahrnahm, sondern mit der Aufmerksamkeit der Nachgeborenen. Die Ausprägung einer eigenen Perspektive war für die Tochter um so bedeutsamer, als sie sich dadurch von Übertragungen und Verfolgungsängsten löste.

"Also es war so, daß meine Mutter sehr viel über das Kriegsgeschehen zu hause berichtet hat, mit meiner Tante zusammen, und das sah eben ganz anders aus, als das was mein Vater erzählt hatte. Sie standen sehr viel Ängste durch, sind auch öfters runter in den Keller gelaufen und haben die Bombenabwürfe mitgekriegt. Und bei meiner Tante wurde das ganze Dorf ... von den Amerikanern zerbombt. Da hat meine Tante ihren Mann verloren und ihr jüngstes Kind. Das Kind war zwei Jahre alt. Meine Tante war dann mit den fünf Kindern Witwe, der Hof war runtergekommen und sie mußte alleine zusehen, wie sie damit fertig wird. Meine Mutter hat dann meine Tante sehr viel unterstützt. Das Dorf ist nur drei Kilometer entfernt. Meine Mutter mußte dann mit dem Fahrrad immer dahin radeln, wurde dann sehr viel kontrolliert von amerikanischen Soldaten.

Und mein Feindbild waren die Amerikaner. Also, was ich so mitgekriegt habe aus Erzählungen. Ich hatte dann auch viele Träume über den Krieg und zwar, wie die amerikanische Soldaten sich dann auf unserem Hof breit gemacht haben, im

Schweinestall sich versteckt hielten. Was gar nicht der Fall war, aber es spielte sich dann, ja, ich hatte Alpträume, was den Krieg anbelangte.
Und zu Hause erzählte dann auch meine Mutter, daß polnische Zwangsarbeiter auf dem Hof waren. Überall im Dorf hatten die Leute die Zwangsarbeiter im Krieg, um dann die Männer, die in den Krieg gezogen sind, zu ersetzen. Ja und dann erzählte meine Mutter, daß mein Großvater da sehr tolerant gewesen war und wirklich darauf Wert gelegt hätte, daß die Leute mit am Tisch gegessen haben. Also kein Unterschied gemacht wurde, zwischen den Deutschen und den Zwangsarbeitern. Da war er sehr konsequent. Hat wohl auch riskiert, daß er vielleicht dann von den anderen verraten wird, weil es ja da ein Gesetz gegeben hat, daß die nicht mit am Tisch essen dürfen.
Also es war so, daß sehr positiv über die Menschen erzählt wurde, die bei uns waren. Meine Mutter hatte so etwas wie Achtung auch in ihrer Stimme, wenn sie über sie sprach. ... Es bestanden lange Kontakte, es wurden regelmäßig Pakete zu ihnen hingeschickt. Es war so etwas wie eine Freundschaft, die da sich entwickelt hatte."

In dieser Texpassage wird deutlich, daß die Erinnerungen an die Kriegs- und Nachkriegszeit - und zwar besonders hinsichtlich der jeweiligen Folgen für die Lebenswege der einzelnen Familienmitglieder - ein zentrales Thema im Familiengespräch waren, und diese Erzählungen einen tiefgreifenden Einfluß auf Tanja hatten, wie anhand ihrer Träume deutlich wird.
Die Mutter vermittelte jedoch nicht nur ihre eigenen Verlust- und Bedrohungserfahrungen, sondern zugleich ihre Empfindungen zur damaligen Situation der ZwangsarbeiterInnen, deren Existenz auf dem elterlichen Hof sie nicht von sich abtrennte. Vielmehr wird eine mitmenschliche Haltung als selbstverständliche Orientierung beschrieben, aus der heraus die Abgrenzung von den nationalsozialistischen Herrschaftstechniken zur Alltagspraxis gehörte, da eine respektvolle Beziehungsqualität in der Familie einen höheren Stellenwert hatte als das Prinzip des Gehorsams und der Selbstidealisierung.
Im weiteren Verlauf des Interviews vergleicht Tanja die Berichte der Mutter mit denen des Vaters, bei dem sie einen strukturbezogeneren Überblick und eine kritisch-reflexive Betrachtung des eigenen Handelns vermißt.

"Er fühlte sich grad in Österreich schon sehr umjubelt. Wie da die Deutschen empfangen wurden, das hat er sehr ausgeschmückt dargestellt. Und auch, wie er dann so im Graben lag, die Kameradschaft untereinander, die er sehr positiv umschrieb. Er hat auch seine Leistungen immer sehr positiv hervorgerufen, daß er Situationen gut einschätzen konnte und dann auch Leute vor dem Tod bewahrt hat. Also mehr sich in den Vordergrund gestellt, wie er übersichtlich gehandelt hat.
Und ja, wenn ich dann nachgefragt habe: Ihr habt andere Menschen erschossen ! - ihr habt andere Dörfer überfallen ! - naja, daß war dann die Politik, da mußte man ja dann mitmachen, er hat sich nicht mal im nachhinein so von den Taten distanziert. Und das habe ich meinem Vater angekreidet.
Daß es ja heute Dokumente gibt, über diese Greueltaten genug berichtet wird. Daß mein Vater das nicht im nachhinein reflektiert und sich nicht von manchem distan-

ziert hat. Und er sagt immer, daß durch Hitler und seine ganzen Organisations-
strukturen viele Leute von Arbeitslosigkeit bewahrt wurden. Die Argumente, die
von so vielen eben gekommen sind. Die hat er auch mitgeteilt. ...
Bis zum heutigen Tag erkennt mein Vater nicht die Menschenverachtung und das
Unrecht an, was geschehen ist. Er bringt immer noch, was mich auch so wütend
macht, Argumente für diese menschenverachtende Politik. Naja, daß eben Juden,
wie die als Händler aufgetreten sind. In Anführungsstrichen "Wie die arme Bauern
über den Tisch gezogen haben". Das nimmt er dann, oder die Juden nur als große
Kapitalisten, und als die Reichen, was ja auch nicht die Wahrheit ist ! Da ist er blind,
(seufzt) also ich denke, da steckt in ihm schon tiefer Antisemitismus. "

Obgleich die Schilderungen ihres Vaters bei Tanja nicht zu eigenen
Angst- und Bedrohungsbildern geführt haben, wird auch hier ein Distanz-
konflikt ausgedrückt. Seine Beharrung in den alten Wertvorstellungen er-
zeugte Enttäuschung und Hilflosigkeit bei der Tochter, die ihr Interesse an
einem vorwärtsweisenden Dialog an dieser Stelle gescheitert sah.
Auf einer anderen Ebene wurde die Bedeutung der politischen Auseinandersetzung zwischen Vater und Tochter jedoch konstruktiver fortgesetzt.
Bezüglich aktueller Fragen teilte der Vater Tanjas Problemverständnis und
vertrat in seinem sozialen Umfeld ihre Gedanken.

" Er wurde dann von anderen Bauern als quasi Sozialist bezeichnet, dann habe ich
gemerkt, da sind manche meiner Argumente wieder aufgetaucht. Die hat er dann
nach außen vertreten, aber nicht mir gegenüber. Mir gegenüber mußte er eine andere Auffassung haben, um das Gesicht zu bewahren oder die Kontroverse zu führen, mich auch zu provozieren. Hat aber dann in anderen Kreisen eine andere Position eingenommen. Und da habe ich auch so eine Beweglichkeit gespürt, daß die
Gespräche nicht sinnlos sind, sondern auch was anregen. Wenn man auch nicht immer die Früchte davon selber hat. "

Das Gemeinsame zwischen Vater und Tochter wurde von ihm jedoch
nicht offen vertreten und somit die Aspekte einer solidarischen, gleichberechtigten Weiterentwicklung nur indirekt bestätigt.
Nach dem Friedensdienst blieb Tanja in den ihr wichtig gewordenen politischen und sozialen Zusammenhängen weiterhin aktiv. Die Mutter hat ihre
Entscheidungen sehr unterstützt, indem sie der Tochter die neu erschlos-
senen Freiräume gönnte, in denen die mütterlichen Werte der Fürsorge
und Verantwortungsbereitschaft eine hohen Stellenwert hatten. Damit
erhielt Tanja den wichtigen emotionalen Rückhalt für die beruflichen Risi-
ken, die mit ihrer freiberuflichen Variante politischen Engagements verbunden waren.
Der Vater hingegen brachte eine eher skeptische, und auch besorgte
Haltung für ihr materielles Wohlergehen ein. Tanja löste sich an dieser
Stelle von der autoritären Bestimmtheit seiner Orientierungsvorgaben und
gelangte zu mehr Unabhängigkeit, indem sie die kooperierende Seite der

Bindung betonte und die ihr wichtigen Inhalte unbeirrt zur Diskussion stellte.

" Als ich damals, nachdem ich aus den USA zurück war, gesagt habe, ich arbeite nochmal für ein Jahr als Freiwillige für die Kampagne "Frieden schaffen ohne Waffen", hat mein Vater den Kopf geschüttelt. Ich müßte doch an später denken, an die Rente, und ja, ich solle doch in meinen Beruf zurückgehen. Der hat mir mehr Druck gemacht. Während meine Mutter das eher verstehen konnte, also ich habe auch durch meine Briefe berichtet, welchen Sinn ich in der Arbeit sehe. Und sie war, glaube ich, dann auch ein bißchen stolz auf mich. ... Und sie ist nicht so auf Karriere fixiert. Aus ihrer Tochter soll schon ein anständiger Mensch werden, aber anständig heißt auch, Unrecht deutlich zu machen und für bessere Lebensumstände zu arbeiten.
Während mein Vater mehr darauf aus war, daß ich gut verdiene und einzahle und so. Da hat er mir mehr reingeredet und mir auch mehr Druck gemacht. Und ich habe aber eigentlich das gemacht, was ich auch für gut heiße, und mich dann auch ziemlich unabhängig verhalten. Obwohl ich immer darum bemüht war, das zu vermitteln und ihm deutlich zu machen, warum mir das so wichtig ist. Und Materialien habe ich immer geschickt, die Zeitung, die wir gemacht haben, und die Broschüren, auch Bücher, die Buttons und die Tücher habe ich immer alles nach hause geschickt. "

Abschließend faßt Tanja zusammen, daß sie über den Prozeß der zurückliegenden familiären und politischen Auseinandersetzungen ihren eigenen Weg finden und politische Themen in Verknüpfung mit ihrer jeweiligen emotionalen Bedeutung bearbeiten konnte. Eine Differenzierung der Funktionen gesellschaftlichen Handelns und der damit verbundenen sozialen Rollenmuster hat dazu beigetragen, mehr Übersicht für die eigene Lebensgestaltung zu gewinnen, Handlungspotentiale realistisch einzuschätzen und politische Mitverantwortung aus dem Freiraum positiver Motivation heraus zu übernehmen. Für diesen Ansatz gaben ihr die Aktiven der vorangehenden Generationen wichtige Impulse.

" ... sondern es war eine eigene Motivation für Systemveränderung zu arbeiten, die ich auch nach wie vor für notwendig erachte. Ich fühlte mich nicht manipuliert von irgendwelchen Drahtziehern. Ich denke, da war immer auch mein eigener Kopf und mein eigenes Herz dabei, mich für das und das zu entscheiden, und so habe ich es auch vertreten. Ich denke, da war schon der Grad an Betroffenheit, der etwas bei mir selber so berührt hat. Ich habe durch die Zeit bei Aktion Sühnezeichen mit so vielen unterschiedlichen Menschen gesprochen. Also mit Christen, die aus ihrem Christsein das Engagement gemacht haben, andere Leute, die humanistisch ausgerichtet waren, also aus unterschiedlichen Beweggründen gehandelt haben. Und das hat mich, denke ich, mehr beeinflußt. Daß es heute darauf ankommt als gesellschaftliches Wesen, wo man kann, Begrenztes tun kann, Mitverantwortung zu übernehmen. "

4.3   Zur Evidenz von Methode und Erkenntnis

Die jeweils unterschiedlich akzentuierten Entwicklungsverläufe der acht Lebensausschnitte treffen zunächst darin zusammen, daß eine Beschäftigung mit der eigenen familiären und gesellschaftlichen Vergangenheit aus dem Interesse hervorging, eine aufbruchsgesinnte, kreative Lebensform zu entfalten, ohne die Loyalität zu den Eltern aufgeben zu müssen. Vielmehr zeigt sich ein großer psychischer Einsatz dafür, die Bindung zwischen den Generationen durch eine kritische Auseinandersetzung mit dem Nationalsozialismus zu erneuern. So suchten die befragten Frauen und Männer im Rahmen der ASF nach einer unterstützenden Struktur, die politische Analysen mit einem emotionalem Zugang zum Handeln ihrer Eltern/Großeltern während der NS-Zeit verband. Die vergleichende Betrachtung ähnlicher wie auch anders gelagerter Umgangsformen mit dem Thema Nationalsozialismus in den einzelnen Familien, half den Betreffenden darin, ihr idealisiertes Elternbild[1] durch realistische Wahrnehmungen zu verändern und mit diesem Schritt die Ausgangspunkte für den eigenen Lebensentwurf besser erkennen zu können. In der kommunikativen Gemeinschaft ihrer Mitfreiwilligen blieben sie dabei nicht auf sich selbst gestellt, sondern konnten durch eine gemeinsame zeitgeschichtliche Aneignung als auch familienspezifische Differenzierung ihre Fähigkeiten des kritischen und zugleich empathischen Zuhörens[2] und Nachfragens reflektieren.

---

[1] "Das Interesse der Kinder an einer Verdrängung der negativen Seiten ihrer Eltern und Großeltern resultiert in erster Linie aus der Übernahme der Selbstbilder der Eltern durch die Kinder. Die Kinder haben gelernt, die Eltern mit deren Augen zu sehen. ... denn eine zentrale Quelle des Selbstbewußtseins des Kindes ist die Internalisierung der Mutter- und-Vater-Imagines, ... das Kind gelangt im Laufe der Entwicklung zu einem Bewußtsein seiner selbst, indem es die Eltern nachzuahmen sucht und sich innerlich am Bild der Eltern orientiert. ... Orientierungsgrößen sind dabei nicht ausschließlich die realen Eltern, ... sondern auch die Eltern mit ihren Wunschvorstellungen davon, wie sie selbst gerne wären, ihren Idealen ... wie auch mit ihren ... Abspaltungen von dem, was sie nicht sein wollen oder nicht bei sich wahrhaben wollen. ... die elementare Angewiesenheit der Kinder auf die Eltern sowie die Offenheit ihres Selbst und ihrer Entwicklung läßt sie die Ansprüche der Eltern umfassend annehmen. Insofern kann man von einer >psychischen Vererbung< sprechen, weil in den Kindern das Selbstverständnis der Eltern, ... weiterlebt. ... das Interesse an >rückhaltloser< Aufklärung widerspricht also dem Wunsch der Kinder nach guten, liebenswerten und achtenswerten Eltern. Insofern ist zu vermuten, daß schon sehr früh ein heimliches Bündnis zwischen Eltern und Kindern eingegangen wird, um das gemeinsam aufgebaute Bild von Eltern und Großeltern nicht zu zerstören, die Familienlegende abzustützen und sie auch nach außen hin zu verteidigen." (Rommelspacher, 1995 a : 83 f)
[2] "Die heiklen Bestandteile der Familiengeschichte werden in den biographischen Erzählungen der Großelterngeneration meist so kunstvoll abgedunkelt oder übergangen, daß sie nur bei entsprechender emotionaler Bereitschaft, Geübtheit und historischer Kenntnis

Auf der Basis meines prozeßorientierten Forschungskonzeptes konnte ich, diese Voraussetzungen beachtend, die Aufschlüsselung entwicklungshindernder Strukturen im Generationengefüge nachzeichnen, und, damit verknüpft, das beidseitige Interesse von Kindern und Eltern an einer Bearbeitung der nahen Vergangenheit aufzeigen. Wenngleich nicht alle Väter und/oder Mütter (wie am Beispiel von Paul, Frauke, Jonas und Anne zu verfolgen war) direkt an den neuen Erfahrungen ihrer Kinder teilhaben wollten, zeigte sich bei allen InterviewpartnerInnen ein Zuwachs an differenzierter Wahrnehmung, Einfühlung und Achtsamkeit zwischen den Generationen, in dem die Basis eines neuen Dialogs über verdrängte bzw. verlagerte Themen erkennbar ist.

Meine Forschungsergebnisse weisen damit über die Arbeiten Birgit Rommelspachers (1995 a) und Gabriele Rosenthals (1997) hinaus, in denen die konstruktive Entwicklung in der intergenerativen Verständigung über den Nationalsozialismus zwar als Möglichkeit und allgemein gehaltene Tendenzaussage formuliert wird, deren Untersuchungsmethoden jedoch die Dominanz einer Verteidigung von Familienlegenden und die beharrlich unreflektierte Verstrickung in Derealisierungsmuster oder "Reparaturstrategien" (Rosenthal) fortschreiben.

In Übereinstimmung befinde ich mich mit den Erkenntnissen Helm Stierlins, die er auf der Grundlage seiner teilnehmenden Beobachtung in Gruppengesprächen zwischen Eltern und Kindern zum Thema Nationalsozialismus gewonnen hat, und folgendermaßen bilanziert:

"(Die J. P.) Kinder, so sahen wir, brauchen Eltern, die (ihnen J. P.) sinnstiftende Aufträge und Verpflichtungen vermitteln, Vertrauen ermöglichen sowie Gerechtigkeit, Fairneß und Integrität beweisen. Der Dialog allein kann diese Bedürfnisse nicht erfüllen. Er kann auch Menschen nicht ummodeln, kann Versäumtes nicht nachholen oder etwas, das niemals vorhanden war, neu schaffen. Dennoch bietet er den Kindern ihre bestmögliche Chance, in ihren Eltern bisher nicht wahrgenommene oder vermutete Qualitäten zu entdecken. Er bietet ihnen weiter die Chance, ihre Eltern besser zu verstehen, Einfühlungsvermögen für ihre damaligen Konflikte zu entwickeln und sich zu fragen, ob sie anders gehandelt hätten, wären sie anstelle der Eltern gewesen. Und damit bietet er ihnen schließlich die Chance, sich von den Eltern abzugrenzen und sich doch mit ihnen zu versöhnen." (Stierlin, 1992 : 255 f)

---

der ZuhörerInnen bemerkbar sind. Selbst dann aber, wenn die Andeutungen und Hinweise deutlich sind, besteht in den inter- wie intragenerationellen Dialogen in der Bundesrepublik kaum die Gefahr einer weiteren Aufdeckung, da die Hinweise auf eine Beteiligung an den Nazi-Verbrechen von den ZuhörerInnen aufgrund ihrer eigenen Ängste häufig überhört beziehungsweise abgewehrt werden." (Rosenthal, 1997 : 346)

In Beziehung zur Geschichte sein

5. 1 Töchter und Söhne fragen Mütter und Väter

Im vorangehenden Kapitel habe ich anhand der einzelnen Interviews den Zusammenhang zwischen der Aufschlüsselung entwicklungshindernder Strukturen im Generationenverhältnis und dem Interesse an einer Auseinandersetzung mit der jüngeren deutschen Vergangenheit herausgearbeitet. Abschließend fasse ich in einer vergleichenden Betrachtung die geschlechtsspezifischen Unterschiede in der Bedeutung von Erinnerung bei den Frauen und Männern meiner Untersuchung zusammen.
Eine signifikante Bereitschaft, sich auf kritische Fragen der Kinder zum Nationalsozialismus einzulassen, zeigt sich vor allem im Mutter-Tochterverhältnis. Fraukes, Annes und Tanjas Mutter - doch nur die Mutter eines Sohnes, Jonas - bezogen sich positiv auf die Auseinandersetzung ihrer Töchter bzw. ihres Sohnes, und nahmen aktiven Anteil am Engagement ihrer Kinder. In Anknüpfung an Lerke Gravenhorst`s Untersuchung über Frauen und Männer der zweiten Generation, bestätigt sich auch bei meinen InterviewpartnerInnen, daß Frauen in ihrer Distanzierung von den AkteurInnen des Nationalsozialismus weniger im Konflikt zum eigenen Geschlecht stehen und dadurch auch entsprechend weniger Abwehr gegen eine Thematisierung der NS-Zeit bei ihren Müttern hervorrufen.

"Die Identifikation mit dem eigenen Geschlecht macht eine negative Aneignung der Geschichte wahrscheinlicher, wenn diese Identifikation eine Desidentifikation mit den Akteuren erleichtert. Das Eigene der Familie läßt sich durch das Eigene des Geschlechts auch ohne explizite Thematisierung implizit relativieren. Deshalb können sich die befragten Töchter auch eindeutiger als die Söhne die Taten des NS vor Augen führen und moralisch verurteilen ... . Die Männer hingegen bringen einen impliziten Abwehrmechanismus der Ablösung von der Geschichte zum Ausdruck. Offensichtlich hat die Herabsetzung von Frauen zu Nicht-Subjekten der Geschichte diese im Endeffekt auch entlastet. Frauen haben die Abwertung in ihr Selbstverständnis als Entschuldigung aufgenommen und damit gegenüber den Männern ihrer Generation eine größere Chance gehabt, sich mit der >Produktion des Bösen< in der eigenen Geschichte auseinanderzusetzen." (Gravenhorst, 1992 : 146)

In der Widerspiegelung der Interviews ist die kritisch-reflexive Verständigung zwischen Müttern und Töchtern als Chance für die Mütter herauszulesen, die belastenden Erfahrungen der Kriegs- und Nachkriegszeit auf dem Weg einer gemeinsamen Wiederannäherung noch einmal verarbeiten zu können. Dabei zeigen sich im Mutter-Tochterverhältnis größere Möglichkeiten als in der Mutter-Sohnbeziehung, die doppelte Loyalität der Kinder, nämlich gegenüber den Eltern bzw. Großeltern als auch ihre Einfühlung in die Situation der NS-Verfolgten anerkennen zu können. Die erneute und zugleich schmerzliche Verbindung beider Realitäten, ermöglichte den Müttern eine durchlässigere Betrachtung ihres Lebens und letztlich den Aufbruch in neue Erfahrungen, wie aus Fraukes und Annes Berichten zu sehen ist.

Die dialogische Ebene, die zwischen Müttern und Töchtern mehr hervortritt als im Mutter-Sohnverhältnis, ist vor allem darauf zurückzuführen, daß die Töchter ihren eigenen Ort im historischen Prozeß suchen - ein Interesse, das bei den Müttern eine Entsprechung findet - und weit weniger den Ansatz des Über-Geschichte-verfügen-wollens vertreten, wie dies im geschichtstheoretischen Gesprächsstil der männlichen Interviewpartner zum Ausdruck kommt. Dies führte, wie Nils und Jakob auch entsprechend bedenken, eher zum Abruch der erzählenden Mitteilung, und damit einer Zurücknahme lebensgeschichtlicher Bezugspunkte für das Gespräch zwischen den Generationen. Die Orientierung an einer theoretisch strukturierten Diskussion seitens der Söhne findet ihre Erklärung in der emotional enthaltsameren Kommunikation zwischen den Vätern und den Söhnen. Nils langes Ringen um eine unmittelbare Gefühlsreaktion seines Vaters auf das Thema "Konsequenzen aus der NS-Zeit" stellt diesen Zusammenhang heraus und ebenso Jonas` enttäuschtes Resümee darüber, daß sein Vater, der ihn intensiv an die Beschäftigung mit dem christlich-jüdischen Verhältnis und eine generationenübergreifende Verantwortung herangeführt hat, sich dennoch einer emotionalen Vermittlung seiner eigenen Konflikte weitgehend verschloss.

> Jonas: "Daß er überhaupt mal so persönlich von diesem Erlebnis der Filmvorführung erzählt hat, auf eine Frage, das habe ich schon als was Besonderes empfunden. Das Sprechen über Gefühle, über die eigene Betroffenheit, überhaupt die eigenen Reaktionen, die instinktiven Reaktionen, das ist nahezu unmöglich. ... Das ist wohl der Regelfall in dieser Generation unter den Männern ... "

Die Söhne, so zeigen alle vier Interviews, brechen diese Strukturen auf: Sie sprechen ihre Betroffenheit und Überforderung angesichts der schwierigen Aufgaben, die ihnen übertragen wurden, aus und entwickeln ein neues Rollenverständnis, indem sie sich gleichermaßen als Involvierte und Gestaltende im historischen Prozeß begreifen.

Im Vergleich zur Vater-Sohnbeziehung ist der Einblick, den die Väter den Töchtern in ihre ungelösten Lebensthemen geben, - trotz der Unterschiedlichkeit ihrer politischen Positionen - mit einer noch stärkeren emotionalen und intellektuellen Zurückweisung verbunden. Obgleich alle Frauen viel Engagement dafür aufbringen, ihren Vater verstehen und erkennen zu können, sind ihre Versuche zum Aufbau eines Dialogs wenig erfolgreich. Auch dort, wo den Töchtern, wie bei Frauke und Tanja zu sehen ist, eine fürsorgliche Anerkennung zu Teil wird, bleiben sie, anders als die Söhne, ohne eine inhaltlich gerichtete Unterstützung ihrer Väter.

Als Resultat dieser beidseitigen Erfahrung in der Auseinandersetzung mit Geschichte, nämlich eines begleitenden Interesses mütterlicherseits, als auch des in-sich-selbst-gefordert-seins durch den Vater, werte ich die bei den Interviewpartnerinnen stärker vertretene Distanz zum geltenden Umgang mit Erinnerung, hier gekennzeichnet durch das Verhältnis zur ASF. Die befragten Frauen zeigen damit den Konflikt auf, an den Grenzen der vorhandenen Aneignungsformen von Tradition und Erbe zu stehen und sich gleichzeitig an diesen Strukturen zu orientieren, um die eigene Gruppenzugehörigkeit reflektieren und ihre Selbstwahrnehmung überprüfen zu können. Theresa Wobbe hat dieses Dilemma innerhalb der Frauenforschung zum Nationalsozialismus untersucht:

"Die Phänomene in den Untersuchungen und Debatten von Frauenforschung und Frauenbewegung zeigen, daß die generationsspezifische und politische Distanz zum Nationalsozialismus keineswegs ausreicht, um über die nationalsozialistische Verfolgung ein anderes Gedächtnis zu konstruieren. Es zeigt sich, daß das Bemühen um eine Position, die sich von denen der Elterngeneration, d. h. der potentiellen Generation der Täter und Täterinnen, unterscheidet, den Versuch einer anderen politischen Ortsbestimmung und einer anderen Sprache darstellt. ... Diese Verschränkung - aus der überlieferten Gedächtniskonstruktion herauszutreten sowie im Rahmen der verdeckten Überlieferung zu bleiben - gibt Ausdruck darüber, daß die Zugehörigkeit zu verschiedenen Gruppen mit verschiedenen Wirklichkeitskonstruktionen des Gedächtnisses verbunden ist. ... Die Beispiele der Gedächtsniskonstruktionen aus dem Spektrum der Frauenforschung haben gezeigt, wie sich soziale Orientierungen als Erinnerungsschichten miteinander verketten: Die Antifaschismuskritik der Studentenbewegung verschränkte sich mit einer Patriachatskritik, die wiederum von der Identifikation mit der emanzipierten Frau bestimmt wurde und nun abermalig durch die Distanzierung vom Opferstatus verschoben wird. Erinnerung bewegt sich hier als aktualisierte Wahrnehmung in einem Gedächtnisrahmen, der den Nationalsozialismus versucht, kritisch zu erinnern und dennoch die Erinnerung an seinen extremsten Pol immer wieder verfehlt." (Wobbe, 1992 : 37 f)

5. 2 Blick zurück

Anhand der beiden Untersuchungsschwerpunkte - Geschichte der ASF und den Interviews mit ehemaligen Freiwilligen - habe ich Entwicklungsverläufe der intergenerativen Auseinandersetzung über den Nationalsozialismus, in der Verflechtung mit zeitgeschichtlichen Konfliktthemen aufgezeigt.
Die ab Mitte der 70er Jahre intensivierte Aufarbeitung der NS-Zeit enthielt für die Frauen und Männer der dritten Generation die Aufgabe, die Ebene des Wissens mit der Ebene emotionaler Erfahrung zu verbinden. Indem die befragten Frauen und Männer in den Angeboten der ASF einen unterstützend-reflexiven Zusammenhang fanden, waren sie in der Lage,

die verbliebenen Angst-, Verlust- und Schamgefühle ihrer Eltern neu zu betrachten und die damit einhergehenden Verteidigungsmechanismen innerhalb ihrer eigenen Perspektiven zur nahen Vergangenheit zu erkennen. In diesem Prozeß haben sie die Überlieferungen ihrer Eltern nicht als "Deckerinnerungen"[1] enttarnt, was einem verdoppelten Abwehrmuster gleichkommt, sondern konnten sich differenzierend mit den Lebenserfahrungen und Handlungen ihrer Mütter und Väter, Großmütter und Großväter beschäftigen und dabei der eigenen Bezogenheit auf die familialen und gesellschaftlichen Traditionslinien nachgehen.

Sofern die befragten Frauen und Männer bei ihren Müttern und Vätern eine aktive Entsprechung fanden, sich noch einmal gemeinsam der jüngeren Vergangenheit zu nähern, konnte die Auseinandersetzung mit der NS-Zeit für beide Seiten zur Aufschlüsselung entwicklungshindernder Strukturen führen und damit den jeweiligen Lebensentwürfen mehr Freiheit bzw. dem Rückblick auf die konfliktreichen Lebenserfahrungen eine vermittelnde Öffnung geben. Daß diese Möglichkeit in den einzelnen Familien sehr unterschiedliche Voraussetzungen enthielt und zum Teil auch erneute Abweisungen für die Kinder beinhaltete, zeigt die Vergleichsbreite meiner Interviews.

Vor allem in den 70er und frühen 80er Jahren überbrückte die ASF mit dem Konzept des sozialen Friedensdienstes ein Defizit, dem Schulen- und Hochschulen durch ihre bewertungsorientierten Kommunikationsformen zu diesem Thema nicht gerecht werden konnten: Nämlich der Frage nachzugehen, was aus dem Bild der Eltern/Großeltern im Selbstbild der Kinder/Enkel wieder aufscheint und wichtige Ausgangspunkte der eigenen Lebensfacetten in einem belasteten, ungeklärten Wahrnehmungsbereich hält.

Im Rückblick auf ihre Auseinandersetzung mit den Interessen der ASF, formulieren die befragten Frauen und Männer ein Verständnis von politischer Mitverantwortung, das sich von schuldgebundenen Verpflichtungen distanziert und vielmehr den Ansatz entwicklungsbezogener Entscheidungsklärungen betont, in denen die besonderen Belastungen des Generationenverhältnisses auf Seiten der Mit-TäterInnen ihrer Kinder und Enkel beachtet, doch gleichzeitig in den Grenzen ihrer individuellen und gesellschaftlichen Bearbeitungsmöglichkeiten reflektiert werden.

In allen Interviews wird deutlich, daß die Befragten einen selbstverantwortlichen Umgang mit den Angeboten der ASF entfaltet, und den ambivalenten Motiven innerhalb der Beschäftigung mit dem schwierigen Erbe nicht ausgewichen sind. Dies zeigt sich besonders in der Ablösung von den moralischen Vorgaben der Gründergeneration, deren Glaubwürdig-

---

[1] Vgl. Rommelspacher (1995 a)

keit den Jüngeren zugleich eine Orientierungen ermöglicht hatte, aus der heraus sie ihre eigenen, kreativen Ansätze politischer Veränderung finden konnten. In diesem Prozeß hinterfragen sie die Bedeutung des sozialen Gedächtnisses nach den darin vermittelten Verbindungen zwischen den unterschiedlichen sozialen und kulturellen Lebenswelten, die sie während ihres Friedensdienstes als gemeinsamen und gleichzeitig existentiell trennenden Beziehungszusammenhang kennengelernt haben.

Quellen :

Korrespondenz zwischen Länderbüro USA und Geschäftsstelle Berlin im Zeitraum 1969 - 1987

Korrespondenz zwischen Projektpartnern und Länderbüro im Zeitraum 1977 - 1987

Projektberichte der USA-Freiwilligen im Zeitraum 1977 - 1987

"Newsletter" vierteljährliche Zeitschrift der USA-FW

Seminarprogramme und Protokolle des Interaction Centers (1979 - 1983)

Bewerbungs- und Informationsmaterial für InteressentInnen am Freiwilligen Sozialen Friedensdienst der 70er, 80er und 90er Jahre

Informationsmaterial der Inlandsabteilung zu den Themen Gedenkstättenarbeit, Flüchtlingsarbeit, Anerkennung der vergessenen NS-Opfer und Rechtsextremismus

Auswertungsberichte von Vorbereitungsseminaren im Zeitraum 1983 bis 1987

Konzeptionspapiere, die sich mit dem Status Quo des Friedensdienstes und seiner pädagogischen Begleitung auseinandersetzen, im Zeitraum 1983 bis 1987

ZEICHEN, Vierteljahreszeitschrift der ASF, vollständige Jahrgänge 1978 bis 1998

Kommunität, Zeitschrift der Evangelischen Akademie, Jahrgänge 1959 - 1987

Unveröffentlichte Erinnerungen von Helmut Gollwitzer an Lothar Kreyssig und die Gründungssituation der Aktion Sühnezeichen. Berlin, Oktober 1979.

Interviews :

Lothar Kreyssig, im Interview mit Volker von Törne, unkorrigierte Bandabschrift vom 1. 8. 1980.

Franz von Hammerstein, Generalsekretär der Aktion Sühnezeichen (1968 - 1975), im Interview mit Johanna Pütz. Berlin, 15. Juni 1995.

Ulla Gorges, Leiterin des Pädagogischen Referats (1983 - 1988), im Interview mit Johanna Pütz Berlin, 5. Juni 1995.

Manfred Karnetzki, amtierender Vorsitzender der Aktion Sühnezeichen Friedensdienste (seit 1993), im Interview mit Johanna Pütz. Berlin, 15. November 1995.

Literatur :

ADORNO, THEODOR. W. (1977): Erziehung nach Auschwitz. IN: Gesammelte Schriften, 10,2 . Frankfurt am Main. (675 - 690)

ADORNO, THEODOR. W. (1977): Was bedeutet: Aufarbeitung der Vergangenheit. IN: Gesammelte Schriften, 10,2. Frankfurt am Main. (555 - 572)

ADORNO, THEODOR. W. (1982): Erziehung zur Mündigkeit. Frankfurt.

AHLHEIM, KLAUS (1984): "Erziehung nach Auschwitz" oder die Idee der pädagogischen Aufklärung in der Krise ? IN: Frankfurter Hefte, H. 10/84 (23 - 32)

AKTION NR. 10, AKTION SÜHNEZEICHEN/FRIEDENSDIENSTE (Hg) (1987): Friedensdienst mit der Aktion Sühnezeichen/Friedensdienste. Ergebnisse einer Untersuchung. Berlin.

AKTION SÜHNEZEICHEN FRIEDENSDIENSTE (1978): Wer wir sind und was wir wollen. Konvention. IN: Beilage zum Zeichen 4/78.

AKTION SÜHNEZEICHEN FRIEDENSDIENSTE (1993): Aufgaben, Ziele und Arbeitsweisen der Aktion Sühnezeichen/Friedensdienste. IN: Zeichen 3/93 (10 f)

AKTION SÜHNEZEICHEN FRIEDENSDIENSTE (Hg) (1994): Helmut Gollwitzer - es geht nichts verloren. 1908 - 1993. Göttingen.

ALBRECHT-HEIDE, ASTRID/HOLZKAMP, CHRISTINE/SCHIMPF-HERKEN, ILSE (1995): "Ihr könnt Euch erinnern, wir müssen uns erinnern", ein Gespräch zum 8. Mai - Chance der Erinnerung. IN: Mitteilungen und Materialien der Arbeitsgruppe Pädagogisches Museum, Nr. 44 (7 - 27)

ALY, GÖTZ (Hg) (1987): Aktion T 4 1939 - 1945. Die Euthanasie-Zentrale in der Tiergartenstrasse 4. Berlin.

ALY, GÖTZ/HEIM, SUSANNE (1991): Vordenker der Vernichtung. Auschwitz und die deutschen Pläne für eine neue europäische Ordnung. Hamburg.

AMERY, JEAN (1988): Jenseits von Schuld und Sühne. Bewältigungsversuche eines Überwältigten. München.

ANDERS, GÜNTHER (1988): Wir Eichmannsöhne. München.

ARENDT, HANNAH (1986): Zur Zeit. Politische Essays. Berlin.

ARENDT, HANNAH (1989): Nach Auschwitz. Berlin.

ARENDT, HANNAH (1991): Elemente und Ursprünge totaler Herrschaft. München.

BAACKE, DIETER/SCHULZE, THEODOR (Hg) (1985): Pädagogische Biographieforschung: Orientierungen, Probleme, Beispiele. Weinheim; Basel.

BARTH, KARL (1984): Barmen - ein Ruf nach vorwärts. IN: Zeichen 2/84 (8 - 11)

BAURIEDL, THEA (1992): Wege aus der Gewalt. Analyse von Beziehungen. Freiburg im Breisgau.

BECKMANN, JOACHIM (Hg) (1950): Kirchliches Jahrbuch für die evangelische Kirche in Deutschland 1945 - 1948. Hannover.

BEITRÄGE ZUR FEMINISTISCHEN THEORIE UND PRAXIS, H. 14 (1985): Frauen zwischen Auslese und Ausmerze.

BEITRÄGE ZUR NATIONALSOZIALISTISCHEN GESUNDHEITS- UND SOZIALPOLITIK: HEFT 1, (1985): Aussonderung und Tod. Die klinische Hinrichtung der Unbrauchbaren. HEFT 2, (1985): Reform und Gewissen. "Euthanasie" im Dienst des Fortschritts.HEFT 3, (1986): Herrenmensch und Arbeitsvölker. Ausländische Arbeiter und Deutsche 1939 - 1945, HEFT 5, (1987): Sozialpolitik und Judenvernichtung. Gibt es eine Ökonomie der Endlösung ?

BENZ, WOLFGANG (1987): Die Abwehr der Vergangenheit. Ein Problem nur für Historiker und Moralisten ? IN: DINER, DAN (Hg) (1987): Ist der Nationalsozialismus Geschichte ? Zu Historisierung und Historikerstreit. (17 - 33)

BENZ, WOLFGANG (1990): Nachkriegsgesellschaft und Nationalsozialismus. Erinnerung, Amnesie, Abwehr. IN: Dachauer Hefte, H. 6 Erinnern oder Verweigern (12 - 24)

BENZ, WOLFGANG (Hg) (1985): Die Vertreibung der Deutschen aus dem Osten. Ursachen, Ereignisse, Folgen. Frankfurt am Main.

BERGER, THOMAS (1983): Was lernen Schüler heute über den 30. Januar 1933. Die "Machtergreifung" im Schulbuch. IN: Betrifft Erziehung, H. 1 (22 - 31)

BERGMANN, WERNER/ERB, RAINER (Hg) (1990): Antisemitismus in der politischen Kultur nach 1945. Opladen.

BERGMANN, WERNER/ERB, RAINER (1995): Zur Entwicklung und Bedeutung des antisemitischen Syndroms in der Bundesrepublik Deutschland. IN: BEUTLER, KURT/-WIEGMANN, ULRICH (Red.) (1995): Jahrbuch für Pädagogik 1995. Auschwitz und die Pädagogik. Frankfurt am Main. (39 - 52)

BERGMANN, WERNER/ERB, RAINER (1997): Antisemitismus in Deutschland 1945 - 1996. IN: BENZ, WOLFGANG/BERGMANN, WERNER (Hg.): Vorurteil und Völkermord. Entwicklungslinien des Antisemitismus. Freiburg im Breisgau, (397 - 434)

BERGOLD, JARG/FLICK, UWE (Hg) (1987): Ein- Sichten. Zugänge zur Sicht des Subjekts mittels qualitativer Forschung. Tübingen.

BEUTLER, KURT/WIEGMANN, ULRICH (Hg) (1995): Jahrbuch für Pädagogik 1995. Auschwitz und die Pädagogik. Frankfurt am Main.

BLANKERTZ, HERWIG (1982): Die Geschichte der Pädagogik: Von der Aufklärung bis zur Gegenwart. Wetzlar.

BLÄNSDORF, AGNES (1987): Zur Konfrontation mit der NS-Vergangenheit in der Bundesrepublik, der DDR und Österreich. Entnazifizierung und Wiedergutmachungsleistung. IN: Aus Politik und Zeitgeschichte, B 16/17 (3 - 18)

BOCK, GISELA (1986): Zwangssterilisation im Nationalsozialismus. Studien zur Rassenpolitik und Frauenpolitik. Opladen.

BOHLEBER, WERNER (1988): Überwältigung der Seele durch die Realität. Psychoanalytische Traumaforschung: ein Versuch, die innere und äußere Kommunikation wiederherzustellen. IN: Frankfurter Rundschau, 3. 2. 1988.

BOHLEBER, WERNER (1989): Der Umgang mit der nationalsozialistischen Vergangenheit in der Beratungsarbeit. Probleme der zweiten und dritten Generation. IN: COGOY, RENATE/KLUGE, IRENE/MECKLER, BRIGITTE (Hg) (1989): Erinnerung einer Profession. Erziehungsberatung, Jugendhilfe und Nationalsozialismus. Münster. (250 - 258)

BÖHME, JÖRN (1986): Die Arbeit der Aktion Sühnezeichen in Israel, Geschichte und Entwicklungen. IN: Zeichen 2/86 (6 - 9)

BÖNNER, KARL (1967): Deutschlands Jugend und das Erbe ihrer Väter. Wie skeptisch ist die junge Generation ? Bergisch Gladbach 1967.

BONHOEFFER, DIETRICH (1985): Widerstand und Ergebung. München.

BORRIES, BODO von (1980): Unkenntnis des NS - Versagen des Geschichtsunterrichts ? Bemerkungen zu alten und neuen empirischen Studien. IN: Geschichtsdidaktik H. 5 (109 - 126)

BORRIES, BODO von (1990): Geschichtsbewußtsein als Identitätsgewinn ? Fachdidaktische Programmatik und Tatsachenforschung. Hagen.

BORRIES, BODO von (1992): Faktenerfassung, Parteinahme und Einfühlung ? Zum Umgang von Schülerinnen und Schülern mit historischen Entscheidungssituationen. IN: Fröhlich u. a. (1992): Geschichtskultur. Pfaffenweiler. (216 - 249)

BOßMANN, DIETER (Hg) (1977): "Was ich über Adolf Hitler gehört habe ... " Folgen eines Tabus: Auszüge aus Schüler-Aufsätzen von heute. Frankfurt am Main.

BRAKELMANN, GÜNTER (1984): Barmen: Ein kritischer Rückblick. IN: Zeichen 2/84 (4-7)

BREDE, KAROLA/KROVORZA, ALFRED (1992): Die deutsche Vereinigung unter dem Einfluß einer unerledigten psychosozialen Vorgeschichte. IN: Psyche 5/92 (419 - 446)

BRENDLER, KONRAD (1994): Die Holocaustrezeption der Enkelgeneration im Spannungsfeld von Abwehr und Traumatisierung. IN: BENZ, WOLFGANG (Hg.) (1994): Jahrbuch für Antisemitismusforschung. Band 3, Berlin. (303 - 340)

BRENDLER, KONRAD (1996): Die Rezeption der Geschichte des Nationalsozialismus und des Holocaust bei Enkeln der Tätergeneration. IN: HIMMELSTEIN, KLAUS/-KEIM, WOLFGANG (Hg) (1996): Die Schärfung des Blicks. Pädagogik nach dem Holocaust. Frankfurt a. Main, New York. (141 - 168)

BROSZAT, MARTIN (1988): Nach Hitler. Der schwierige Umgang mit unserer Geschichte. München.

BRUMLIK, MICHA (1989): Zur aktuellen Diskussion um den Nationalsozialismus. IN: COGOY, RENATE/KLUGE, IRENE/MECKLER, BRIGITTE (Hg) (1989): Erinnerung einer Profession. Erziehungsberatung, Jugendhilfe und Nationalsozialismus. Münster. (20 - 32)

BUCHMANN, MARLIES/GURNY, RUTH (1984): Wenn Subjektivität zu Subjektivismus wird ... . Methodische Probleme der neueren soziologischen Biographieforschung. IN: Kölner Zeitschrift für Soziologie und Sozialpsychologie, H. 36/1984, (773 - 782)

BUDE, HEINZ (1985 b): Der Sozialforscher als Narrationsanimateur. Kritische Anmerkungen zu einer erzähltheoretischen Fundierung der interpretativen Sozialforschung. IN: Kölner Zeitschrift für Soziologie und Sozialpsychologie, H. 37/1985, (327 - 336)

BUNDESPRÄSIDENT RICHARD VON WEIZSÄCKER (1985): Zum 40. Jahrestag der Beendigung des Krieges in Europa und nationalsozialistischer Gewaltherrschaft. Ansprache am 8. Mai 1985 in der Gedenkstunde im Plenarsaal des Deutschen Bundestages. Bonn.

BUNDESZENTRALE FÜR POLITISCHE BILDUNG (Hg) (1980): Der Nationalsozialismus als didaktisches Problem. Beiträge zur Behandlung des NS-Systems und des deutschen Widerstands im Unterricht. Bonn.

BUROW, OLAF-AXEL (1992): Zu einer gestaltpädagogischen Theorie der Veränderung persönlicher Paradigmen. Eine Studie aus der Lehrerfortbildung. Paderborn.

COGOY, RENATE/IRENE KLUGE/BRIGITTE MECKLER (Hg) (1989): Erinnerung einer Profession. Erziehungsberatung, Jugendhilfe und Nationalsozialismus. Münster.

CZARNOWSKI, GABRIELE (1991): Das kontrollierte Paar. Ehe- und Sexualpolitik im Nationalsozialismus. Weinheim.

DAHMER, HELMUT (1990): Derealisierung und Wiederholung. IN: Psyche, 2 / 1990 (133 - 143)

DEILE, VOLKMAR (1983): Eine christliche Stimme. IN: Zeichen 1/83 (10 - 16)

DEILE, VOLKMAR (1994): Einige Anmerkungen zum christlichen Selbstverständnis der ASF. IN: Bewerbungsunterlagen der ASF. Berlin.

DICK, LUTZ VAN (1988 a): Oppositionelles Lehrerverhalten 1933 - 1945. Biographische Berichte über den aufrechten Gang von Lehrerinnen und Lehrern. Weinheim und München.

DICK, LUTZ VAN (1988 b): Zwischen Nonkonformität und Widerstand. Oppositionelles Verhalten einzelner LehrerInnen in Deutschland zwischen 1933 - 1945. IN: WIDERSPRÜCHE, Heft 26 / 1988. (35 - 46)

DICK, LUTZ VAN (1990): Der aufrechte Gang. Die Lektion des Faschismus für Pädagogik und Erziehungswissenschaft. IN: ZUBKE, FRIEDHELM (1990) (Hg): Politische Pädagogik. Beiträge zur Humanisierung der Gesellschaft. (1999 - 208)

DINER, DAN (Hg) (1987): Ist der Nationalsozialismus Geschichte ? Zu Historisierung und Historikerstreit. Frankfurt am Main.

DINER, DAN (Hg) (1988): Zivilisationsbruch. Denken nach Auschwitz. Frankfurt am Main.

DUDEK, PETER (1982): "Aufarbeitung der Vergangenheit" als Erziehungsprogramm? Über die Schwierigkeit, antifaschistische Jugendarbeit zu begründen. IN: Neue Praxis, H.12/82 (317 - 332)

DUDEK, PETER (1989): "Aufarbeitung der Vergangenheit" im schulischen Unterricht. IN: RATHENOW, HANNS-FRED/WEBER, NORBERT H. (Hg) (1989): Erziehung nach Auschwitz. Pfaffenweiler. (109 - 118)

DUDEK, PETER (1990): Antifaschismus: Von einer politischen Kampfformel zum erziehungstheoretischen Grundbegriff ? IN: Zeitschrift für Pädagogik, 3/90, (351 - 370)

DUDEK, PETER (1992): "Vergangenheitsbewältigung" - Zur Problematik eines umstrittenen Begriffs. IN: Aus Politik und Zeitgeschichte, B 1-2/92 (44 - 53).

DUDEK, PETER/JANSON, ERICH (1988): Historisches Lernen oder antifaschistische Erziehung. IN: päd extra & demokratische erziehung 9/88 (6 - 10)

EBBINGHAUS, ANGELIKA (Hg) (1987): Opfer und Täterinnen. Frauenbiographien des Nationalsozialismus. Nördlingen.

EBBINGHAUS, ANGELIKA/KAUPEN-HAAS, HEIDRUN/ROTH, KARL-HEINZ (Hg) (1984): Heilen und Vernichten im Mustergau Hamburg. Bevölkerungs- und Gesundheitspolitik im Dritten Reich. Hamburg.

153

ECKSTAEDT, ANITA (1992): Nationalsozialismus in der zweiten Generation. Psycho-analyse von Hörigkeitsverhältnissen. Frankfurt am Main.

EHMANN, ANNEGRET/KAISER, WOLF u. a. (1995): Praxis der Gedenkstättenpädago-gik. Erfahrungen und Perspektiven. Opladen.

EPSTEIN, HELEN (1990): Die Kinder des Holocaust. Gespräche mit Söhnen und Töchtern von Überlebenden. München.

ERIKSON, ERIK HOMBURGER (1974): Jugend und Krise. Die Psychodynamik im sozialen Wandel. Stuttgart.

ERIKSON, ERIK HOMBURGER (1977): Lebensgeschichte und historischer Augenblick. Frankfurt am Main.

ERIKSON, ERIK HOMBURGER (1997): Identität und Lebenszyklus. Frankfurt am Main.

ERLEBACH, ROLAND u. a. (1981): Nationalsozialismus - Kenntnisse und Meinungen von Abiturienten, 1961 und 1979. IN: Deutsche Schule, H. 9 (539 - 544)

ESCHENAUER, JÖRG (1990): Auf das wir keine Narren aus uns machen lassen. IN: Zeichen 4/90 (6 - 8)

FAULENBACH, BERND (1996): Geschichtserfahrung und Erinnerungskultur im verei-nigten Deutschland. IN: Gewerkschaftliche Monatshefte 4 / 96 (232 - 239)

FAULENBACH, PETER (1987): NS-Interpretation und Zeitklima. Zum Wandel in der Aufarbeitung der jüngsten Vergangenheit. IN: Aus Politik und Zeitgeschichte, B 22/87 (19 - 30)

FEIDEL-MERTZ, HILDEGARD (Hg) (1983): Schulen im Exil. Die verdrängte Pädagogik nach 1933. Reinbek bei Hamburg.

FETSCHER, SEBASTIAN (1989): Das Dritte Reich und die Moral der Nachgeborenen. IN: Neue Sammlung H.2/89 (161 - 185)

FISCHER, CORNELIA/HUBERT, ANTON (1992): Auswirkungen der Besuche von Gedenkstätten auf Schülerinnen und Schüler. Bericht über 40 Explorationen in Hessen und Thüringen. Herausgegeben von der hessischen Landeszentrale für politische Bildung und der Landeszentrale für politische Bildung Thüringen. Wiesbaden/Erfurt.

FLICK, UWE/ERNST VON KARDORFF u. a. (Hg) (1991): Handbuch Qualitative Sozial-forschung. Grundlagen, Konzepte, Methoden und Anwendungen. München.

FREI, ALFRED GEORG (1988): Geschichte aus den "Graswurzeln" ? Geschichtswerkstät-ten in der historischen Kulturarbeit. IN: Aus Politik und Zeitgeschichte, Heft.2/88 (35 - 46)

FRIEDEBURG, LUDWIG von/HÜBNER, Peter (1970): Das Geschichtsbild der Jugend. München.

FRIEDRICH, JÖRG (1994): Die kalte Amnestie. NS-Täter in der Bundesrepublik. Mün-chen.

FROHWEIN, PIA (1995): Längst überfällig: Aufzeigen der Kontinuitäten nationalsozia-listischen Denkens vor 1933 und nach 1945. IN: Zeichen 3/95 (28 - 29)

FUCHS, WERNER (1984): Biographische Forschung. Opladen.

GAEDE, DANIEL (1993): Vorläufige Standortbestimmung langfristiger freiwilliger Friedensdienste. Eine Vorstudie. Rottenburg/Neckar.

GALINSKI, DIETER/LACHAUER, ULLA (Hg) (1982): Alltag im Nationalsozialismus 1933 bis 1939. Jahrbuch zum Schülerwettbewerb Deutsche Geschichte um den Preis des Bundespräsidenten. Braunschweig.

GAMM, HANS-JOCHEN (1983): Der gewöhnliche Faschismus: Über die Bedrohlichkeit von Stereotypen und die Rolle der Bildung. IN: Neue Praxis, H. 4 (323 - 333)

GAMM, HANS-JOCHEN (1984): Führung und Verführung. Pädagogik des Nationalsozialismus. Frankfurt am Main / New York.

GAMM, HANS-JOCHEN (1985): Antifaschismus als Auftrag einer Humanistischen Pädagogik. IN: Demokratische Erziehung, H.4/85 (20 - 23)

GAMM, HANS-JOCHEN (1988): Pädagogische Ethik. Weinheim

GAMM, HANS-JOCHEN (1996): Auschwitz. Pädagogische Nachüberlegungen aus der Sicht der alten Generation. IN: HIMMELSTEIN, KLAUS/KEIM, WOLFGANG (Hg) (1996): Die Schärfung des Blicks. Pädagogik nach dem Holocaust. Frankfurt a. Main, New York. (31 - 44)

GARBE, DETLEF (1983): Die vergessenen KZ`s ? Gedenkstätten für die Opfer des NS-Terrors in der Bundesrepublik. Bornheim-Merten.

GARBE, DETLEV (1992): Anfragen zum Gedenkstätten-Selbstverständnis. IN: Zeichen 2/92 (24 - 27)

GERLACH, WOLFGANG (1987): Als die Zeugen schwiegen. Bekennende Kirche und die Juden. Berlin.

GEUDTNER, OTTO/HENGSBACH, HANS/WESTERKAMP, SIBILLE (1985): "Ich bin katholisch getauft und Arier." Aus der Geschichte eines Kölner Gymnasiums. Köln.

GEYER, KLAUS (1992): Eine christliche Stimme. IN: Zeichen 1/92 (5 - 9)

GIORDANO, RALPH (1987): Die zweite Schuld oder: Von der Last Deutscher zu sein. Hamburg; Zürich.

GOLLWITZER, HELMUT (1978): Die Aktualität der Aktion Sühnezeichen - einige theologische Anmerkungen. Rede zum 20-jährigen Jubiläum der ASF. ASF-Archiv, Berlin.

GORGES, ULLA (1984): Probleme der Freiwilligenarbeit. IN: Zeichen 1/84 (34 - 35)

GORGES, ULLA (1992 a): Flüchtlinge in Deutschland. IN: Zeichen 2/92 (5 - 9)

GORGES, ULLA (1992 b): Bleiberecht für Roma. IN: Zeichen 3/92 (18 - 23)

GRAVENHORST, LERKE/TATSCHMURAT, CARMEN (Hg) (1990): TöchterFragen. NS-Frauengeschichte. Freiburg im Breisgau.

GRAVENHORST, LERKE (1992): Wie eigen ist die eigene Geschichte ? Zum Zusammenhang von NS-Auseinandersetzung und Geschlechtszugehörigkeit bei NS-Nachgeborenen. IN: RAUSCHENBACH, BRIGITTE (Hg) (1992): Erinnern, Wiederholen, Durcharbeiten. Zur Psychoanalyse deutscher Wenden. Berlin. (139 - 147)

155

GRAVENHORST, LERKE (1993): Moral und Geschlecht. NS-Vergangenheit im Bewußtsein von nachgeborenen Töchtern und Söhnen. Habilitationsschrift Universität Bremen, Juni 1993.

GRÜNBERG, KURT (1987): Folgen nationalsozialistischer Verfolgung bei jüdischen Nachkommen Überlebender in der Bundesrepublik Deutschland. IN: Psyche 6/87 (492 - 507).

HABERMAS, JÜRGEN (1987): Eine Art Schadensabwicklung. Frankfurt am Main.

HABERMAS, JÜRGEN (1997): Über den öffentlichen Gebrauch der Historie. IN: Blätter für deutsche und internationale Politik, H. 4/97 (408 - 416)

HALBWACHS, MAURICE (1985): Das kollektive Gedächtnis. Frankfurt am Main.

HARDTMANN, GERTRUD (1989): Spuren des Nationalsozialismus bei nicht-jüdischen Kindern, Jugendlichen und ihren Familien. IN: COGOY, RENATE/KLUGE, IRE-NE/MECKLER, BRIGITTE (Hg) (1989): Erinnerung einer Profession. Erziehungsberatung, Jugendhilfe und Nationalsozialismus. Münster.(231 - 240)

HARDTMANN, GERTRUD (Hg) (1992): Spuren der Verfolgung. Seelische Auswirkungen des Holocaust auf die Opfer und ihre Kinder. Gerlingen.

HAUG, WOLFGANG FRITZ (1987): Vom hilflosen Antifaschismus zur Gnade der späten Geburt. Hamburg, Berlin.

HEER, HANNES/ULLRICH, VOLKER (1985): Geschichte entdecken. Erfahrungen und Projekte der neuen Geschichtsbewegung. Reinbek bei Hamburg.

HEIMANNSBERG, BARBARA/SCHMIDT, CHRISTOPH (Hg) (1992): Das kollektive Schweigen. Nazivergangenheit und gebrochene Identität in der Psychotherapie. Köln.

HEINZE, THOMAS (1987): Qualitative Sozialforschung: Erfahrungen, Probleme und Perspektiven. Opladen.

HEITHER, DIETRICH/MATTHÄUS, WOLFGANG/PIEPER, BERND (1984): Als jüdische Schülerin entlassen. Erinnerungen und Dokumente zur Geschichte der Heinrich-Schütz-Schule in Kassel. Kassel.

HEITMEYER, WILHELM (1988): Aufklärung und Faschismuspotential. Gibt es eine zeitgemäße antifaschistische Erziehung ? IN: Neue Sammlung H.3/88 (419 - 432)

HENKYS, REINHARD (Hg) (1966): Deutschland und die östlichen Nachbarn. Beiträge zu einer evangelischen Denkschrift. Stuttgart - Berlin.

HERBERT, ULRICH (1984): Faschismuserfahrung und politisches Lernen. Über die Schwierigkeit im Umgang mit der Vorgeschichte der Gegenwart. IN: Extremismus und Schule. (Schriftenreihe der Bundeszentrale für politische Bildung, 212). Bonn.

HERBERT, ULRICH (1993): Der Holocaust in der Geschichtsschreibung der Bundesrepublik Deutschland. IN: MOLTMANN, BERNHARD u. a. (Hg) (1993): Erinnerung. Zur Gegenwart des Holocaust in Deutschland-West und Deutschland-Ost. Frankfurt am Main. (31 - 46)

HILBERG, RAUL (1992): Täter, Opfer, Zuschauer. Die Vernichtung der Juden 1933 - 1945. Frankfurt am Main.

HIMMELSTEIN, KLAUS/KEIM, WOLFGANG (Hg) (1996): Die Schärfung des Blicks. Pädagogik nach dem Holocaust. Frankfurt a. Main, New York.

HOFFMANN, MARHILD (1980): Der Nationalsozialismus in Richtlinien und Lehrplänen. IN: BUNDESZENTRALE FÜR POLITISCHE BILDUNG (Hg) (1980): Der Nationalsozialismus als didaktisches Problem. Beiträge zur Behandlung des NS-Systems und des deutschen Widerstands im Unterricht. Bonn. (23 - 43)

HOPF, CHRISTEL/NEVERMANN, KNUT/SCHMID, INGRID (1985): Wie kamen die Nationalsozialisten an die Macht. Eine empirische Analyse von Deutungen im Unterricht. Frankfurt am Main.

HOPF, CHRISTEL/NEVERMANN, KNUT (1986): Zum Geschichtsunterricht über die Voraussetzungen des Nationalsozialismus. IN: Aus Politik und Zeitgeschichte. B 10/86 (16 - 25)

HUHN, MARTIN/HUNGAR, KRISTIAN/SCHWALL, HERMANN (1977): Abstand vom bürgerlichen Leben. Eine empirische Untersuchung über Freiwillige im Friedensdienst am Beispiel am Beispiel der Aktion Sühnezeichen/Friedensdienste. Heidelberg.

JACOBI, JESSICA u. a. (1994): Nach der Shoa geboren. Jüdische Frauen in Deutschland. Berlin.

JAEGGI, EVA/FAAS, ANGELIKA (1993): Denkverbote gibt es nicht. IN: Psychologie & Gesellschaftskritik H. 67/68 (141 - 162)

JAIDE, WALTER (1963): Das Verhältnis der Jugend zur Politik. Empirische Untersuchungen zur politischen Anteilnahme und Meinungsbildung junger Menschen der Geburtsjahrgänge 1940 - 1946. Neuwied.

JASPERS, KARL (1979): Die Schuldfrage. München.

JUNGK, SABINE/SCHÜTTE, FRIEDEL (1988): BildungsForschung und Erinnerungs-Arbeit. Oder: Der erziehungswissenschaftliche Horizont der Vergangenheitsbewältigung. IN: Widersprüche, H. 26/88 (18 - 32)

KARNETZKI, MANFRED (1996): Die Väter haben saure Trauben gegessen, aber den Kindern sind die Zähne davon stumpf geworden. Gedanken zur dritten Generation nach der Shoa. IN: ZEICHEN 1/96 (11 - 12)

KAUPEN-HAAS, HEIDRUN (Hg) (1986): Der Griff nach der Bevölkerung. Aktualität und Kontinuität nazistischer Bevölkerungspolitik. Nördlingen.

KEIM, WOLFGANG (1988 a): Vergessen oder Verantwortung ? Zur Auseinandersetzung bundesdeutscher Erziehungswissenschaft mit ihrer NS-Vergangenheit. IN: Forum Wissenschaft H. 1/88 (40 - 45)

KEIM, WOLFGANG (1988 b): "Vergangenheit die nicht vergehen will..." Reichsprogromnacht und Bundesdeutsche Erziehungswissenschaft. IN: Pädagogische Beiträge, H. 10/88 (35 - 39)

KEIM, WOLFGANG (1988 c) (Hg): Pädagogen und Pädagogik im Nationalsozialismus - Ein unerledigtes Problem der Erziehungswissenschaft. Frankfurt am Main/Bern/-New York/Paris.

KEIM, WOLFGANG (1989 a): Pädagogik und Nationalsozialismus. Zwischenbilanz einer Auseinandersetzung innerhalb der bundesdeutschen Erziehungswissenschaft. IN: Neue Sammlung, H. 2/89 (186 - 208)

KEIM, WOLFGANG (1989 b): Reformpädagogik und Faschismus. Anmerkungen zu einem doppelten Verdrängungsprozesss. IN: Pädagogik, H.5/89 (23 - 28)

KEIM, WOLFGANG (1990 a): Erziehung im Nationalsozialismus. Ein Forschungsbericht. Beiheft 1990 zur "Erwachsenenbildung in Österreich".

KEIM, WOLFGANG (1990 b): Pädagogik und Nationalsozialismus. Zwischenbilanz einer Auseinandersetzung innerhalb der bundesdeutschen Erziehungswissenschaft. IN: FORUM WISSENSCHAFT, Studienhefte - 9 "Erziehungswissenschaft und Nationalsozialismus - Eine kritische Positionsbestimmung." (14 - 27)

KEIM, WOLFGANG (1995): Erziehung unter der Nazi-Diktatur. Antidemokratische Potentiale, Machtantritt und Machtdurchsetzung. Darmstadt.

KEIM, WOLFGANG (1996): Deutsche Pädagogik und NS-Vergangenheit - Relativierung und Befangenheit. IN: HIMMELSTEIN, KLAUS/KEIM, WOLFGANG (Hg) (1996): Die Schärfung des Blicks. Pädagogik nach dem Holocaust. Frankfurt a. Main, New York. (45 - 60)

KEIM, WOLFGANG (1997): Erziehung unter der Nazi-Diktatur. Kriegsvorbereitung, Krieg und Holocaust. Darmstadt.

KLAFKI, WOLFGANG (1988) (Hg): Verführung, Distanzierung, Ernüchterung. Kindheit und Jugend im Nationalsozialismus. Autobiographisches aus erziehungswissenschaftlicher Sicht. Weinheim/Basel.

KLAFKI, WOLFGANG (1990): Bericht über das Podium: "Pädagogik und Nationalsozialismus". IN: Bilanz für die Zukunft. Aufgaben, Konzepte und Forschung in der Erziehungswissenschaft. Beiträge zum 12. Kongreß der Deutschen Gesellschaft für Erziehungswissenschaft, 1990. IN: Zeitschrift für Pädagogik, 25. Beiheft. (25 - 122)

KLEE, ERNST (1986): Was sie taten - was sie wurden. Ärzte, Juristen und andere Beteiligte am Kranken- oder Judenmord. Frankfurt am Main.

KLEE, ERNST (1989): Judenrein - Protestantismus und die Judenverfolgung. Frankfurter Rundschau 20 - 9 - 89

KLEWITZ, MARION (1987): Lehrersein im Dritten Reich: Analysen lebensgeschichtlicher Erzählungen zum beruflichen Selbstverständnis. München.

KNIGGE, VOLKHARD (1988): "Triviales" Geschichtsbewußtsein und verstehender Geschichtsunterricht. Pfaffenweiler.

KNIGGE, VOLKHARD (1992 a): Abwehr - Aneignen. Der Holocaust als Lerngegenstand. IN: LOEWY, HANNO (Hg) (1992): Holocaust: Die Grenzen des Verstehens. Eine Debatte über die Besetzung der Geschichte. Reinbek bei Hamburg. (248 - 259)

KNIGGE, VOLKHARD (1992 b): Aneignen - Abwehren. Einführung in die Tagung: Perspektiven auf den Holocaust. Der industrielle Massenmord als Gegenstand der schulischen und außerschulischen Bildung. IN: Materialien des Fritz Bauer Instituts, Nr. 1, Frankfurt am Main.

KOCKA, JÜRGEN (1986): Kritik und Identität. Nationalsozialismus, Alltag und Geographie. IN: Neue Gesellschaft / Frankfurter Hefte, H. 10 (890 - 897)

KONEFFKE, GERNOT (1990): Auschwitz und die Pädagogik. Zur Auseinandersetzung der Pädagogen über die gegenwärtige Vergangenheit ihrer Disziplin. IN: ZUBKE, FRIEDHELM (Hg) (1990): Politische Pädagogik. Beiträge zur Humanisierung der Gesellschaft. Weinheim. (131 - 152)

KÖPCKE-DUTTLER ARNOLD VON (1987): Erinnerung als Kritik nicht vergehender Barbarei. IN: Neue Sammlung, H.3/87 (345 - 356)

KOPPERT, CLAUDIA (1991): Schuld und Schuldgefühle im westlichen Nachkriegsdeutschland: Zur Wirksamkeit des Vergangenen im Gegenwärtigen. IN: beiträge zur feministischen theorie und praxis, H. 30/31 (217 - 229)

KOSCHNIK, HANS (1993): "Laudatio auf die Arbeit der Aktion Sühnezeichen Friedensdienste" aus Anlaß der Verleihung der Buber-Rosenzweig-Medaille durch den deutschen Koordinierungsrat der Gesellschaft für christlich-jüdische Zusammenarbeit. ASF-Archiv, Berlin.

KRANE, BERNHARD (1991): Dreißig Jahre Sühnezeichen in Israel. IN: Zeichen 3/91 (4 - 7)

KRANE, HERIBERT (1992): Friedensdienst in den Vereinigten Staaten. IN: Zeichen 2/82 (3 - 5)

KREYSSIG, LOTHAR (1959): Bewältigung und Versöhnung. IN: Kommunität. Vierteljahreshefte der Evangelischen Akademie Berlin-Brandenburg, 1/59 (3 - 8)

KREYSSIG, LOTHAR (1963): Brief an den Präsidenten der Jüdischen Gemeinde, Villeurbanne, Maurice Keller, Berlin, April 1963, ASF-Archiv

KREYSSIG, LOTHAR/MÜLLER-GANLOFF, ERICH/SCHARF, KURT (1959): Aktion Sühnezeichen - Anruf und Aufruf. IN: Kommunität. Vierteljahreshefte der Evangelischen Akademie Berlin-Brandenburg, 1/59

KRIZ, JÜRGEN/HELMUT LÜCK/HORST HEIDBRINK (Hg) (1987): Wissenschafts- und Erkenntnistheorie. Opladen.

KRONDORFER, BJÖRN (1991): Gefühle der Schuld und Abwehr. Begegnungen zwischen Nachkriegs-Deutschen und Juden der Nach-Shoah. IN: Tribüne, Zeitschrift zum Verständnis des Judentums, 1991, Heft 119 (131 - 139)

KÜHNL, REINHARD (Hg) (1987): Vergangenheit, die nicht vergeht. Die "Historikerdebatte" Dokumente, Darstellung und Kritik. Köln.

KÜPPERS, WALTRAUD (1966): Zur Psychologie des Geschichtsunterrichts. Eine Untersuchung über Geschichtswissen und Geschichtsverständnis bei Schülern. Bern und Stuttgart.

LAMNEK, SIEGFRIED (1989): Qualitative Sozialforschung. BAND 1 Methodologie, BAND 2 Methoden und Techniken. München.

LEITUNGSKREIS DER AKTION SÜHNEZEICHEN (1967): Frieden muß gestiftet werden. Adresse der Aktion Sühnezeichen an den Evangelischen Kirchentag. ASF-Archiv, Berlin.

LINGELBACH, KARL CHRISTOPH (1987): Bericht über die Diskussion der Arbeitsgruppe "Erziehungsgeschichte und oral history" auf der Arbeitstagung der Deutschen Gesellschaft für Erziehungswissenschaften vom 25. 9. - 27. 9. 1983 in der Tagungsstätte der Evangelischen Akademie Loccum. (299 - 309)

LINGELBACH, KARL CHRISTOPH (1995): Vergegenwärtigung von Ausgrenzung und Widerstand. Ein Grundproblem politischer Pädagogik nach der "Endlösung". IN: BEUTLER, KURT/WIEGMANN, ULRICH (Red.) (1995): Jahrbuch für Pädagogik 1995. Auschwitz und die Pädagogik. Frankfurt am Main. (251 - 272)

LOEWY, HANNO (Hg) (1992): Holocaust: Die Grenzen des Verstehens. Eine Debatte über die Besetzung der Geschichte. Reinbek bei Hamburg.

LUTZ, THOMAS/MEYER, ALWIN (Hg) (1987): Alle NS-Opfer anerkennen und entschädigen. Berlin.

MEYER, ALWIN (1983): Zeichen der Hoffnung. IN: Zeichen 1/83 (3 - 7)

MEYER, ALWIN (1992): Entschädigung - die zweite Verfolgung. IN: Zeichen 3/92 (8 - 11)

MEYER, ALWIN/RAABE, KARL-KLAUS (1979): Unsere Stunde, die wird kommen. Rechtsextremismus unter Jugendlichen. Bornheim.

MITSCHERLICH, ALEXANDER und MARGARETE (1986): Die Unfähigkeit zu trauern. München, Zürich.

MITSCHERLICH, MARGARETE (1986): Das Ende der Vorbilder. Vom Nutzen und Nachteil der Idealisierung. München

MITSCHERLICH, MARGARETE (1987): Erinnerungsarbeit. Zur Psychoanalyse der Unfähigkeit zu trauern. Frankfurt am Main.

MITSCHERLICH-NIELSEN, MARGARETE (1992): Die (Un)Fähigkeit zu trauern in Ost- und Westdeutschland. Was Trauerarbeit heißen könnte. IN: Psyche 5/92 (406 - 419).

MITSCHERLICH-NIELSEN, MARGARETE (1993): Was können wir heute aus der Vergangenheit lernen ? IN: Psyche 8/93 (743 - 753)

MOLTMANN, BERNHARD (Hg) (1993): Erinnerung. Zur Gegenwart des Holocaust in Deutschland-West und Deutschland-Ost. Frankfurt am Main.

MOMMSEN, HANS/WILLEMS, SUSANNE (Hg) (1988): Herrschaftsalltag im Dritten Reich. Studien und Texte. Düsseldorf.

MOSER, TILMANN (1992): Die Unfähigkeit zu trauern: Hält die Diagnose einer Überprüfung stand ? Zur psychischen Verarbeitung des Holocaust in der Bundesrepublik. IN: Psyche 5/92 (389 - 405)

MOSER, TILMANN (1993): Politik und seelischer Untergrund. Frankfurt am Main.

MÜLLER-HILL, BENNO (1988): Tödliche Wissenschaft. Die Aussonderung von Juden, Zigeunern und Geisteskranken. 1933 - 1945. Reinbek bei Hamburg

MÜLLER-HOHAGEN, JÜRGEN (1988): Verleugnet, verdrängt, verschwiegen. Die seelischen Auswirkungen der Nazizeit. München.

MÜLLER-HOHAGEN, JÜRGEN (1992): Psychotherapeutische Erfahrungen bei der Behandlung von psychischen Störungen in der dritten und vierten Generation. IN: SCHREIER, HELMUT/MATTHIAS HEYL (HG) (1992): Das Echo des Holocaust. Pädagogische Aspekte des Erinnerns. Hamburg. (43 - 56)

NARR, WOLF-DIETER (1987): Der Stellenwert der Auseinandersetzung mit dem Nationalsozialismus in der gesellschaftlichen Diskussion heute. IN: Niemandsland 1/1987 (26 - 44)

NIEMÖLLER, MARTIN (1937): Predigt vom 19. Juni 1937. IN: Zeichen 2/84 (12 f)

NIEMÖLLER, MARTIN (1984): Haben wir aus unserer Geschichte gelernt ? IN: Zeichen 2/84 (14 - 18)

PEUKERT, DETLEV (1982): Volksgenossen und Gemeinschaftsfremde. Anpassung, Ausmerze und Aufbegehren unter dem Nationalsozialismus. Köln.

PEUKERT, DETLEV (1987): Alltag und Barbarei. Zur Normalität des Dritten Reiches. IN: DINER, DAN (Hg) (1987): Ist der Nationalsozialismus Geschichte ? Zu Historisierung und Historikerstreit. (51 - 61)

PEUKERT, DETLEV (1989): Rassismus als Bildungs- und Sozialpolitik. IN: COGOY, RENATE/KLUGE, IRENE/MECKLER, BRIGITTE (Hg) (1989): Erinnerung einer Profession. Erziehungsberatung, Jugendhilfe und Nationalsozialismus. (111 - 124)

PEUKERT, HELMUT (1990): "Erziehung nach Auschwitz" - eine überholte Situationsdefinition ? Zum Verhältnis von kritischer Theorie und Erziehungswissenschaft. IN: Neue Sammlung, 3 / 90, (345 - 354)

PÖGGELER, FRANZ (1987): "Erziehung nach Auschwitz" als Fundamentalprinzip jeder zukünftigen Pädagogik. IN: PAFFRATH, F. H. (Hg) (1987): Kritische Theorie und Pädagogik der Gegenwart. Weinheim. (54 - 68)

PRANGE, KLAUS (1987): Lebengeschichte und pädagogische Reflexion. IN: Zeitschrift für Pädagogik, H. 3/1987, (345 - 362)

PREUSCHOFF, AXEL (1981): Erziehung nach Auschwitz. IN: ZEICHEN 4/ 81 (9 - 12)

PÜTZ, H. JOHANNA (1988): Geschichtsaneignung als Voraussetzung einer Erziehung zur Mündigkeit. Zur Bedeutung antifaschistischer Erziehung. Diplomarbeit am Fachbereich Erziehungswissenschaften der Freien Universität Berlin.

PÜTZ, H. JOHANNA (1989): Abschlußbeitrag auf dem 5. Pädagogen-Friedenskongresses "Aufklärung statt Verdrängung" September 1989, Berlin. IN: Dokumentation "Friedenserziehung zwischen Geschichte und Zukunft" Hg. von Pädagogen und Pädagoginnen für den Frieden. Berlin (76 - 82)

RAABE, KARL-KLAUS (1983): Umkehr in die Zukunft. Die Arbeit der Aktion Sühnezeichen/Friedensdienste. Göttingen.

RAABE, KARL-KLAUS (Hg) (1989): Rechtsextreme Jugendliche. Gespräche mit Verführern und Verführten. Bornheim.

RAASCH, RUDOLF (1964): Zeitgeschichte und Nationalbewußtsein. Forschungsergebnisse zu Fragen der politischen und allgemeinen Erziehung. Berlin und Neuwied

RATHENOW, HANNS-FRED/WEBER, NORBERT (Hg) (1989): Erziehung nach Auschwitz. Pfaffenweiler.

RATHENOW, HANNS-FRED/WEBER, NORBERT (1995): Gedenkstättenpädagogik - Versuch einer Bilanz. IN: BEUTLER, KURT/WIEGMANN, ULRICH (Red.) (1995): Jahrbuch für Pädagogik 1995. Auschwitz und die Pädagogik. Frankfurt am Main. (273 - 306)

RAUH - KÜHNE, CORNELIA (1995): Die Entnazifizierung und die deutsche Gesellschaft. Archiv für Sozialgeschichte 35, 1995 (35 - 70)

RAUPACH, WOLFGANG (1988): Soziales und politisches Lernen für den Frieden in Organisationen und Institutionen der Friedensdienste. IN: CALLIEß/ELOB (Hg) (1988): Handbuch der Umwelt- und Friedenserziehung. Band 3, Düsseldorf. (173 - 179)

RAUPACH, WOLFGANG (1990): Freiwilliger Friedensdienst. IN: Zeichen 4 / 90, (2 - 4)

RAUSCHENBACH, BRIGITTE (Hg) (1992): Erinnern, Wiederholen, Durcharbeiten. Zur Psychoanalyse deutscher Wenden. Berlin.

REESE, DAGMAR (1989): Straff, aber nicht stramm - herb, aber nicht derb. Zur Vergesellschaftung von Mädchen durch den Bund Deutscher Mädel im sozialkulturellen Vergleich zweier Milieus. Weinheim und Basel.

REHBEIN, KLAUS (1989): Die Sicht vom Opfer aus definiert die Gruppe der Nazi-Täter neu. Unsere Verantwortung für die Nazi-Verbrechen damals und heute - Überlegungen aus pädagogischer, germanistischer, juristischer und theologischer Sicht. IN: päd extra & demokratische erziehung. H.2/89 (7 - 19)

REHMANN, JAN (1986): Die Kirchen im NS-Staat: Untersuchung zur Interaktion ideologischer Mächte. Berlin.

REICH, BRIGITTE/STAMMWITZ, WOLFGANG (1989): Antifaschistische Erziehung in der Bundesrepublik ? Von den Schwierigkeiten einer pädagogischen "Bewältigung" des Nationalsozialismus. IN: RATHENOW, HANNS-FRED/WEBER, NORBERT H. (Hg) (1989): Erziehung nach Auschwitz. Pfaffenweiler. (98 - 108)

REICHEL, PETER (1995): Politik mit der Erinnerung. Gedächtnisorte im Streit um die nationalsozialistische Vergangenheit. München, Wien.

RICHTER, HORST-EBERHARD (1986): Die Chance des Gewissens. Erinnerungen und Assoziationen. Hamburg.

ROBERTS, ULLA (1994): Starke Mütter - ferne Väter. Töchter reflektieren ihre Kindheit im Nationalsozialismus und in der Nachkriegszeit. Frankfurt am Main.

ROMMELSPACHER, BIRGIT (1993): Rassismus und rechte Gewalt - Der Streit um die Ursachen. IN: BÜNDNIS 90 DIE GRÜNEN (Hg) (1993): Rechte Gewalt und der Extremismus der Mitte. Bonn (9 - 30)

ROMMELSPACHER, BIRGIT (1995 a): Schuldlos - Schuldig ? Wie sich junge Frauen mit Antisemitismus auseinandersetzen. Hamburg.

ROMMELSPACHER, BIRGIT (1995 b): Dominanzkultur. Berlin.

ROSENTHAL, GABRIELE (1995): Erlebte und erzählte Lebensgeschichte. Gestalt und Struktur biographischer Selbstbeschreibungen. Frankfurt am Main / New York.

ROSENTHAL, GABRIELE (Hg) (1997): Der Holocaust im Leben von drei Generationen. Familien von Überlebenden der Shoah und von Nazi-Tätern. Gießen.

ROTH, KARL HEINZ (Hg) (1984): Erfassung zur Vernichtung. Von der Sozialhygiene zum "Gesetz über Sterbehilfe". Berlin. Verlagsgesellschaft

RUMPF, HORST (1977): Vergangenheitsbedürfnisse. IN: Neue Sammlung, 17 (302 - 317)

SCHARFFENOTH, GERDA (1968): Bilanz der Ostdenkschrift. Echo und Wirkung in Polen. Hamburg.

SCHNEIDER, CHRISTIAN (1993): Jenseits der Schuld ? Die Unfähigkeit zu trauern in der zweiten Generation. IN: Psyche 8/93 (754 - 774)

SCHNORBACH, H. (Hg) (1983): Lehrer und Schule unterm Hakenkreuz. Dokumente des Widerstands 1930 - 1945. Königstein/Ts.

SCHREIER, HELMUT/HEYL, MATTHIAS (Hg) (1992): Das Echo des Holocaust. Pädagogische Aspekte des Erinnerns. Hamburg.

SCHREIER, HELMUT/HEYL, MATTHIAS (Hg) (1995): "Daß Auschwitz nicht noch einmal sei ...". Zur Erziehung nach Auschwitz. Hamburg.

SCHÜTZE, FRITZ (1977): Die Technik des narrativen Interviews in Interaktionsfeldstudien - dargestellt an einem Projekt zur Erforschung von kommunalen Machtstrukturen. Arbeitsberichte und Forschungsmaterialen der Fakultät für Soziologie, Universität Bielefeld. (2. Auflage 1978)

SICHROVSKY, PETER (1987): Schuldig geboren. Kinder aus Nazifamilien. Köln.

SICHROVSKY, PETER (1992): Das generative Gedächtnis. Kinder der Opfer und Täter. IN: RAUSCHENBACH, BRIGITTE (1992): Erinnern, Wiederholen, Durcharbeiten. Zur Psychoanalyse deutscher Wenden. Berlin. (192 - 138)

SKRIVER, ANSGAR (1962): Aktion Sühnezeichen, Brücken über Blut und Asche. Stuttgart.

STEFFENS, GERD (1990): Wer nur versteht versteht zu wenig. Eine Auseinandersetzung mit der Forderung nach "Historisierung des Nationalsozialismus" IN: ZUBKE, FRIEDHELM (Hg) (1990): Politische Pädagogik. Beiträge zur Humanisierung der Gesellschaft. (153 - 178)

STEFFENS, GERD (1995): Die Gegenwart von Auschwitz. Zum pädagogischen Umgang mit der Realität des Unglaublichen. IN: BEUTLER, KURT/WIEGMANN, ULRICH (Red.) (1995): Jahrbuch für Pädagogik 1995. Auschwitz und die Pädagogik. Frankfurt am Main. (73 - 86)

STEINBACH, PETER (1988): Widerstandsforschung im poltischen Spannungsfeld. IN: Aus Politik und Zeitgeschichte, Heft.28 (3 - 21)

STEINBACH, PETER (1990): Wem gehört der Widerstand gegen Hitler ? IN: Dachauer Hefte, H. 6, Erinnern oder Verweigern (56 - 72)

STIERLIN, HELM (1980): Eltern und Kinder. Das Drama von Trennung und Versöhnung im Jugendalter. Frankfurt am Main.

STIERLIN, HELM (1992): Der Dialog zwischen den Generationen über die Nazizeit. IN: HEIMANNSBERG, BARBARA/SCHMIDT, CHRISTOPH (Hg) (1992): Das kollektive Schweigen. Nazivergangenheit und gebrochene Identität in der Psychotherapie. Köln. (247 - 266)

SÜSSMUTH, RITA (1990): Erinnern im politischen Alltag. IN: Dachauer Hefte, H. 6 Erinnern oder Verweigern (3 - 11)

TENORTH, HEINZ-ELMAR (1986): Deutsche Erziehungswissenschaft 1930-1945. IN: Zeitschrift für Pädagogik, H.3/86, (299 - 323)

TENORTH, HEINZ-ELMAR (1987): Falsche Fronten. Zur Auseinandersetzung um die Kontinuitätsthese. IN: Demokratische Erziehung, H.7/8 / 87 (28 - 33)

WANGH, MARTIN (1992): Psychoanalytische Betrachtungen zur Dynamik und Genese des Vorurteils, des Antisemitismus und des Nazismus. IN: Psyche 12/92 (1152 - 1176)

WEIZSÄCKER, RICHARD VON (1995): Der Wahrheit ins Auge sehen - ohne Beschönigung und Einseitigkeit. Ansprache des Bundespräsidenten vor dem Bundesrat und Bundestag zum 8. Mai 1985. IN: Frankfurter Rundschau, 9-5-1985.

WESTERNHAGEN, DÖRTE VON (1988): Die Kinder der Täter. Das Dritte Reich und die Generation danach. München.

WIEGMANN, ULRICH (1995): Jüdisches Leben und die Holocaust-Erinnerungen in den USA. Reflexionen über eine Studienreise von Preisträger(inne)n des Schülerwettbewerbs "Deutsche Geschichte". IN: BEUTLER, KURT/WIEGMANN, ULRICH (Red.) (1995): Jahrbuch für Pädagogik 1995. Auschwitz und die Pädagogik. Frankfurt am Main. (183 - 192)

WIESEMÜLLER, GERHARD (1977): Unbewältigte Vergangenheit - überwältigte Gegenwart ? Vorstellungen zur Zeitgeschichte bei Schülern des 9. Schuljahres verschiedener Schulformen. Stuttgart.

WILLEMS, SUSANNE (1993): Widerstand aus Glauben. Lothar Kreyssig und die Euthanasieverbrechen. IN: Dietrich Eichholtz (Hg) (1993): Brandenburg in der NS-Zeit. Berlin. (383 - 404)

WILLEMS, SUSANNE (1994): Aus richterlicher Pflicht und christlichem Glauben. Zum Leben von Lothar Kreyssig, des Gründers der Aktion Sühnezeichen. IN: Bewerbungsunterlagen der Aktion Sühnezeichen Friedensdienste. Berlin, (8 - 12).

WITZEL, ANDREAS (1985): Das problemzentrierte Interview. IN: JÜTTEMANN, GERD (Hg.) (1985): Qualitative Forschung in der Psychologie. Grundfragen, Verfahrensweisen, Anwendungsfelder. Weinheim und Basel. (227 - 256)

WOBBE, THERESA (Hg) (1992): Nach Osten. Verdeckte Spuren nationalsozialistischer Verbrechen. Frankfurt am Main.

WODAK, RUTH u. a. (1990): "Wir sind alle unschuldige Täter". Diskurshistorische Studien zum Nachkriegsantisemitismus. Frankfurt am Main.

ZUBKE, FRIEDHELM (1990) (Hg): Politische Pädagogik. Beiträge zur Humanisierung der Gesellschaft. Weinheim.

STUDIEN ZUR BILDUNGSREFORM

Herausgeber: Wolfgang Keim

Band 1 Rudolf Hars: Die Bildungsreformpolitik der Christlich-Demokratischen Union in den Jahren 1945-1954. Ein Beitrag zum Problem des Konservatismus in der deutschen Bildungspolitik. 1981.

Band 2 Martin Fromm: Soziales Lernen in der Gesamtschule. Aspekte einer handlungsorientierten Konzeption. 1980.

Band 3 Wilfried Datler (Hrsg.): Verhaltensauffälligkeit und Schule. Konsequenzen von Schulversuchen für die Pädagogik der "Verhaltensgestörten". 1987.

Band 4 Gernot Alterhoff: Soziale Integration bei Gesamtschülern in Nordrhein-Westfalen. Längsschnittuntersuchung zu Veränderungen verschiedener Aspekte im Sozialverhalten. 1980.

Band 5 Dietrich Lemke: Lernzielorientierter Unterricht – revidiert. 1981.

Band 6 Wolf D. Bukow/ Peter Palla: Subjektivität und freie Wissenschaft. Gegen die Resignation in der Lehrerausbildung. 1981.

Band 7 Caspar Kuhlmann: Frieden – kein Thema europäischer Schulgeschichtsbücher? 1982.

Band 8 Caspar Kuhlmann: Peace – A Topic in European History Text-Books? 1985.

Band 9 Karl-Heinz Füssl/ Christian Kubina: Berliner Schule zwischen Restauration und Innovation. 1983.

Band 10 Herwart Kemper: Schultheorie als Schul- und Reformkritik. 1983.

Band 11 Alfred Ehrentreich: 50 Jahre erlebte Schulreform – Erfahrungen eines Berliner Pädagogen. Herausgegeben und mit einer Einführung von Wolfgang Keim. 1985.

Band 12 Barbara Gaebe: Lehrplan im Wandel. Veränderungen in den Auffassungen und Begründungen von Schulwissen. 1985.

Band 13 Klaus Himmelstein: Kreuz statt Führerbild. Zur Volksschulentwicklung in Nordrhein-Westfalen 1945-1950. 1986.

Band 14 Jörg Schlömerkemper/ Klaus Winkel: Lernen im Team-Kleingruppen-Modell (TKM). Biographische und empirische Untersuchungen zum Sozialen Lernen in der Integrierten Gesamtschule Göttingen-Geismar. 1987.

Band 15 Luzius Gessler: Bildungserfolg im Spiegel von Bildungsbiographien. Begegnungen mit Schülerinnen und Schülern der Hiberniaschule (Wanne-Eickel). 1988.

Band 16 Wolfgang Keim (Hrsg.): Pädagogen und Pädagogik im Nationalsozialismus – Ein unerledigtes Problem der Erziehungswissenschaft. 1988. 3. Auflage 1991.

Band 17 Klaus Himmelstein (Hrsg.): Otto Koch – Wider das deutsche Erziehungselend. 1992.

Band 18 Martha Friedenthal-Haase: Erwachsenenbildung im Prozeß der Akademisierung. Der staats- und sozialwissenschaftliche Beitrag zur Entstehung eines Fachgebiets an den Universitäten der Weimarer Republik – unter besonderer Berücksichtigung Kölns. 1991.

Band 19 Bruno Schonig: Krisenerfahrung und pädagogisches Engagement. Lebens- und berufsgeschichtliche Erfahrungen Berliner Lehrerinnen und Lehrer 1914 – 1961. 1994.

Band 20 Burkhard Poste: Schulreform in Sachsen 1918-1923. Eine vergessene Tradition deutscher Schulgeschichte. 1993.